业务内容
BUSINESS CONTENT

综合贸易平台
- 航空航天
- 高端制造
- 轨道交通
- 能源电力
- 汽车零部件
- 化工&消费品

药学研究平台
- 相容性研究
- 药品检测
- 密封性研究
- 药物合成研究
- 杂质研究
- 药物制剂研究
- 质量研究
- 安全性评价

生态环境平台
- 环境检测
- 环评安评
- 环境治理
- 环境验收
- 公共卫生
- 场地调查
- 工业废气
- 土壤调查

业务内容
BUSINESS CONTENT

生命科学平台
- 生物医药
- 毒理科学
- 代谢组学
- 医疗器械
- 食品安全
- 海洋药物

生态环保平台
- 固废危废检测
- 副产物鉴定
- 固废鉴定
- 场地修复
- 污泥检测
- 土壤修复

创先服务平台
- 实验室建设
- 计量校准
- 知识产权
- 标准化
- 认证咨询
- 合理化建议

实验室展示
LABORATORY DISPLAY

SICO

山东硅科新材料有限公司

公司简介

COMPANY PROFILE

山东硅科新材料有限公司成立于2013年，注册资金5943万元，是一家集硅基新材料的研发、生产、销售于一体的国家高新技术企业，2020年销售收入4.2亿元，利税1亿元。公司主导产品有环氧硅烷、酰氧基硅烷、氨基硅烷、烷基硅烷、苯基硅烷、乙烯基硅烷等9大系列，其中乙烯基硅烷、环氧硅烷、长链烷基硅烷等多种产品市场占有率位居前列。

公司科研场所面积3000平方米，专职研发人员61人，本科及以上学历人员占研发人数的46%；拥有先进仪器设备60台/套，设备原值1779万元，配备有专门的酯化研究室、合成研究室以及应用研究室，检测分析仪器均采购PerkinElmer、Waters、Thermo Fisher、岛津、梅特勒等国际品牌的分析仪器。公司多项核心技术产品受到了好评，是我省硅烷新材料技术创新先进者。

资质及技术能力

QUALIFICATION AND TECHNICAL COMPETENCE

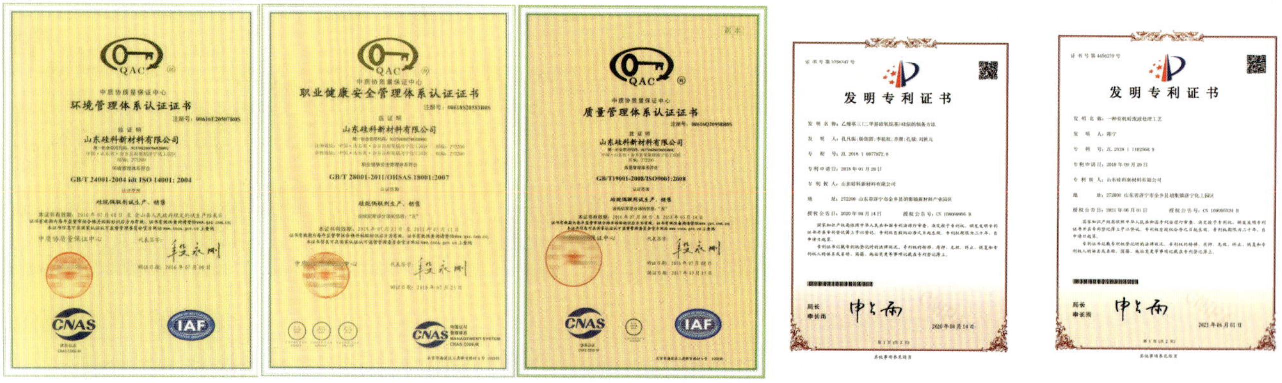

公司简介

COMPANY PROFILE

青岛斯坦德检测股份有限公司简称“斯坦德”，是在综合贸易、生命科学、生态环境、研发分析等专业领域提供检分析、研发、计量、认证、知识产权等服务的综合型科技服务企业。

斯坦德总部位于青岛，在华中、华北、华东、华南、西北、东北、西南地区建设有多个专业实验基地和数十家全资子司。斯坦德拥有检验检测机构资质认定（CMA）资质并且实验室通过中国合格评定国家认可委员会（CNAS）认可，旗下设有轨道交通、新能源、电子电器、汽车、能源化工、生物医药、组学分析、医药研发、医疗器械、环境监测、场地调查、土检测、危废鉴定、仪器分析等多个专业实验室。斯坦德布局全国搭建的一体化服务平台，可迅速响应客户需求，为客户供近距离、本地化的专业服务，可为各行业企业提供检验检测、分析研发、计量校准、认证咨询、知识产权等一站式专业服务

资质及技术能力

QUALIFICATION AND TECHNICAL COMPETENCE

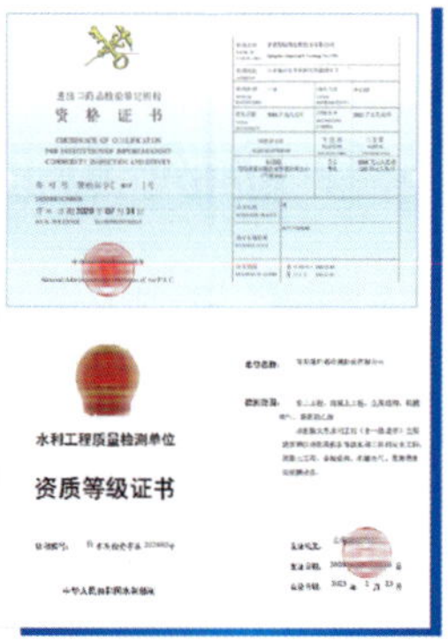

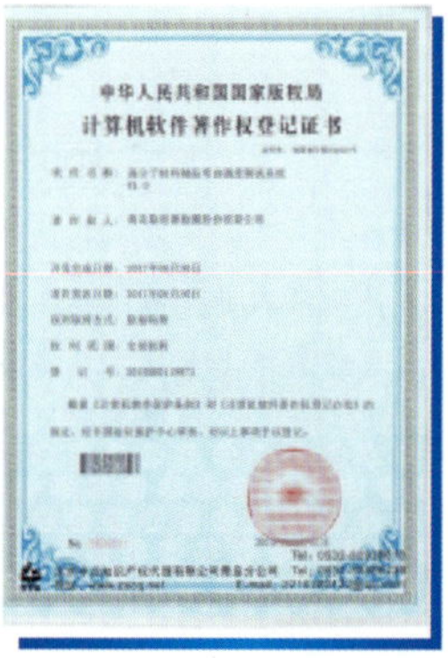

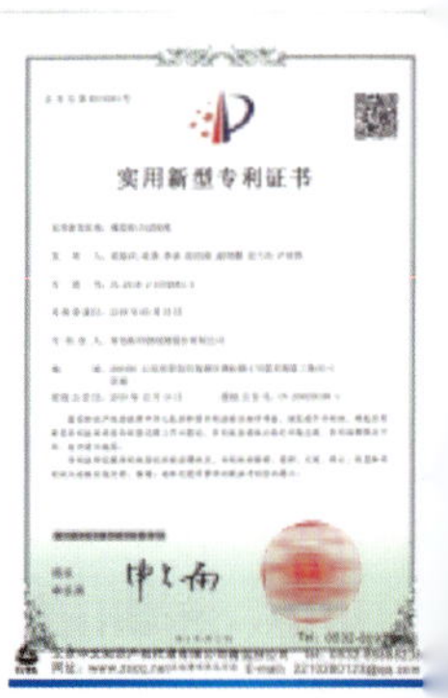

业务内容

BUSINESS CONTENT

硅烷偶联剂研发平台

- 环氧硅烷
- 酰氧基硅烷
- 氨基硅烷
- 烷基硅烷
- 苯基硅烷
- 乙烯基硅烷

综合贸易平台

- 航空航天
- 汽车等部件
- 轨道交通
- 高端制造

业务内容

BUSINESS CONTENT

产品应用范围

- 粘合剂和硅酮封胶
- 塑料、聚合物与橡胶
- 玻璃纤维与复合材料
- 矿物与填料处理
- 油漆，油墨与涂料
- 疏水剂与建筑保护

创先服务平台

- 实验室建设
- 知识产权
- 标准化
- 合理化建设

研发中心展示

R&D CENTER DISPLAY

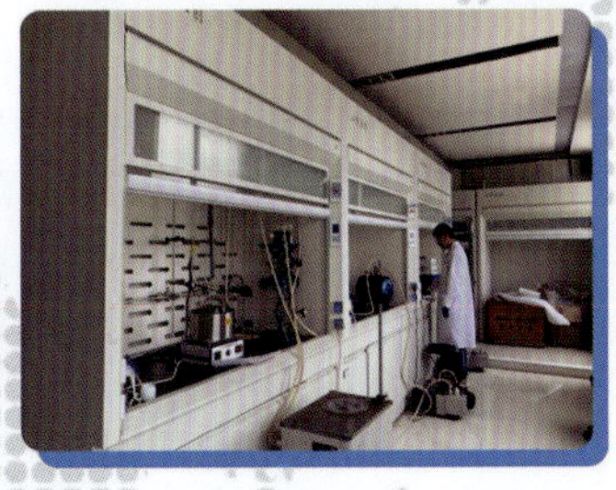

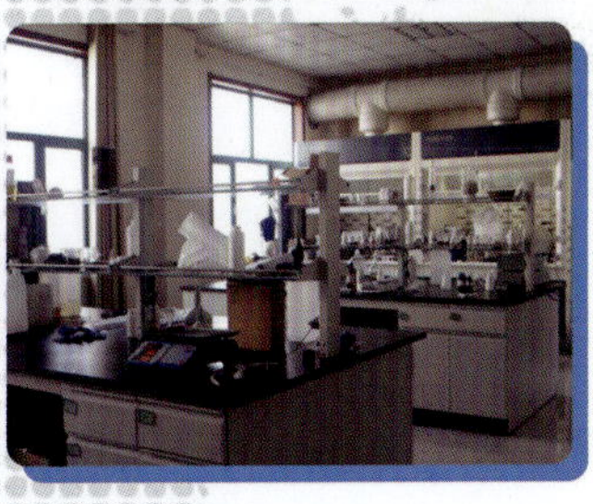

销售电话:0537-4631088　网址:http://www.silanechem.com

销售传真:0537-4556878　Sales Email:sales@silanechem.com　地址:山东省济宁市金乡县胡集镇济宁化工园区

WE HAVE BECOME A COMPETITIVE MODERN

ENTERPRISE AT HOME AND ON THE INTERNATIONAL LEVEL BY ADOPTING THE MODERN SCIENTIFIC MANAGEMENT APPROACH

采用现代化的科学管理已经发展成为行业中国内外

竞争力强的现代企业

微谱
WEIPU

服务，不止于检测！

微谱，大型研究型检测机构。始于2008年，总部位于上海，在广州、深圳、苏州、南京、杭州、宁波、武汉、长沙、成都、西安、北京、天津、青岛、济南和亳州等地设立有分子公司，拥有超过1700名专业人员，7万平方米以上实验室及办公场地。微谱拥有化学、材料、机械物理、可靠性、生物医药、环境、食品、微生物、动物安评、化妆品功效评价等多个专业实验室。

微谱具备有关的主管部门授权的CMA资质和中国合格评定认可委员会认可的CNAS资质，被认定为国家中小企业公共服务示范平台、高新技术企业、院士专家工作站等。基于十多年的专业技术积累和遍布全国的服务网络，微谱每年出具近十万份技术报告，累计服务客户八万多家，其中包括众多世界五百强客户，高端技术水准和高质量技术服务深获客户好评。

微谱服务行业包含新材料及化学品、电子通讯、（新能源）汽车、轨交航空船舶、生物医药、医疗器械、中药、生态环境、食品及农产品、化妆品及消毒产品等领域，为客户提供专业的分析测试、产品检测、环境健康安全、产品注册备案、产品质量鉴定、计量校准与验证测试、体系及产品审核与认证、药物研发与临床研究等技术服务。微谱始终秉承“服务，不止于检测！”的理念，尽心尽力让科技进步更快，让产品质量更好，让人类生活更安全、更健康！

荣誉资质

1/ CMA资质认定证书
2/ CNAS资质认定证书
3/ 上海市专利工作试点企
4/ 高新技术企业
5/ 国家中小企业公共服务
6/ 院士专家工作站

1700+	100万+	7万+	8万+	100+
专业人员	谱图数据库	办公与实验室面积	合作客户	发明专利&实用新型专利

跨越的足迹

“十三五”石油和化工民营企业创新发展

成果汇编

中国化工经济技术发展中心 编

中国石化出版社
HTTP://WWW.SINOPEC-PRESS.COM

内 容 提 要

本书以汇编的形式记述了石油和化工行业40家优质企业在“十三五”期间发展的经历，取得的成绩和总结的经验。这些企业数十年如一日聚焦实业、做精主业，创新能力强、质量效益高、产业带动作用大，在石油和化工行业中发挥了领头雁、排头兵的作用。通过总结和宣传这些企业的发展历程和创新成果，彰显了他们为中国石油和化学工业发展作出的积极贡献，可供社会各界相关企业学习借鉴。

图书在版编目（CIP）数据

跨越的足迹：“十三五”石油和化工民营企业创新发展成果汇编 / 中国化工经济技术发展中心编. — 北京：中国石化出版社，2021.11

ISBN 978-7-5114-5887-2

Ⅰ. ①跨… Ⅱ. ①中… Ⅲ. ①石油企业 – 民营企业 – 工业企业管理 – 中国 ②石油化工企业 – 民营企业 – 工业企业管理 – 中国 Ⅳ. ①F426.22

中国版本图书馆 CIP 数据核字（2021）第 239788 号

中国石化出版社出版发行

地址：北京市东城区安定门外大街58号

邮编：100011　电话：（010）57512500

发行部电话：（010）57512575

http：//www. sinopec-press. com

E-mail：press@ sinopec. com

北京柏力行彩印有限公司印刷

全国各地新华书店经销

*

787 × 1092 毫米　16 开本　17 印张　8 彩插　245 千字

2021 年 12 月第 1 版　2021 年 12 月第 1 次印刷

定价：128.00 元

编写委员会

编写组

前 言

PREFACE

2021年是“十四五”开局之年，是我国现代化建设进程中具有特殊重要性的一年。新发展阶段、新发展理念、新发展格局，对中国经济高质量发展提出了新的更高的要求。《国民经济和社会发展第十四个五年规划和2035年远景目标纲要》明确提出，要“实施领航企业培育工程，培育一批具有生态主导力和核心竞争力的龙头企业。推动中小企业提升专业化优势，培育专精特新‘小巨人’企业和制造业单项冠军企业”。

近年来，一批制造业领航企业快速成长、脱颖而出。从全球看，2020年我国有133家企业进入《财富》世界500强榜单，2021年有143家企业进入该榜单，我国上榜企业数量连续两年居于首位。从国内看，2021年中国企业500强入围门槛（营业收入）由上年的359.61亿元升至392.36亿元，营收超千亿元企业数量增至222家。500强企业共实现营业收入89.83万亿元，实现利润总额60023.43亿元、净利润40712.58亿元，分别比上年500强增长7.75%、4.59%。

工业和信息化部围绕产业链领航、单项冠军和“小巨人”这三类标杆企业培育开展了一系列工作。2016年和2018年先后启动开展了单项冠军和“小巨人”培育遴选工作，2019年推动了领航企业培育工作，同时加大政策支持和对企服务力度。截至目前，已先后培育遴选出5批共596家单项冠军企业和3批共4762家“小巨人”企业。今年7月份，工信部等六部门联合印发《关于加快培育发展制造业优质企业的指导意见》，提出准确把握培育发展优质企业的总体要求、构建优质企业梯度培育格局、提高优质企业自主创新能力、促进提升产业链供应链现代化水平、引导优质企业高端化智能化绿色化发展、打造大中小企业融通发展生态、促进优质企业加强管理创新和文化建设、提升优质企业开放合作水平、完善金融财政和人才政策措施、加强对优质企业的精准服务等10条指导意见。

石油和化工行业是国民经济的重要支柱产业，不仅关系到农业丰产丰收和人们的衣食住行，更与高端制造业、战略新兴产业和航空航天、国防安全密切相关；石化产业又是资源型和能源型产业，更是一个技术含量高的产业，石油和化学工业的技术水平是一个国家整体技术水平的重要体现，石油和化工企业的高质量发展是实现石油和化学工业由大国向强国跨越的关键，是为我国实现由"制造大国"向"制造强国"跨越夯基垒台。

在2021中国企业500强榜单中有50余家石油和化工企业上榜，中国石油天然气集团有限公司、中国石油化工集团有限公司位列第二、三名；恒力集团有限公司、中国海洋石油集团有限公司、中国中化集团有限公司、中国化工集团有限公司、陕西煤业化工集团有限责任公司、陕西延长石油（集团）有限责任公司、浙江荣盛控股集团有限公司、浙江恒逸集团有限公司、盛虹控股集团有限公司进入前100强。美国《化学周刊》发布的最新"全球化工公司十亿美元俱乐部"排行榜共有13家中国公司入围，中国石化、台塑集团、中国化工、恒力石化、荣盛石化、万华化学、上海石化、恒逸石化、桐昆集团、金发、北方华锦、新凤鸣集团、上海华谊。此外，2021年，中国化工企业有7家进入全球化工50强，3家企业上榜全球非轮胎橡胶制品50强。

纵观石油和化学工业发展史，我们从新中国成立之初的一片空白到今天的高歌猛进，离不开中国共产党的正确领导。在中国共产党伟大精神谱系的指引下，在不断探索和实践过程中，石油和化工行业逐渐形成了"实业报国精神""石油精神""吉化精神""敢为人先精神""自立自强精神""抗疫精神"等石化产业精神。这些伟大的产业精神在中国革命、建设、改革以及社会主义现代化建设新时期都发挥了重大作用，是促进石油和化工产业生生不息发展的宝贵精神财富和动力源泉。

在"十四五"开局之年又恰逢建党百年之际，《跨越的足迹："十三五"石油和化工民营企业创新发展成果汇编》一书面世出版，这是一件很有意义的工作。创新和发展是企业永恒的主题，书中汇集了40家石油和化工企业的创新发展成果及典型案例，我们希望通过记录企业真实的发展经历和他们的所思所想，促进企业之间的相互学习和借鉴，使社会各界对石油和化工企业加深了解，为行业发展树立榜样，为困惑中的企业指明方向，为下一代留下宝贵的历史资料。对于我们的企业来说，总结过去是为了面向未来，未来10年将是我国石油和化学工业由大国向强国跨越的关键10年，也是石油和化工企业必须要紧紧抓住并且可以大有作为的关键10年。对于我们的行业来说，站在“两个一百年”奋斗目标的历史交汇点上，要科学分析形势、准确把握发展大势、深刻领会国家政策内涵、秉承百年产业精神阔步前行。

新征程已经开启，发展蓝图已经绘就。相信我们的石油和化工企业一定能够继续发扬行业优良传统，在建设世界石油和化学工业强国新征程中披荆斩棘、乘风破浪，为全面建设社会主义现代化强国作出新的贡献，创造出无愧于新时代的新的光辉业绩！

中国化工经济技术发展中心

2021年10月

目 录

CONTENTS

领航企业篇

建百年长青基业　立世界名企之林
——浙江恒逸集团有限公司…………………………………………………… 2
现代煤化工的荣耀
——宁夏宝丰能源集团股份有限公司………………………………………… 7
矢志践行初心使命　奋力开创光辉未来
——山东海科控股有限公司…………………………………………………14
不忘初心谋发展　砥砺奋进谱新篇
——山东金岭集团有限公司…………………………………………………22
实干苦干　勇往直前　打造绿色碳四化工产业链
——淄博齐翔腾达化工股份有限公司…………………………………………28
立足新材料　当好“领头雁”
——华峰集团有限公司………………………………………………………34
品质铸就卓越　创新筑梦未来
——山东天弘化学有限公司…………………………………………………39
创新专注　未来可期
——联泓集团有限公司………………………………………………………44

与时代同频　创新驱动企业高质量发展
——浙江新安化工集团股份有限公司…… 51
推进跨越发展　构筑强企之路
——云南祥丰实业集团有限公司…… 58
创新驱动　建设美丽中国
——浙江新和成股份有限公司…… 68
三十五载积淀再创新篇
——浙江闰土股份有限公司…… 76
绿色发展引领转型升级　产业报国增进民生福祉
——河南中源化学股份有限公司…… 81
“十三五”高质量发展绘锦绣华章
——新洋丰农业科技股份有限公司…… 86
坚持创新升级　打造绿色化工
——河南金山化工集团…… 93
高质量党建推动企业高质量发展
——万达控股集团有限公司…… 102

冠军企业篇

科技引领　夯实基础　赋能创新
——江苏迈达新材料股份有限公司…… 108
聚力主业　键兴伟邦
——济宁键邦化工有限公司…… 115
专注新品研发　成就行业典范
——山东硅科新材料有限公司…… 120
行者无疆　恒以致远
——会通新材料股份有限公司…… 127
夯实氟化工基础　探索新材料道路　在创新发展中拥抱数字化
——多氟多新材料股份有限公司…… 133

聚“五力” 技术创新加文化创意为企业发展赋能
——润泰新材料股份有限公司…… 139
坚持科技创新 粘接引领未来
——湖北回天新材料股份有限公司…… 145
注重创新铸就冠军 合作共赢推动发展
——山东尚舜化工有限公司…… 151
卤代丁基橡胶国产化创新发展之路
——浙江信汇新材料股份有限公司…… 159
积于硅步 凌于高峰
——合盛硅业股份有限公司…… 165
深耕电子化学品领域 推动行业转型升级
——迈奇化学股份有限公司…… 172
心无旁骛攻主业 优化升级争先锋
——江苏德纳化学股份有限公司…… 178
快速发展的“十三五”
——安徽金禾实业股份有限公司…… 186
砥砺奋进谋发展 蓄势扬帆再启程
——江苏美思德化学股份有限公司…… 193
做世界农化行业的一面旗帜
——江苏中旗科技股份有限公司…… 199
实践绿色智能制造 引领水处理剂行业发展
——山东泰和水处理科技股份有限公司…… 205

创新企业篇

服务，不止于检测
——上海微谱化工技术服务有限公司…… 212
以工匠精神铸公众品牌
——安徽省公众检验研究院有限公司…… 218

技术创新实现油田化学品产业化发展的典范
——荆州嘉华科技有限公司…… 225
"崇德·匠心·创新"铸就华特之路
——厦门华特集团股份有限公司…… 231
与时俱进发挥特色　不断开创汉地阳光工作新局面
——海南汉地阳光石油化工有限公司…… 239
绿色环保可持续　创新驱动促发展
——河北建新化工股份有限公司…… 244
弘扬工匠精神　为中华民族伟大复兴贡献力量
——江苏克胜集团股份有限公司…… 251
绿色循环发展引领高盐废水资源化再利用
——苏州乔发环保股份有限公司…… 257

领航企业篇

建百年长青基业　立世界名企之林

——浙江恒逸集团有限公司

“十三五”期间，以去产能、去库存、去杠杆、降成本、补短板为重点的供给侧结构性改革，经中央经济工作会议定调后，正式拉开大幕。行业内落后产能逐步淘汰出清，在此基础上，龙头企业通过并购整合和新建扩建等方式提升企业产能规模之余，有效提升行业产能集中度，行业供需矛盾逐步缓和。此外，2019年以来，龙头企业往上游炼化板块的扩张，实现上下游一体化发展，抵御行业周期波动的能力明显提升。在新的发展格局下，行业龙头企业受益于大规模、一体化、资本、研发和市场等竞争力的提升，传统周期性正在逐步弱化，相应地，龙头企业的盈利稳定性逐步增强，未来将呈现出龙头企业强者恒强的新局面。

浙江恒逸集团有限公司（以下简称恒逸）作为化纤行业龙头企业之一，上游炼化项目全面投产打通全产业链，解决原料瓶颈，下游聚酯化纤快速发展，提升市场占有率，持续强化产业结构优势。与此同时，加大智能制造和研发创新投入，提升企业创新能力，弱化传统周期波动对企业的影响，在同行业中脱颖而出。另外，随着行业景气回升，产品盈利持续增长，恒逸改善财务结构和融资结构，以获得更大的经济效益

一、产业结构优化

在上游炼化端，恒逸文莱炼化项目全面投产，上下游一体化正式打通，实现全产业

链生产。2019年11月3日，恒逸文莱炼化项目正式打通全流程，顺利产出汽油、柴油、喷气燃料、PX、苯等产品，生产运营稳定，已进入商业运营阶段，有望在较短时间内提至满负荷运行。可以说，炼化项目的投产，标志着恒逸已经实现全产业链生产。对于化纤产业链而言，从原油到最后的化纤，整体价差变化相对较小，存在较大周期波动的是产业链内各环节产品的价差。全产业链的打通，可以确保恒逸在每个环节都能分享到利润，锁定产业链内生利润。

在下游聚酯端，通过并购和新建扩大产能，占据市场份额20%以上。在“十三五”期间，恒逸通过破产项目拍卖、合资合作、项目租赁等方式完成405万吨并购整合，有效提升市场份额，把握产业发展主动性。新建435万吨/年高端聚酯项目陆续投产，收购的化纤产能通过2～3个月改造复产，快速实现盈利。截至2020年年底，恒逸集团实际控制聚酯产能1040万吨/年，锦纶产能46.5万吨/年。产业集中度提升，行业竞争更加有序，龙头企业产品定价权集中，供需格局更加稳定，有利于化纤企业经营效益稳定提升。“十三五”以前，化纤行业产能分布相对分散，竞争无序，导致行业整体盈利水平下滑，部分中小企业因为盲目扩张或多元化发展导致资金链断裂破产。2016年以来，一方面随着“供给侧改革”的推进，部分劣质产能逐步出清，破产的优质产能被龙头企业并购整合。另一方面，化纤行业作为重资产行业，受土地、能耗指标、环保指标、资本、设备等要素的影响，新增产能集中在龙头企业。因此，化纤行业的产能集中度大幅度提升。截至目前，行业前三家的产能集中度已经从2016年的20%增加至目前的45%。

二、创新能力提升

恒逸集团通过打造产业互联网平台、研发创新平台和总部管控平台，推进数字化发展，提升创新能力，打造软实力。

（一）产业互联网平台

以实现供产销一体化为核心，引入供应商和客户，打造“在线交易+在线金融+仓储物流+综合服务”的产业互联网平台，奠定化纤产业综合服务基础。恒逸数字化发展历程是从信息化到智能制造，再到建设工业互联网平台。恒逸的化纤工业互联网平台整合了采购平台、生产MES智造、仓储WMS系统、恒逸微商城、物流运输管理平台，集中打造一个核心数据分析决策平台。该平台为决策提供了大量的数据分析，其中包括物资采购需求、生产排产、产量库存数据、营销决策数据、加工成本区间、产线效益分析。

在生产端，从2016年以来，恒逸开始引入自动落筒、自动打包、自动外检等智能制造技术。自动化设施的应用，单家工厂减员超过200人，产品良品率提升1.2%，劳动生产效率提升70%，成效明显。目前，恒逸已在其他工厂推广使用智能制造技术，同时在新项目中探索全流程智能化控制系统，可以对生产全流程进行实时监测、控制与记录，对质量进行追踪，优化原辅料选择，优化产品设计和生产方案，实现精细化生产。

在业务端，新B2B平台（逸商城APP）定制开发化纤类电商平台，集价格查询、快捷下单、行情资讯、物流管理、金融服务等配套服务为一体，目前注册客户超过3万家，累计交易额超过1000亿元。恒逸已通过恒逸微商城实现了95%以上聚酯化纤产品的线上销售，通过对大量销售数据的分析，可以对客户进行分级管理，并针对优质客户开展供应链金融等增值服务，增加客户黏性。

在供应链金融领域，通过数据分析对客户进行分级管理，对优质客户提供逸控贷或逸信贷等供应链金融服务，目前客户276家，对应客户的总销售额超过25亿元。

在智能仓储领域，基于全流程标准化和设备集成，实现采购、收货入库、库存盘点、物料调拨、生产发料、销售出货、杂项出入的全流程管理，提高库存数据的实时性、效率和准确度，发货效率提升30%，每天出入库量超过3万吨，累计出入库量超过1800万吨。

在智能物流领域，通过客户物流画像，利用物流智能管理平台，实现化纤物流运输链的精准配送。目前，HYTMS平台物流机构超过50家，登记车辆超过4万辆，每天调度车辆超过2500次。

（二）研发创新平台

引进高端人才，打造多层次的全球化纤产业创新研发平台。加大技术和工艺研究，推动行业技术变革，加快差异化产品研发，提升产品附加值，打造恒逸品牌。恒逸具备千万吨级石化－化纤产业基础，催生创新研发需求，带动产业发展质量提升。2020年，恒逸集团研发费用达196846万元，研发人员1388人，海宁研发基地已投入使用，总面积16000平方米。目前，集团本体及下属子公司有三家被认定为国家高新技术企业。

研发创新平台的组织架构：目前研发中心是“3332”的组织架构，即3个研究所、3个校企合作平台、3个生产车间、2个中心。3个研究所分别是化工研究所、纤维材料研究所、先进材料技术研究所。化工研究所主要负责涤锦产业链化工单体的开发。纤维材料研究所主要围绕恒逸生产主体进行差别化锦纶与聚酯产品的开发。先进材料技术研究所主要负责涤锦产业链中重大、长周期课题的研发。3个校企合作平台分别是浙大－恒逸全球未来先进技术研究院、东华－恒逸联合实验室、南工大－恒逸联合实验室。2个中心分别是成果转化中心和分析测试中心。3个车间分别是小聚酯车间、切片纺一车间、切片纺二车间。小聚酯车间主要进行差别化聚酯产品的生产，有A、B两条生产线，产能分别是3万吨/年和6万吨/年。切片纺一车间进行差别化FDY的生产，产能为2.5万吨/年。切片纺二车间进行POY和DTY的生产，POY产能为3万吨/年。

研发创新平台的研发战略是绿色化学及差别化高分子材料与纤维的研究开发，主要围绕聚酯的绿色生产、回收利用、生物基高性能聚酯、可降解聚酯、功能化智能化聚酯（如阻燃、抗静电、保暖、智能穿戴）、“三剂”（催化剂、油剂、消光剂）和高性能复合纤维技术等方向布局研发工作。

研发创新平台的研发成果：第一是新技术的突破，包括CPL新型成套技术（气相重排）＋尼龙6直纺成套技术、化学法PDO成套技术＋PTT聚合技术、CBDO成套技术＋耐高温聚酯聚合技术、生物基FDCA成套技术＋PEF聚合成套技术。第二是差异化产品研发，已完成已逸钛康环保聚酯、锦纶专用二氧化钛国产化等项目，另立项超过20个项目，陆续开展理论研究、实验、小试、中试。第三是工艺、设备优化改进，降低能耗、物耗，降低废丝率等。

（三）总部管控平台集中职能管控

运营管控、财务资金管控，以萧山总部为核心，统筹外围基地运营管理，提高整体运营管控效率。

三、企业竞争力培育

产业链一体化可有效锁定产业链内生利润，提升抵御周期波动风险的能力。随着恒逸文莱项目的投产，化工品（如PX）的生产可以有效提升恒逸整体原料供应和产品销售的稳定性，加强整体协调运营能力，合理控制库存，提升经营策略调整的灵活性，使得恒逸的盈利能力在短期和长期均能得到充分的保障，大大增强抵御行业周期波动风险的能力。

四、经济效益

随着产能集中度的提升，龙头企业最受益。第一，产能集中度提升带来龙头企业产品定价权的提升，龙头企业对下游企业的产品议价能力加强，可以有效保障产品价格，锁定加工利润。第二，产能投放更加稳定有序，龙头企业对投放新产能更加理性、有序，可以配合市场需求，有效保障整体供需格局的稳定；此外，可以通过季节性的产能控制，在淡季共同制定减产计划，以保证季节性的供需稳定，平稳产品价格和盈利区间，确保效益的实现。

恒逸目前拥有聚酯化纤产能755万吨/年，市场占有率接近15%，在未来面临更加有利的供需关系，原料成本更具优势，盈利能力更加稳定。随着民营炼化的投产，PX的价格和价差明显下降，且随着未来新增产能的持续投放，PX的进口依存度将进一步从目前的50%左右下降至2022年的不到5%，基本实现自给自足。同样，随着国内煤制乙二醇产能的陆续投放，乙二醇的价格也明显下滑。因此，国内产业链整体供需格局将从上游原料紧缺实现到全产业链均衡匹配的转变，供需关系更有利于以聚酯化纤为主的龙头企业。此外，PX价格下降带动PTA价格下降，PTA和MEG作为聚酯化纤的原料，原料成本的下降大大降低了聚酯化纤的生产成本，叠加下游聚酯化纤的稳定需求，未来产业链内的利润将逐步实现从上游PX环节到下游化纤环节的转移。

现代煤化工的荣耀

——宁夏宝丰能源集团股份有限公司

刘全昌，杨晓丽

内有供给侧结构性改革和高质量发展的重要转型，外有百年未有之大变局，内外因素共同作用，而党的十九届五中全会恰逢其时，对这一历史性转折进行了郑重标定和庄严宣示。

时光是一个大熔炉，提炼出精华、沉淀下渣滓，这在现代煤化工产业的发展上体现得淋漓尽致。“十三五”时期，我国现代煤化工经过之前十余年万马奔腾的喧嚣，在国际油价下跌的市场倒逼下，产业尘埃落定，进入苦修内功、去粗取精的分化发展阶段，一批高质量发展的先锋企业脱颖而出，进入一骑绝尘的发展快车道。在这其中，宁夏宝丰能源集团股份有限公司（以下简称宝丰能源）就是杰出代表。投产多条全球最高水准的现代煤化工生产线，坚守绿色制造，成为国内首家市值逼近千亿元的现代煤化工上市公司，立足宁东，放眼全球，开启纵深布局……在中国现代煤化工产业快速发展中成功攀峰登顶。“十三五”成为宝丰能源弥足珍贵的荣耀之旅。

一、发展就是硬道理

企业是市场的主体，也是代表国家参与国际竞争、彰显国家实力的主要载体。国家要富强、社会要进步，是企业发展的硬道理。2020年7月21日，习近平总书记在主持召开企业家座谈会时，对弘扬企业家精神、增强企业家爱国情怀提出殷切希望：“企业家爱国有多种实现形式，但首先是办好一流企业……”

常怀实业报国赤子情怀，高擎振兴民族工业旗帜，立足中国富煤、缺油、少气的资源现状，围绕保障国家能源和原材料安全的现实需要，以循环经济模式为内核，以绿色、智能发展为两翼，探索出一条具有中国特色的煤炭清洁高效利用的新路子，打造技术领先、世界一流的高端煤基新材料领军企业，这是宝丰能源矢志不移的宗旨。“十三五”期间特别是2020年，在低油价、产品价格波动的不利环境下，中国煤化工行业一度陷入了蛰伏低迷期，宝丰能源却迸发出源源不断的活力，逆行创造发展奇迹。

由于全球范围内石脑油制烯烃仍是主流工艺，聚乙烯和聚丙烯价格与原油价格具有一定相关度。2014年下半年至2015年末原油价格整体下跌，最大跌幅超过70%。这期间我国聚乙烯、聚丙烯价格从接近12000元/吨的最高点跌至8000元/吨以下。2015年末至2017年末，伴随国际原油价格上涨，聚乙烯和聚丙烯价格也回调至9000元/吨以上。2020年国际油价出现了“史诗级跳水”，并徘徊在每桶40多美元的中低位。

受石油化工价格体系的影响，“十三五”时期，我国现代煤化工产业虽然实现了规模性增长，但除了优秀的煤制烯烃企业实现了稳定盈利，已实现产业化的煤制油、煤制气、煤制乙二醇等现代煤化工路线外，普遍仅保持在微利甚至亏损的线上。

沧海横流，更显英雄本色。正是在这样的行业背景下，宝丰能源交出了一份堪称亮眼的“十三五”成绩单。在“十二五”收官的2015年，公司总资产为262.64亿元，营收70.81亿元，利润总额16.84亿元，实际纳税2.52亿元。到了“十三五”收官之年，尽管面临新冠疫情的冲击，宝丰能源依旧迎难而进，快速发展的势头不减反增。

宝丰能源2020年年度报告显示，2020年实现营业收入159.28亿，同比增长17.39%；归母净利润46.23亿元，同比增长21.59%；经营活动现金流净额51.84亿元，同比增长45.10%。公司已拥有的生产能力包括：750万吨/年煤炭、1100万吨/年煤炭洗选、400万吨/年焦炭、400万吨/年甲醇、60万吨/年聚乙烯、60万吨/年聚丙烯、78万吨/年精细化工，员工人数也超过1.3万人。公司的主营业务中，聚烯烃生产规模以及由此带来的经营绩效，都在2015年基础上成功实现了翻番。同时，伴随着300万吨/年焦化多联产项目建设工作的有序推进，公司焦化业务的清洁产能也几乎实现了倍增。这就是享誉中国煤化工产业的宝丰速度、宝丰战绩。

二、领跑现代煤化工

自进入近代工业革命以来，西方主导了人类工业文明的进程，由中国开创并引领一个重大基础产业发展的情况屈指可数，但在现代煤化工领域中国的实体企业却成为世界范围内的出色代表。经过近20年的持续耕耘探索，中国的现代煤化工体系渐丰、规模日盛，成为中国化学工业一张独具特色的靓丽名片、全球化工产业越来越不容忽视的一股新生力量，也成为中国先进和高端制造业的杰出代表。

雁阵横空，必有先导；群马驰原，当执头缰。一个产业的崛起壮大，龙头企业的示范引领作用不容置疑，从某种意义来说，龙头企业对于一个产业的意义就在于以标杆作用“定义”这个产业。对于新兴的中国现代煤化工产业而言，在发展的早期，定义这个产业的主要是首批进入的能源板块的央企和国企。而随着“十三五”现代煤化工产业发展进入中期，一批卓越的民营企业在逆境中异军突起，更多地挑起定义产业的责任。宝丰能源就是“十三五”期间定义中国现代煤化工产业的杰出代表。

能源化工“金三角”（宁东－榆林－鄂尔多斯）是中国现代煤化工产业的核心区，宝丰能源于2006年入驻宁东能源化工基地，是最早入驻宁东基地的企业之一。宝丰宁东基地规划占地14000亩，坚持规模化、一体化、高端化、原料自给化和产品差异化的发展路线，构建起集“煤、焦、气、甲醇、烯烃、聚乙烯、聚丙烯、精细化工”于一体的循环经济产业集群，实现了煤炭资源的分质、分级、清洁、高效利用，真正将煤炭资源吃干榨净，替代石油生产出百余种高附加值的化工产品。

“十三五”期间，宝丰能源以坚定的信心和前瞻的眼光，大手笔、大气魄地建成或规划了多条引领产业的生产线，成为定义中国现代煤化工产业的有力载体与明证。2016年，宝丰二期60万吨/年烯烃项目（以下简称二期项目）建设正式启动，建设全球规模最大的焦炉气、煤制气联合制烯烃装置。

2019年10月，宝丰能源二期项目后段——甲醇制60万吨/年聚烯烃项目建成投产，公司聚丙烯、聚乙烯产能实现翻番。其中，项目的聚乙烯装置采用了雪佛龙菲利普斯的双环管淤浆工艺，可以生产双峰聚乙烯产品和茂金属聚乙烯产品，双峰聚乙烯产品目前的进口依存度在50%以上。

2020年6月，二期项目前段220万吨/年甲醇项目一次开车成功，项目前段与后段全线打通。特别值得一提的是，220万吨/年煤制甲醇项目采用目前世界单套产能最大的220万吨/年甲醇合成塔和国产最大的10.5万标准立方米/小时空分机组、国内煤化工行业最大的甲醇洗涤塔等重器。

装置在变，技术在变，但不变的是宝丰能源对“清洁低碳、安全高效”的坚守与执着。宝丰能源自规划建设以来，始终将安全与环保视为“生命线”，努力做到了采煤不见煤、用水不排水、烟尘不落地。“十三五”期间，宝丰能源煤制烯烃产能翻倍，但实现利润总额增长接近3倍；获评2019年度石油和化工行业煤制烯烃能效“领跑者”标杆企业、国家级“绿色工厂”，成为煤化工企业内在优、外在美的杰出典范。

顺应产业链延伸和产品差异化、高端化发展的趋势，宝丰能源在“十三五”也做了积极布局。依托先进的装置、技术优势，宝丰能源还不断加快创新，提升产品的高端化差异化水平，努力降低我国聚烯烃产品的对外依存度。2020年以来，宝丰能源先后有薄壁注塑料、高密度聚乙烯中空料、高强度双峰薄膜料、耐候棚膜用线型聚乙烯专用料等10款新牌号产品成功上市，带来营收增量的同时也引领了我国现代煤化工行业产品的提档升级。

宝丰能源在新能源布局上同样具有非凡的创新引领力。2020年4月，在宁东基地开工建设“太阳能电解制氢综合示范项目”，采用国际领先的工艺技术、规模最大的装备，年产2.4亿标准立方米绿氢和1.2亿标准立方米绿氧，项目总共使用30台单台产能1000标准立方米/小时的高效碱性电解槽，是全球单台产能和单厂规模最大的可再生能源制氢项目，首创将“绿氢”“绿氧”直供化工装置，绿氢替代煤炭原料、绿氧替代煤炭燃料生产高端化工产品，综合效益显著，年新增减少煤炭资源消耗约38万吨，年新增减少二氧化碳排放约66万吨，年新增消减化工装置碳排放总量的5%，真正开创了一条用新能源替代化石能源，技术先进、经济可行的“碳中和”科学路径，示范引领行业绿色高质量发展。公司力争用10年时间完成企业50%碳减排，用20年率先实现企业“碳中和”，积极为实现国家“3060”目标、保障国家能源安全贡献力量。

三、立足宁东，面向全国，睥定全球

生于斯、长于斯，宁东基地是宝丰能源的根基与福地。企业成立15年来，第一代宝丰人把全部的心血和年华都奉献给了宁东。在“十三五”收官之际，宝丰能源以全球视野谋划新发展篇章，在能源化工“金三角”开辟一片更加广阔的新天地，着力将宝丰能源打造成世界一流现代煤制烯烃供应商和服务商。

2020年7月1日，宝丰能源发布公告，在内蒙古规划建设400万吨/年烯烃项目，将进一步延伸宝丰能源循环经济产业链，巩固公司的规模优势和行业龙头地位，引领鄂尔多斯化工产业可持续发展。

大疫之年，百业维艰，宝丰能源为何在此时敢于逆势扩大投资？宝丰能源董事长党彦宝认为，“危”中必然孕育着“机”，“危”和“机”从来都是辩证统一的。当前国内聚烯烃供给依然有比较大的缺口，未来随着新型基础设施建设、新型城镇化建设以及交通、水利等重大工程建设的推进，聚烯烃消费还将持续增加，市场空间广阔。在这一基本前提和逻辑下，越是在周期低谷、市场低迷的时候，反而越有利于引进行业的高端技术，投资和建设成本相比平时也更低。基于对行业形势的精准判断，加之企业当前的负债率低，新项目的银行资金成本也较低，又依托成熟的专业化团队，宝丰能源才敢于做出逆势布局。

内蒙古项目的上马，意味着宝丰能源进入了“宁东+鄂尔多斯”双中心发展的新时代。2020年9月23日，作为宁夏建设黄河流域生态保护和高质量发展先行区首个启动的重大项目，宝丰能源50万吨/年煤制烯烃项目正式开工建设，同步启动建设50万吨/年碳三到碳五综合利用制烯烃项目。项目建成后，每年将新增聚烯烃产能100万吨，使宝丰能源宁东基地的聚烯烃年产能规模提升至220万吨、甲醇年产能增至640万吨，一体化、规模化优势将更加突出，创利能力进一步增强，高端煤基新材料领军企业的优势更加明显。

立足宁东面向世界打造一流现代煤化工领军企业，宝丰能源在“十三五”的收官之年，蓝图已经绘就，未来可期可待。

四、资本市场的龙头“黑马”

率“金三角”之先挺进资本市场，上市成为一家公众企业，借助金融和资本的力量实现企业的二次腾飞，是宝丰能源“十三五”时期铸就的另一座值得铭刻的丰碑。

2019年4月18日，宝丰能源A股首发上市取得中国证监会批文；5月16日，宝丰能源成功在上海证券交易所鸣锣上市，登陆中国A股资本市场。此次上市公司共募集资金81.55亿元，主要投向上述的二期焦炭气化制60万吨/年烯烃项目。宝丰能源以其低成本、高利润的优秀业绩以及极具现代范的运营风格，为煤化工业界引入了一股时代新风。从这个意义来说，宝丰能源堪称中国煤化工行业杀出的"黑马"。

2020年，宝丰能源的焦炭产品毛利率达到53.55%，盈利能力高于国内主力焦炭企业；煤制烯烃企业毛利率一般在15%以下，宝丰能源达到53.55%。总体来看，2020年宝丰能源的营业利润率为34.76%、总资产报酬率为15.34%、加权平均净资产收益率为19.04%、成本费用利润率为63.40%，不仅在所有煤化工上市企业里一枝独秀，即使置之于国内全部4000多家上市公司中同样称得上靓丽。

那么，宝丰能源作为现代煤化工板块龙头的独特基因是什么？答案可以从多个维度去寻找，但最关键的，还是在于宝丰开辟了一条他人无法企及的新赛道。宝丰能源宁东基地总规划投资逾700亿元，一次规划、集中布局、分步实施，在同一园区内一体化建设了"从一块煤到一袋塑料原料"的完整产业链，各个生产装置布局紧凑，公辅设施公用，从而大幅节省了建设成本，与其他非一体化布局的同规模企业相比，投资节省30%以上。

规模化产业链、一体化建设、原料自给率高等综合优势，为宝丰能源带来了显著的成本和竞争优势。同时，前瞻第四次工业革命浪潮，宝丰能源在信息化、自动化、数字化、智能化领域也抢先布局，规划系统性引入5G等先进技术，全新打造人工智能、工业互联的"智慧工厂"，实现传统煤化工颠覆性变革。

五、勇担当，践责任，助攻坚

2020年是"十三五"收官之年，也是我国实现第一个百年奋斗目标、全面建成小康社会的最后攻坚之年。精准扶贫、根本脱贫，是"十三五"时期中国经济社会发展的主题主线。而对于宝丰能源来说，"十三五"期间在扶贫事业上同样留下了浓墨重彩的一笔。

作为一名优秀的民营企业家，党彦宝对市场有极其敏锐的洞察力，同时也是一个有着强烈的原则性和家国情怀的人。党彦宝说，把企业做成现代化工行业中的"百年老店"是宝丰人的事业。

新冠疫情暴发后，宝丰能源第一时间就踊跃参与捐助，首批2400万元捐款火线驰援抗疫一线。此后根据抗疫的实际需要，企业又捐助了第二批卫生防疫物资，并依托自身的原料优势迅速转产医用无纺布的原料高熔指纤维聚丙烯，并很快投建医用口罩产线，加速保供全国的抗疫之战。公司也被纳入全国疫情防控重点保障企业名单。困苦显赤子、危难见忠诚，宝丰能源在履行社会责任上的高度自觉与雷厉风行，也获得了广泛赞誉，中央核心媒体也对宝丰能源助力抗疫的先进事迹进行了深入报道。

2011年，党彦宝与夫人共同发起成立燕宝慈善基金会。10年来，宝丰能源始终本着情系家国、回报社会的初心，以燕宝慈善基金会为平台埋首奋进教育扶贫事业。在党彦宝看来，要从根本上脱贫，还是要靠“授人以渔”，知识是财富的火种、是消除贫穷最有力的武器。

一份精准的援助，就能温暖一名寒门学子的冬天；一份及时的关怀，有助撑起一个贫困家庭的未来。目前，宝丰能源的教育扶贫项目已对全区14个县（区）、8个乡镇所有考入大学的学生实施“全覆盖、无差别化”教育资助，并对全区范围内部分建档立卡贫困户及城市贫困户学生进行资助。截至2020年，基金会已累计捐资22.83亿元，以“奖学金”的形式累计资助了22.29万名宁夏籍贫困学生，已有12万名受助学生毕业走上工作岗位，成为家庭的经济支柱和社会栋梁。

“贫困家庭的希望在下一代，唯有让下一代通过学习知识提升能力，用知识和能力走出大山，实现自立自强，才能改写贫困家庭的生活轨迹，进而从根本上挖断他们的‘穷根子’。”党彦宝说。

继2015年10月16日获得“中国消除贫困奖”后，2019年4月28日，在第十六届中国慈善榜发布现场，党彦宝又荣获“中国慈善榜慈善领袖”称号。2020年11月20日，国务院新闻办公室举行中外记者见面会，党彦宝等4位知名企业家受邀分享了民营企业精准扶贫的宝贵经验。

十九届五中全会闭幕后，最近一段时间党彦宝都在持续深入地学习会议精神，对照未来中国的愿景、使命，校准宝丰前进的航向。“我们正在做、想要做的事，正是中央鼓励、支持的，这让我和我的团队，对未来更有信心。”将宝丰能源打造成一家以高端煤基新材料为主业的世界一流企业，将宝丰能源定格为一家有情怀、有使命、有担当的民族工业企业，“十四五”宝丰能源将更加光彩夺目。

矢志践行初心使命　奋力开创光辉未来

——山东海科控股有限公司

张少飞

一、企业基本情况

山东海科控股有限公司（以下简称海科），现已发展成集石化能源、新能源材料、特种化学品、消费与医药化学、互联网物流、国际贸易等多位一体的综合性企业集团。集团下属公司分布在上海、江苏、浙江、安徽、韩国和新加坡等。集团总资产达185亿元，拥有员工4500余人。凭借销售业绩的高质量增长荣膺达沃斯论坛"全球成长型公司"称号，是"国家高新技术企业""中国企业500强""中国制造业500强"，被列入"国家工信部智能制造试点示范项目""国家制造业与互联网融合发展试点示范名单"。近年来，海科围绕转型变革精准发力，企业保持了稳健的发展势头。

二、产业结构优化

海科积极响应省政府发布的《关于加快七大高耗能行业高质量发展的实施方案的通知》及《关于推进全省地炼企业产能整合转移实现高质量发展的工作方案》文件要求，深入调研行业发展趋势和市场规律，推动产业链向下游延伸，实现产业链互补、互强，"耦合"发展。结合自身发展需要，重点规划建设高端树脂新材料及其配套产业，提高自主创新能力，满足国家生态文明建设和重大战略需求。同时，以项目为依托，与国内外著名院校、技术供应商共建技术研发中心，建设放大中试基地，加强先进材料、关键战略材料及前沿新材料的科学研究，攻克产业关键技术瓶颈并实现产业化，填补国内空白或打破国外垄断，提高我国相关产业的国际话语权和影响力，适应“大循环”“双循环”新发展格局，实现海科高质量转型与持续发展。

依托30年石油炼化经验，海科现已形成覆盖国际贸易、石油炼化、高端油品研发、独立第三方检测和质量控制、终端连锁品牌加油站、电商运营、终端配送、危化品智慧物流和五星级服务等一体化的全产业链条，致力于“构建数字化经营体系，成为智能高效的能源服务商”。

1. 致力于高端油品开发。海科不断优化改进产品工艺流程，累计投入11亿元，实施了160万吨/年清洁油品联产烯烃及配套项目、一系列油品质量升级项目及五套目的不同的加氢装置，是全省首家升级到“国四”“国五”汽柴油标准、全国首家生产“京标”油品的民营炼化企业，并成功研发出98号汽油、101号汽油、Brave高清洁等超高品质油品。

2. 全面加强油品质量控制。成立海科集团柏森质检公司，是国内民营炼化行业首个通过国家实验室CNAS认证的第三方独立质检机构，拥有对国五汽柴油、液化石油气、石油焦等石油产品全面分析、评价技术，居国内同行业领先地位；制定发布严于国家标准的首个车用汽、柴油团体标准，确保油品出厂合格率达到100%。

3. 建设“四流合一”供应平台。依托在石油炼化、仓储物流以及供应链管理领域的基础优势，运用“云、大、物、智、移”等技术，建设“危品汇”危化品供应链平台，构建优质运力海量汇集、车源货源快速匹配、零散运输统一调度、配送车辆实时跟踪的商流、信息流、物流、资金流“四流合一”强结构生态圈，实现供应链“去中间化”“去中心化”“去边界化”的颠覆性革命。平台累计注册用户2318家，合作物流企业678家，整合社会车辆20498辆，交易量4000余万吨，交易额8.8亿元，车辆管理效率提升20%，车辆运营成本下降20%，事故率降低15%。成功入选国家工信部“支撑疫情防控和复工复产工业互联网平台解决方案”。

4. 开创“高度体验”终端模式。重塑终端运营服务商业模式，成立小海豚能源公司，秉承“让所有人享受高品质绿色生活”的企业愿景，站在客户角度设计建设连锁品牌加油站，自主研发YOYO-ECO智慧油站管理系统，推行加油无感支付、人流热点分析、无人自助洗车的3.0版智慧运营模式，并提供“轻奢品”定位的高度体验式服务，已加盟加油站460座，构建起引领世界服务时尚潮流的城市人车综合服务生态圈。

三、创新能力提升

海科集团在创新体系建设方面加大投入，致力于成为行业内创新标杆企业，整体创新能力显著提升，目前海科集团已打造成具有海科特色的以协同创新为动力、以成果转化及市场应用为目标，集“人才、资本、信息、技术”等创新要素活力为一体的综合性体系。

（一）构建“产学研”一体化科研平台体系

海科集团以“奋发科技创新引擎，助力海科稳健跃进世界500强”为愿景，规划了以客户为中心的价值导向、以开放式创新的发展宗旨、以国际视野打造国内一流的研发机构，成立了海科研究院并布局东营和上海两大研发基地。东营基地地靠集团三大产业生产基地，以强健的经济基础和稳健的产业布局，推进研究院大发展；上海基地依靠人才供应、下游客户集聚的先天优势促进研究院的快速发展；两大基地南北呼应、各展所长，共同推动海科研究院全面发展。

（二）完善有利于激发创新活力的管理机制

海科研发中心执行“洋葱式”的组织架构管理机制，从业务出发，通过“矩阵式”组织架构组建联合项目制团队，整合研发资源，发挥协同效应，承接集团战略转型。围绕项目组织资源具有较强的灵活性，打破了传统建制的组织形式，根据项目周期各个阶段的具体需求充分整合集团投资、技术合作、研发智能、配套知识管理、人事行政、风险赋能共享等资源。实现了由中心向外部扩散，层层包覆，打通各方渠道，从而自主构建一套良性循环的创新管理机制。研究院成为海科集团战略支持中心、研发管理中心、研发资源整合中心及技术研发中心，同时研究院采用了先进的市场、研发、技术、项目管理方法，打造了海科集团的技术创新共享平台。

海科研究院“以客户为中心”的项目制组织，打造敏捷研发组织。定制开发了从市场到产品服务的全流程“高效IPD管理机制”，建立了基于客户需求的结构化需求的结构化流程/分析工具体系，打通了市场和研发通道，提供全流程方向的产品研发以及项目管理。

（三）专利布局及成果转化

知识产权正成为企业发展的战略性资源和核心竞争力。海科将专利分析贯穿整个创新研发过程中，通过技术洞察和先进性分析，提高了研发效率，降低了侵权风险，有效推动公司核心技术专利链的布局。研究院建立健全激励机制，充分调动企业创新人才积极性，每年设立知识产权专项奖励资金。鼓励科研人员自主创新，努力获取高价值专利，在企业发展中形成了鼓励创新、参与创新、尊重创新的浓厚氛围，实现了公司科技成果转化快速落地。其中一种改进Hummers法制备高品质氧化石墨烯的智能化工艺，已产业化，实现国内领先。一种基于性能可控的多功能材料，有效解决锂离子电池面临的循环寿命短难题，提升了产品性能。还有一种精馏与熔融结晶耦合制备高纯电子级碳酸乙烯酯清洁工艺，已产业化，直接经济收益达2亿元，技术填补国内空白，实现国内领先。高品质氧化石墨烯智能制造技术等多项专利技术已实现产业化落地，低成本涂覆隔膜等专利技术大幅提升锂电池安全性能，解决了新能源汽车广泛推广应用的关键问题。

四、企业竞争力培育

（一）品牌影响力

海科为进一步提升品牌影响力，分别制定品牌战略规划、品牌管理维护、品牌营销推广三大体系，从集团高层、管理层和市场三个方面对品牌建设工作进行垂直管理。

引进世界一流品牌咨询公司，从品牌理念、品牌架构及企业视觉识别层面对集团进行规划，确立集团全新的品牌驱动器，并以品牌驱动器为基础，发展品牌架构、品牌标志设计及VI系统更新。通过品牌建设为业务转型铺路，建立创新服务的形象和文化。聚焦于打造强有力的海科集团品牌，为各版块业务提供可靠的品牌支撑，同时让品牌价值最大化，塑造一定的灵活性，为海科业务扩展提供支持，同时有效规避业务扩张带来的风险。

近年来，公司在人力、物力、财力、商务、合作等方面投入逐年提高，在中国品牌建设促进会等单位共同发布的"2020年中国品牌价值评价榜单"中，海科集团以品牌价值103.84亿元荣登"能源化工"类榜单；同年，获评2020年山东省高端化工产业品牌价值10强荣誉称号；位列2020年山东省民营企业品牌价值100强第5位；入围2021中国创新品牌500强榜单；荣获"能链云"中国民营加油站十佳创新品牌；2019年荣获匠心品牌金奖。海科自主研发的"无畏燃油"系列被认定为山东知名品牌，公司生产的电解液溶剂、丙二醇等被评为山东知名品牌（产品）。荣誉的获得是对海科的认可，未来将以缔造绿色世界为使命，为把海科建设成为最具卓越运营和创新能力的绿色企业集团而努力奋斗！

全新的品牌标识设计是品牌概念"新生态的驱动力"完美的视觉诠释。它象征着新生态、活力、动力和创新，将海科的智慧、资源和创新方法无缝地结合在一个充满活力的组合循环中，为社会以及生活在其中的人们带来新的生命动力。

（二）标准制定情况

能够参与标准的制定正成为企业发展的战略性资源和核心竞争力，海科积极参与各项团体标准的制定与实施，目前已主导3项、参与8项国家标准的制定及实施，主导5项、参与14项地方及行业标准的制定与实施。参与的国家标准有《超级电容器用活性炭》（GB/T 37386—2019）、《工业用氢氧化钠》（GB/T 209—2018）、《工业用异丙醇》（GB/T 7814—2017）等；参与的地方、行业标准有《工业用碳酸乙烯酯》（HG/T 5391—2018）、《工业用1，2-丙二醇》（HG/T 5392—2018）、《烃化催化剂》（HG/T 5315—2018）《铂钯系脱氧剂化学成分分析方法》（HG/T 1384—2020）等。

依托30余年炼化经验，在原有能效燃油的基础上加入高端101汽油研发工艺，并制定了"101号车用汽油"相关标准。新升级油品加入了海科研究院独立研发的特种油品添加剂，重新切割油品馏程分布，持续输出澎湃动力；优化全程的馏程温度，百公里加速更强劲；在一定程度上达到省油、清洁发动机的目的，这也体现海科对品质的极致追求。而高品质成品油进一步提高了海科在同行业和市场的知名度，引领行业对油品品质的升级，致力于为客户提供高效能清洁燃油。

公司主导制定《铂钯系脱氧剂化学成分分析方法》的行业标准，为精准、快速、优质、高效的油品检测业务提供了新的依据，公司率先调整应用该检测方法，取得显著成效，通过主导标准的制定实施进一步增强了企业在检测行业的影响力，提高了监测结果的权威性，对外检验检测业务的拓展起着积极的推动作用。

（三）主导产品市场占有率情况

海科在2020年成品油销量突破750万吨，成为全国第四大成品油贸易销售服务企业；根据高工锂电统计，在锂电池电解液溶剂产品市场，公司的产量市场份额名列前茅；根据卓创资讯统计，在国内医药食品级丙二醇、二丙二醇市场，公司的产量市场份额常年处于领先地位。针状焦在石墨电极和锂电池负极材料两个领域投产后预计占比10%，填补国内超高功率电极原材料市场空白。

（四）企业项目建设发展情况

加快新旧动能转换，持续推进油品质量升级。海科集团致力于清洁油品的生产，不断提升自身油品品质，在全国地方炼油企业中率先提前完成了产品质量升级任务。

60万吨/年润滑油联产芳烃项目2018年6月投产运营，项目的建设延长了企业内部产业链条，提高了中间产品加工深度，增加了丙烯、MTBE、芳烃等高附加值化工产品的产能。

在建的2万吨/年不溶性硫黄项目，采用气化法+干法连续法生产工艺，产出的不溶性硫黄具有稳定性高、分散性好的优势，达到国际领先的技术优势。

在建15万吨/年针状焦项目，项目合作方为全球顶尖的石化技术供应商，其专有工艺包及催化剂可高效脱硫、脱氮、脱金属，具备高选择性，可减少芳烃损失；高稳定性，为后续单元提供稳定的优质原料；低能耗、低氢耗等优点。针状焦炭材料单元采用CLG拥有专利技术的成熟的针状焦生产工艺。CLG在针状焦行业内有数十年的研发经验和操作经验，工艺技术先进，其独创两步法生产工艺进一步提高了产品质量。其两步法工艺可稳定连续产出高品质针状焦，产品热膨胀系数小于1.0×10^{-6}/℃，其真密度高于2.13克/立方米，电阻率小于600微欧姆·米，可填补国内超高功率电极及“接头焦”原材料市场空白，打破国外垄断。

五、经济效率升级

（一）组织发展与激励

海科集团一直在不断探索基于战略驱动力的敏捷组织建设。成功打造海科研究院、海科学院“双院”模式，为集团的战略转型加装了有力的“双引擎”；事业部制的顺利落地，实现了在客户响应、创新转型、资源调配等方面的敏捷性质变。这两次资源整合及顶层设计实践，是对海科30年管理实践及专业咨询成果深度落地的集中体现。

引入全球顶尖咨询机构麦肯锡咨询公司，协助“小海豚探索敏捷组织”变革实践，是职能与业务深度配合的大胆实践，从运营模式、授权、配套薪酬激励等方面，全方位颠覆过往的经验及案例，以全新的视角和思维，探索更适合、更敏捷、更落地的组织模式，建立了一套高效的、以业务为导向的、以成本管控为主的敏捷组织体系。

2021年是海科“组织能力提升年”，引入杜邦咨询，借鉴杜邦沉淀的敏捷研发与敏捷运营成功经验，引进科学的组织诊断与组织效能分析工具，建立组织能力评价体系，覆盖集团重点关注业务。从组织、流程、人才三大层次入手，围绕价值创造，搭建敏捷、矩阵式、扁平化组织结构，落地一体化运营体系，助力组织效能提升。

（二）智能制造

1.智能工厂的建设及运行

2017年，海科与埃森哲咨询公司合作，累计投资6亿元启动“智能工厂”建设，规划了集团整体的5年智能化建设“521工程”——建成“决策支持平台、运营管理平台、经营执行平台、智能生产平台、技术支撑平台”五大平台，打造“应用标准体系和治理管控体系两大体系”，形成促进企业转型和发展的综合能力，实现高端油品炼化能力继续保持国内领先，智能化能力达到行业领先，实现安全、效率与优化等特定领域达到国际领先水平。

截至目前，海科已成功应用智能巡检、电商平台、电子采购、ERP、MES、APC、LIMS、BI、TMS、CRM等系统，打通从原料采购、生产加工、库存销售等全业务链的“资金流、信息流和业务流”，实现业务价值链的深度融合，成功树立良好的“五星级服务”“海科优油”“精益智能”等行业口碑和品牌。

2.关键工序中智能化、数控化设备的使用

在生产环节，海科的生产过程的数据自动采集率达到97%，DCS自控率达到98%，操作平稳率达到96%，大型机组全部在线监控，重大危险源、环保监测数据自动采集并进行异常报警，产品交付率较2016年提高80%。2018年9月，海科的“高端油品智能制造项目”成功入选国家工信部智能制造试点示范项目，代表着海科的高端油品炼制水平已经达到国内领先水平。

六、企业社会责任

自新冠肺炎疫情发生以来，作为一家具有强烈社会责任感的企业，海科集团迅速行动，坚持“一切为了疫情，一切围绕疫情”，积极利用自身产业优势，紧急调动各方资源，驰援疫情防控。累计捐款1300余万元；捐助次氯酸钠消毒液120余吨；捐助次氯酸钠原液80余吨，可配置80万升消毒液用于疫情防控。

在企地共建和谐社会中，先后与当地史口镇刘三村、吕家村、杨家村结成企地帮扶对子，帮助这几个村通过了市级小康文明村的达标验收，同时该集团在学校、幼儿园、敬老院条件设施改善方面大力捐助，受到了社会各界的赞扬，被东营市委、市政府授予“最具慈善爱心捐赠企业”。

2020年捐赠110万元助力东营教育、优抚。10月份集团先后与青岛农业大学、青岛科技大学、青岛大学、烟台大学展开了校企合作项目。资助中国石油大学胜利学院夏天计划和春蕾行动，对大学生暑假社会实践活动以及平邑县支教活动进行资金支持。

艰辛孕育发展，艰辛成就梦想。步履铿锵走过“十三五”，昂首阔步迈进“十四五”，实现中国梦任重道远，需要驰而不息付出辛勤劳动和艰苦努力。奋进在新时代的征程上，海科集团将继续以高质量发展为主题，把新发展理念贯穿企业发展全过程，始终发扬艰苦奋斗的优良作风，并落实到一点一滴的行动之中，从而汇聚起奋勇向前的强大正能量。

不忘初心谋发展　砥砺奋进谱新篇

——山东金岭集团有限公司

赵曰森

一、企业基本情况

山东金岭集团有限公司是一家以基础化工、热电能源、房地产开发、餐饮服务为主导产业的大型企业。多年以来，公司立足化工领域，实施科技兴业，优化产品结构，拉长产业链条，发展循环经济，实现了企业的持续快速健康发展。现已形成年产烧碱140万吨、甲烷氯化物80万吨、苯胺40万吨、环氧丙烷30万吨、双氧水30万吨、有机硅及配套产品20万吨的生产规模，成为中国企业500强、中国制造业企业500强、中国化工企业500强、中国民营企业500强、中国企业信用500强、中国石油和化工民营企业百强、山东省企业100强、山东省海洋产业民营企业10强。荣获国家级高新技术企业、国家火炬计划盐化工特色产业基地、全国节能减排突出贡献企业、中国AAA级信用企业、山东省诚信企业、山东省生态文明与循环经济新技术十佳典范企业等多项荣誉称号。通过ISO9001质量体系认证，ISO14001国际环境管理体系认证，ISO45001国际职业健康安全管理体系认证。

二、“十三五”期间发展成果

近年来，公司在各级领导的大力支持下，贯彻落实科学发展观，转方式，调结构，抓生产，促经营，加大资金投入，加快项目建设，实现了又好又快发展。主要表现在以下几个方面：

（一）加大资金投入实现规模膨胀

近年来，公司立足自身优势，抢抓战略机遇，不断加大资金投入，大力实施项目带动战略，建成投产了一批大项目、新项目，推动了企业的跨越发展。公司从2015年起在江苏淮安工业园区规划建设以盐化工为基础的循环经济产业链，着力打造技术水平先进、生产布局集中、资源配置合理、规模效益突出的现代化循环经济园区，推动公司跨越发展。先期规划建设60万吨/年离子膜烧碱项目、30万吨/年甲烷氯化物项目、30万吨/年双氧水项目、10万吨/年环氧丙烷项目、10万吨/年苯胺项目以及配套河运码头项目、盐卤开采项目、热电联产项目，并于2021年陆续投产，公司成为全国最大的离子膜烧碱生产基地、苯胺生产基地、甲烷氯化物生产基地之一，公司综合竞争力进一步增强，行业地位进一步提高，规模优势更加突出。

（二）打造循环经济促进科学发展

近年来，公司立足渤海湾丰富的原盐资源优势，大力发展盐化工，生产氯碱产品，并通过技术改造、新上完善配套项目拉长产业链条，提高了产品附加值。走耗“氯”耗“氢”耗“酸”路线，开发下游产品，对传统技术装备进行升级改造，集中力量增上下游项目，先后上马氯丙烯、甲烷氯化物、环氧丙烷项目，“吃”掉全部氯气，又上马苯胺项目“吃”掉全部氢气，再投建有机硅项目，“吃”掉盐酸。通过上马下游项目，开发新产品，原来作为基础化工原料的氯气变成了用于药剂、制冷剂、清洗剂、溶剂等用途广泛的精细化工产品，氢气变成了广泛用于染料、农药、树脂材料、橡胶助剂的苯胺，盐酸和一氯甲烷用于生产素有“工业味精”之称的有机硅，附加值大大提高。同时，配套上马热电装置，生产的电和蒸汽用于各车间生产。在多年来的发展中，公司把循环经济理念贯穿于生产的各个环节，通过中间产品和副产品的相互衔接，形成了一个热电联产、上下配套、拉长链条、吃干榨净、节能环保的循环经济产业链，使生产系统内资源得到最佳配置，废水或副产品在生产过程中得到循环利用，减少了资源浪费，降低了生产成本，保护了环境，最大限度实现了清洁生产，形成了以低消耗、低排放、高效率为基本特征的循环经济发展模式，被国家科技部授予国家火炬计划盐化工特色产业基地。通过这种发展模式，降低了经营风险，提高了综合效益，优化了产品结构，实现了传统产业的升级改造，更为企业的发展奠定了坚实的基础。

（三）发展高新技术推动科技创新

在技术创新上，公司始终瞄准行业前沿，引进消化国内外最先进的高新技术，抢占行业技术制高点。公司各大项目的建设更是坚持了一流的设计、一流的技术、一流的设备、一流的安装，实现了生产装备、工艺技术、节能环保、成本控制等方面的全面创新，创造了可观的经济效益，形成了强大的竞争优势。离子膜烧碱装置引进世界先进水平的日本"零极距"电解槽、德国西门子氯气压缩机、瑞士三效蒸发器，有效降低了生产成本；苯胺装置引进德国技术，降低了能耗，提高了安全性能。在通过新上项目引领高新技术实现技术创新的同时，公司积极鼓励有关部门实施技术改造，开展技术创新，近年来，生产系统成功实施大批技术改造项目，获得200多项专利，在改进工艺、提高质量、节能降耗、安全环保等方面产生积极成效。在增上高新技术项目的同时，公司不断淘汰落后产能和工艺技术，促进产品结构优化升级，减少了资源消耗，降低了生产成本，提高了生产效率。

目前，公司已成为全国最大的甲烷氯化物生产厂家，为进一步做好产品开发，公司于2010年1月经省科技厅批准组建了山东省氯甲烷材料工程技术研究中心。为抢占市场竞争主动权，公司积极参与国家和行业标准的制订，被国家标准化委员会列为甲烷氯化物工作组成员，参与制订了二氯甲烷、三氯甲烷等国家标准的修订，使企业的核心竞争力和自主创新能力不断提高，抢占了行业技术标准的制高点。

（四）加强信息化建设，促进信息化工业化融合

公司在引进先进技术装备改造和提升传统产业的同时，注重信息资源的开发、创新和有效配置，将现代信息技术融入生产、经营、服务及科研工作中，依托信息技术实现了产业的优化升级，保障了企业的可持续发展。在项目建设中，公司不惜投资，积极开发和利用DCS自动控制技术，使系统自动分析生产过程，控制填料及用能量，实现连续生产过程中主要参数的全方位一体化自动控制，使生产过程的水电汽等资源也得到了合

理调配和充分循环利用。通过全过程数字化控制，节约了人工、水电汽资源，提高了生产力，降低了故障停机率，极大地节约了资金，降低了生产成本。

为了适应工业现代化发展要求，解决传统企业在资源配置、信息传递、生产高效运作等方面制约公司快速发展的问题，公司按照“以信息化融入工业化，工业化促进信息化，从企业信息化转向信息化企业”的指导思想和目标，本着“整体规划、分步实施、重点突破、注重实效”的原则，实现了“两化”的同步推进。目前在整个公司实施集团层面NC-ERP。全面实施财务业务一体化、客户和供应商协同化、生产与管理对接数字化的现代化信息管理系统，以实现集团公司各个分公司的集中管理。从根本上解决公司多产业、集团化、跨地域的管理需求，巩固和提高公司的核心竞争力。现代化的企业管理信息系统，使整个集团公司有效实现了人财物的统一管理，最大限度地实现内部资源的优化配置，为公司高层经营、决策提供及时的依据。

（五）强化安全管理确保安全生产

在长期的企业发展中，公司始终将安全工作放在首位，严格按照安全标准化的要求全面加强安全管理，收到显著成效。在具体工作中，公司坚持“安全第一、预防为主、综合治理”的安全管理方针和“以人为本、安全至上”的安全管理理念，以“人员零违章、设备零缺陷、管理零漏洞、每天零起点”为安全管理目标，不断加大安全投入，构建车间与职能部门紧密结合的安全管理体系，健全完善各项安全管理制度，促进安全文化建设，加强员工安全教育培训，提高员工安全素质，加大检查考核力度，实施现场规范化管理，加强安全隐患排查，落实“干部盯现场、职工盯在岗、技术要精通、事故就能防”的安全管理措施，认真执行“企业责任到位、宣传教育到位、技术培训到位、安全投入到位、监督管理到位、防护措施到位、领导责任到位、整改效果到位”的八到位，实现了生产安全运行，从未发生过重、特大安全事故，保障了各项生产经营活动安全稳定长周期运行。

（六）加强源头控制促进环境保护

环境保护是企业生存和发展的生命线。公司作为一家大型化工生产企业，在多年来的发展过程中始终高度重视环保工作，不断增强环保意识，加大环保投入，执行环保法规，健全环保制度，强化环保管理，推动了企业快速健康发展。公司在多年来的发展壮大过程中坚持走绿色环保之路，并将此作为一项战略性目标，贯穿于工作始终。在引进项目时坚持环保优先的原则，优先上马科技含量高、能耗低、污染少、安全性强、技术领先、资源节约的项目，最大限度地保证项目投产后的安全环保。项目设计聘请国内著名的专业设计院进行设计，并严格执行“三同时”制度，认真组织环评，并花巨资引进最先进的生产工艺和技术，主要设备均从国外进口。这些具有世界领先水平的设备和工艺从设计上最大限度地降低了污染物排放，从源头上杜绝了新污染源的产生。同时，公司大力发展循环经济，各项目形成了热电联产、上下配套、拉长链条、吃干榨净、节能环保的循环经济产业链，实现了上下游产品的循环利用，提高了资源利用率，减少了污染物的排放量，使生产系统内资源得到最佳配置，废弃物得到有效利用，环境污染降到最低限度。在从源头上避免污染的同时，公司不断加大环保投入，引进先进技术，建设高标准的三废治理设施，确保达标排放，实现清洁生产。近几年，公司规划建设了最先进工艺技术的污水零排放和危废焚烧项目并投入使用，实现了污水深处理后的达标循环利用，危险废弃物的自行合法处置，并通过煤场封闭、扬尘治理、异味治理、污水厂提标改造等十几个环保项目，环保设施不断完善，治污能力大大提高，环保工作整体跃升到一个新的水平，为生态文明建设、创造优美生活环境作出了贡献。

（七）热心公益事业彰显社会责任

在不断加快发展、取得良好经营业绩的同时，公司坚持发展不忘国家，壮大不忘社会，依法诚信纳税，服务奉献社会，在当地企业和社会各界中树立了良好的形象。公司一贯奉行“取之于社会、奉献于社会”的企业宗旨，忠实履行社会责任，积极参与环保、水利、扶贫、救灾、助残、济危扶困、爱老敬老等公益慈善事业，大力支持当地教育、文化、医疗、基础设施建设等社会事业的发展。新冠肺炎疫情暴发以来，公司先后向各级红十字会爱心捐赠500万元和50多吨消毒液等防疫物资；响应市委、市政府号召，帮扶重庆市酉阳县浪坪乡官楠村的基础建设；帮助北赵村、赵家村、周庄村、复兴王村、延集村、红盆村等附近村庄修路、打井、建设广场设施，改善村容村貌；持续多年来坚持为大王镇幸福公寓捐赠礼品和现金。2021年4月，东营市工商业联合会授予公司“东营市工商联抗击新冠肺炎疫情先进集体”“东营市工商联东西部扶贫协作和对口支援先进集体”“东营市企帮百村精准扶贫行动先进集体”荣誉称号，以表彰公司在慈善赈灾、扶贫济困等公益事业中作出的突出奉献，肯定了公司发展不忘回馈社会、践行企业社会责任的担当精神。

三、“十四五”发展规划

为进一步贯彻中央全面深化落实新发展理念，加快实施新旧动能转换，推动企业高质量发展。“十四五”期间，公司将充分利用东营市富裕的海盐资源和东营港、广利港码头运输优势，积极发展绿色海洋产业，计划总投资100多亿元拟建90万吨/年丙烷脱氢、120万吨/年双氧水、40万吨/年环氧丙烷、40万吨/年有机硅单体等项目；新项目的投资建设，将实现盐化工和有机化工及高分子聚合物的有效对接，形成更加完整的上下游循环产业链，公司各项目产能进一步扩大，届时将形成年产双氧水150万吨、烧碱140万吨、丙烷脱氢90万吨、甲烷氯化物80万吨、环氧丙烷70万吨、有机硅及配套产品60万吨、苯胺40万吨的生产规模；项目达产后，公司新增产值300亿元，利税90亿元，将实现公司整体效益最大化，为地方经济发展作出更大贡献。

回首过去，展望未来。“十三五”期间，公司严格遵守国家法律法规，诚信经营，照章纳税，并在科学发展、节能减排、结构调整、安全生产、环境保护、公益事业、科技创新、促进就业等方面取得了一定的成果。“十四五”期间，公司将始终不渝地认真贯彻落实党的路线方针政策，抢抓经济发展新常态带来的机遇，立足化工产业领域，集中产业优势，促进产业结构调整和优化升级，坚持科学发展、创新发展、绿色发展，树立新理念，构建新格局，创造新作为，推动企业持续快速高质量发展。

实干苦干　勇往直前
打造绿色碳四化工产业链

——淄博齐翔腾达化工股份有限公司

刘晓威

淄博齐翔腾达化工股份有限公司（以下简称齐翔）成立于2002年，前身为组建于1998年的中国石化齐鲁石化直属集体企业，2004年整体改制，2010年在深交所挂牌上市（股票代码002408）。公司成立以来，紧紧围绕碳四产业链做大做强做精，从一家名不见经传的集体企业起步，现发展成为国内乃至世界知名的碳四深加工龙头企业。

齐翔目前拥有11家全资或控股子公司，从业人员3000余人，年产各类化工产品240万吨，营收300亿元，位列《财富》中国500强第322位、山东民营企业50强第37位，并入选山东省高端化工领军企业。

一、回首峥嵘岁月，创造齐翔奇迹

从1998年7月2日成立到今天，齐翔在车成聚同志的带领下，坚持发展发展再发展、实干实干再实干，坚持“团结拼搏，争创一流”的企业精神和“花公司的钱像花自己的钱一样珍惜，办公司的事像办自己的事一样上心”的行为准则，坚持“为齐鲁争光，为临淄区作贡献”发展目标，坚持“围绕主业，发挥优势，建设符合国家产业政策、技术含量高、附加值高、市场前景好的新项目；围绕碳四产业链，做大做强做精，将碳四资源吃干榨净”的发展方针，紧盯行业前沿，沿链聚合发展，不断推动向产业链、价值链的高端延伸，不断巩固规模、质量和成本优势，走出了一条独具齐翔精神和齐翔特色的高质量、可持续发展之路。

1998～2004年，是齐翔艰苦创业求生存的6年。1998年成立之初，仅生产叔丁醇、胶乳及部分橡胶助剂，总资产1.5亿元、年营收8000万元。为了生存，齐翔争取到中国石化十条龙攻关项目，2001年11月建成了国内首套2万吨甲乙酮装置，创出了“速度最快、投资最少、质量最好、产量最大”四项全国第一，为发展奠定了坚实的基础。

2004～2010年，是齐翔发挥优势求发展的6年。把碳四深加工作为主攻方向，2008年8月，青岛思远年产8万吨甲乙酮装置建成投产，确立了齐翔国内甲乙酮行业的领头羊地位。2010年5月，齐翔在深交所成功上市，首发募集资金18.77亿元，为齐翔插上了腾飞的翅膀。

2010～2016年，是齐翔乘风借力求壮大的6年。凭借资本市场的助力，仅用3年时间，建成了占地2000多亩的工业园。6年里，一年一套大装置、一年一个新项目，全部实现当年开工、当年达产、当年见效，实现了大投入、大产出、大发展。至2016年8月，45万吨/年异丁烷脱氢装置投产，实现了对碳四资源的“吃干榨净”的目标。

2017年和2018年，齐翔进行了为期两年的管理提升、新旧动能转换和安全环保升级，并从2019年开始，启动了新一轮高质量发展6年规划。计划到2022年，投资186亿元，建设MMA、丁腈胶乳、丙烷脱氢、环氧丙烷、异壬醇五大项目及配套工程，做强做优碳四产业链方面，并向碳三产业链大踏步迈进。

二、追求卓越的高质量发展之路

20多年来，走过了建链、补链、强链三个阶段。

建链：2001年建成了国内首套2万吨甲乙酮装置，2008年在黄岛建成了8万吨甲乙酮装置，成为行业领头羊，形成了以甲乙酮为特色的碳四产业链。

补链：2010年上市后，在地方政府的支持下，2011年成为第一家入驻齐鲁化工区金山片区的企业，启动了2000亩的新区建设，到2016年45万吨/年异丁烷脱氢装置投产，建成了涵盖丁烯、异丁烯、正丁烷、异丁烷完整的碳四产业链，实现了“吃干榨净”的目标。

强链：2019年开启的新一轮的高质量发展，主要思路是做强做优碳四产业链，同时布局发展碳三产业链。碳四产业链方面：建设20万吨MMA、10万吨PMMA和20万吨异壬醇装置，替代目前低附加值的MTBE、烷基化产品，向碳四价值链的高端迈进；建设20万吨丁腈胶乳，布局医疗新材料产业；扩建20万吨顺酐、8万吨甲乙酮，巩固规模、质量和成本优势。布局发展碳三产业链方面：建设30万吨环氧丙烷装置，原计划配套建设45万吨丙烷脱氢装置，后来已二腈项目落户园区，进一步将丙烷脱氢的产能提高到了70万吨/年。

截至目前，累计完成投资61亿元，其中MMA一期2020年9月7日投产，二期2021年3月11日投产；丁腈胶乳一期2020年11月17日投产，二期2021年1月10日建成投产。丙烷脱氢已进入设备安装阶段，计划2021年年底投产，为环氧丙烷和天辰齐翔提供原料丙烯。环氧丙烷和顺酐改扩建计划2022年上半年建成，产品可管输至园区内的一诺威、凯威尔、联创节能等下游企业。异壬醇目前已经动工，计划2022年下半年建成投产。

除PMMA要到2023年投产外，所有项目可在2022年底前建成，提前完成第4个6年发展规划。到2022年年底，第4个6年发展项目基本完成后，齐翔年化工产品总量可达388万吨，年营收475亿元，利润63.5亿元，分别比2016年增长208%、718%、991%，实现再造一个齐翔的目标。

按照上述思路，"十四五"期间，齐翔将实现产值、收入、利润翻番，形成甲乙酮、顺酐、MMA、丁腈胶乳等四大世界冠军产品，并与园区内企业通过产业链上下游的合作，打造成为千亿级高端化工新材料产业集群。

到目前，齐翔这一轮高质量发展已走过两年多的时间，得益于各级地方政府的大力支持和全体建设者的团结拼搏，呈现出"多快好省"四大特点：

一是项目多。总投资186亿元，2020年完成投资超过39亿元，2021年接近70亿元，已开工大小项目达到14个，高峰期施工单位20多个、4000多人，而且与生产装置深度交叉，组织难度空前高。

二是进度快。MMA、丁腈胶乳项目已投产；丙烷脱氢进入安装阶段，预计2021年年底建成中交，环氧丙烷、异壬醇项目土建开工。按照目前进度估算，五大项目及配套工程有望2022年年底前完成。

三是效果好。项目建设启动至今未发生事故，已建成装置均一次开车成功，尤其是通过克服疫情影响，全力抢建，赶上了这一轮化工景气周期。2020年，新增产能增收5.55亿元，利润1.77亿元，公司全年利润突破10亿元；2021年一季度，新增产能增收7.7亿元、利润2.9亿元，累计利润超过7个亿，同比翻了两番。

四是投资省。去年爆发的疫情，使建材价格一度跌入低谷，困难和压力面前，公司坚定抓发展，仅钢材一项就降低成本2000多万元。发挥上市公司优势，发行了29.9亿元的可转债用于丙烷脱氢建设，有效降低了融资成本。

三、在发展和实干中传承“齐翔精神”

第一，看准方向，抢抓机遇，坚定信心抓发展。

企业什么时候都要把发展作为第一要务。因为不发展就意味着落后，而且越是经济处于下行周期，越是加快发展的好时机。

2020年年初，MMA一期进入安装阶段，新冠疫情突如其来。面对前所未有的困难和压力，坚定信心，迎难而上，统筹疫情防控、安全生产和工程建设全面抓，并提出工期不推、人员不减、目标不变，就近解决设备材料和建设用工，并从周边村镇、区县组织施工力量近千人，工资日结日清，定时足额支付，昼夜赶工连轴转，确保了现场没停一天工，仅用15个月的时间，完成了24个月的工程量，建设速度刷新国内同类装置的最快纪录。

2021年春节，极寒天气影响美国中东部地区，国际MMA生产商璐彩特关闭了其在得克萨斯州的工厂，MMA价格从每吨1.1万元上涨到1.6万元，MMA二期早一天开车就能创效百万。当时，国内疫情再次多点散发，提前同施工单位进行沟通，组织200多名建设者就地过节，三十初一都没有休息，项目6次提档加速，MMA二期项目最终8个月完工，比原计划提前15天投料，增产MMA3000吨，创效1500万元。

第二，理顺体制，快协同、紧配合，群策群力抓发展。

市场就是命令，时间就是效益！项目早一天建成投产，就能更好地抢占市场、把握先机。为此，理顺管理体制，成立了项目建设领导小组，定期召开会议，随时解决问题，并要求公司上下集中一切力量，克服一切困难，排除一切阻力，消除一切障碍，确保项目早建成、早投产、早见效。

科技、供应、工程是齐翔基本建设的"三驾马车"。在项目建设中，他们齐心协力，密切配合，跑出了高质量发展的新速度。比如现场发现的设计问题，三个部门都以最快的速度联系设计单位，保证做到不过夜。再比如塔器施工，做到了到场前完成基础浇筑，设备到货即卸车，24小时完成塔平台安装，24小时完成保温，48小时吊装就位，省去了二次倒运的时间和费用。

搞好项目建设与生产运营的无缝衔接。组织生产和机电仪各专业提前介入，从设备选型、安装乃至进厂、施工质量上把好关，不仅保证了质量，更锻炼了员工队伍，确保了项目开起来、稳得住、早达标、高效益。

2020年的下半年，疫情全球蔓延，丁腈胶乳价格攀升。在6月完成实验并成功量产的基础上，果断决策，启动20万吨丁腈胶乳项目，经过1600多名建设者的昼夜鏖战，项目先后四次提挡加速，一期工程从开工到投产仅用100天，完成了240天才能完成的工作量，二期工程仅用66天完工，创造了"把不可能变成可能、把可能变成现实"的齐翔速度和齐翔奇迹。

第三，创新机制，强考核、真兑现，精细管理抓发展。

在这些年的基本建设中，始终坚持了抢晴天、争阴天、战雨天、斗雪天的"四天"作风，保持了苦干、实干、巧干、拼命干的"四干"状态，白天黑夜连轴转，节日假日不休息，一天当作两天用已成常态，彰显了"团结拼搏、争创一流"的齐翔精神。

在公司内部层层分解目标，把任务压实到每个单位、每一天，签订"军令状"。与此同时，为了调动施工单位的积极性，强化安全、质量、投资、进度四大管控，真金白银考核兑现，保证了项目的进度和工期。

一是改变建设进度款支付方式。正常都是以电子承兑的形式按季度支付，但在胶乳、MMA一二期建设中，为了抢工期，改成100%现汇，每月支付1～2次，土建临时施工人员做到了工资日结日清。

二是强化四大管控，加大奖惩力度。坚持"安全管理再严也不为过"理念，推行"承包商创先争优"活动，采用日巡检、周岗检、月测评等不间断的方式，定期对各承包商安全管理、文明施工、质量管理、进度管理、服务配合方面进行综合排名，重奖重罚。2020年，累计组织联合检查178次，查出HSE隐患问题1770项，质量隐患问题967

项，下发考核单456份，考核金额106万，其中奖励28万元。十六化建在胶乳一期施工中，仪表电缆1天敷设10万米，项目部凌晨还在开会落实业主要求，当场奖励5万元。

三是弘扬“四天”“四干”精神。这两年元旦、春节，齐翔的基本建设现场都没有停工。特别是MMA二期德国进口反应器现场组焊过程中，15名德国专家和公司职工一道，两班倒3个多月，在工地过圣诞、春节，克服了零下21摄氏度的极寒天气影响，高标准完成反应器安装任务。

总结齐翔20多年发展的经验，关键是企业必须坚持发展发展再发展，什么时候都要把发展作为第一要务，必须坚持聚焦基础化工这一主业，努力做到干一件、成一件，而且越是经济处于下行周期，越是加快发展的好时机。得益于每到关键节点、重要时刻，齐翔都能做出正确的选择，有力推动了今天的高质量发展，并将助力齐翔朝着千亿级高端化工新材料产业集群的梦想坚定前行、腾飞远航。

立足新材料　当好“领头雁”

——华峰集团有限公司

邹宗钧

华峰集团（以下简称华峰）创办于1991年，现总部坐落于浙江省瑞安市，是一家以化工新材料为主业的中国500强企业。产业涉足聚氨酯、聚酰胺、可降解塑料、铝板带箔、智能家居、数字经济、新能源及金融投资、物流贸易等领域。

集团现在全国6个省市及一带一路沿线多个国家与地区，建有生产基地及销售公司，下辖50余家全资及控股公司，其中有三家上市公司（华峰化学、华峰超纤、华峰铝业）、13家国家高新技术企业，是国内新材料行业领军企业。2020年，全集团实现营业收入435.5亿元，利税总额超50亿元。

华峰集团致力于客户的成功进行创新，建立高度信任、以诚相待的超级供应商关系，与上下游客户彼此分享知识成就与价值观，用满足和超出客户期望的品质产品与服务为客户创造商价值。如今，华峰集团聚氨酯原液、聚氨酯树脂、氨纶长丝、超纤合成革、己二酸、环己酮、尼龙66、TPU、聚酯多元醇、铝箔材料等产品，凭借其品质、服务、专注、信誉赢得了客户的信赖，产品销往世界近100个国家与地区。其中“十三五”期间华峰集团取得的成果如下。

一、“强”字当头，久久为功，企业经营效益与综合实力大幅提升

用一组简单的数据，可以诠释华峰五年来的发展成果：总资产、营业收入、净

利润、税收总额及人均利润、技改投入，五年来复合增速分别达到16.91%、16.32%、17.42%、23.49%和12.98%、29.22%。2016年度集团营业收入首次迈过200亿元“门槛”，2017年首次进入300亿元“俱乐部”，2018年首次跻身“中国500强企业”，2020年营业收入首次突破400亿元。

二、“快”字当先，步步为营，产业转型发展成效显著

五年来，华峰集团在原产业基础上，布局新能源、数字经济等新领域，重庆涪陵、江苏启东、上海金山及浙江温州、杭州五大产业基地从“做大做强”向“做强做大”转变。各产业基地齐头并进、百花齐放，向一体化、绿色化、数字化推进，产业链在纵横中延伸，产品链在优化中升级，价值链在提升中向中高端迈进。2017年至今，集团旗下6家公司或产品入选“全国制造业单项冠军示范企业”与“全国制造业单项冠军产品”。

三、“好”字着眼，敢于突破，企业变革蹄疾步稳

2016年以来，基于对发展形势的正确研判和企业管理的深入分析，华峰集团从“好”字着眼，谋新谋变，着力推动企业质量变革、效率变革、动力变革。五年来，组织变革优化了管理效能，“青蓝计划”行动完成了接班交替，“八级工制”推行畅通了人才通道，“三化”建设全覆盖提升了发展效率，新材料工业互联网双跨平台搭建引领了产业生态升级，华峰氨纶与华峰新材资产重组及华峰铝业上交所“鸣锣”成为集团旗下第三家上市公司，彰显出企业资本运作水平和影响力有了新提高。

值得一提的是，聚力关键技术攻关，华峰各系列产品的品质进一步提升，成本进一步降低，品牌进一步叫响，竞争力进一步加强。据不完全统计，“十三五”期间，华峰集团新增4家国家高新技术企业，获得国家授权专利231项，制修订国际、国家及行业标准78件，完成了万吨级已二腈装置建设与微波成型用超轻TPU发泡珠粒、3D打印材料等18项打破跨国公司垄断、填补国内空白的新产品，40项新产品达到国际领先水平，近100项新产品获省级新产品鉴定，一大批具备自主知识产权的核心技术，巩固了企业在行业中的龙头地位。

四、“新”字聚焦，紧盯科技创新“第一动力”

近年来，华峰集团逐年加大研发投入，研发投入占产值3.6%以上。正因为聚力关键技术攻关，华峰各系列产品的品质进一步提升，成本进一步降低，品牌进一步叫响，竞争力进一步加强。据不完全统计，“十三五”期间，华峰集团新增4家国家高新技术企业，获得国家授权专利231项，参与制修订国际、国家及行业标准78件，完成了万吨级已二腈装置建设与微波成型用超轻TPU发泡珠粒、3D打印材料等18项新产品，部分新产品实现了打破外国公司垄断，填补国内空白，达到国际领先水平。近100项新产品通过省级新产品鉴定，拥有一大批具备自主知识产权的核心技术，巩固了企业在行业中的龙头地位。

作为华峰集团“十四五”实现千亿目标的重要产业布局，助力实现碳达峰碳中和的具体行动，华峰集团在瑞安滨海产业园已建3万吨PBAT、1万吨CO_2基高分子量生物可降解材料项目基础上，拟投资118亿元扩建年产30万吨PBAT、30万吨CO_2基高分子量生物可降解塑料及改性产品项目，项目符合国家政策导向，市场潜力巨大，且技术成熟、单位能耗低、产品成本竞争力强，绕开了如PLA生产原料丙交酯受制于人、被国外“卡脖子”的堵点。

据介绍，华峰集团现已着力搭建好一个国家级企业技术中心、一个国家级博士后工作站、一个省级重点企业研究院，两个省级研究院，十三家家国家高新技术企业以及“产学研”合作等平台，并基本实现了“协同创新”效应。下一步企业将健全完善“一核多点、开放协同”的研发体系，加大提高研发创新投入力度，全面加强核心技术攻关，加快研究实施关键技术的可替代性措施，为企业实现绿色发展、创新引领提供更多可能。

五、“实”字着力，求实求进，企业一路风雨一路歌

五年来，华峰集团加快了国际化发展步伐，加强了国际资源配置。在越南、韩国、泰国、荷兰等“一带一路”沿线国家及海外重点市场落子布局销售网络，助推产品“走出去”开发市场有力度；投资30亿美元与青山控股集团强强联手打造印尼循环经济产业

园，产业“走进去”落地合作建厂有速度；与巴斯夫深化战略合作，品牌、引智、引技“走上去”加快企业发展有深度。

船载千钧，掌舵一人。五年来，华峰“棋盘”上的每一步落子，无不体现出企业带头人尤小平的深邃思想与顶层设计；企业向高质量发展的每一个铿锵步伐，无不浸润着企业经营团队的非凡勇气与智慧。

另外，面对国内外形势的深刻变化，“十四五”期间，华峰集团将以“千亿营收、百亿利润”为目标，坚持“做强主业、适度多元、产融结合”的发展战略，聚焦“一体两翼、创新驱动”的战略重点，大力促进产业及基地向一体化、绿色化、数字化、临港化发展，加快产品供给向品质化、差异化、轻量化和环保型转变，努力实现产业链、产品链、价值链高端化，把华峰打造成为国际一流的新材料合作伙伴和全球新材料领域的领袖品牌。

六、“爱”字发光，在责任关怀中结成命运共同体

华峰并不仅仅关注自身的发展，也致力于成为“蜜蜂型企业”，像蜜蜂一样既酿蜜又传播花粉，为客户、为公众创造和谐、双赢的局面，谋求企业与社会各界共生共荣、和谐发展。

2008年3月初，第一次参加全国“两会”的尤小平，就提交了一份《关于在企业界倡导推广“责任关怀”的建议》，时间快进到2017年，这已是全国人大代表尤小平第10次在全国人大会议上发出在国内企业推广“责任关怀”、践行绿色发展的呼吁。

正是由于尤小平及华峰集团在践行及推广责任关怀方面的表现，2015年9月底，他被联合国副秘书长、环境规划署执行主任阿希姆·施泰纳来函邀请参加在瑞士日内瓦举办的国际化学品管理大会（ICCM4），成为我国化工界第一个登上了联合国讲坛的企业家，也是此次会议的唯一国内代表。

2020年1月新冠肺炎疫情暴发，华峰集团第一批无偿捐赠的10吨装满医护用品生产原料的物资专车启程，驰援湖北。据统计，一年来，华峰集团先后向国内8个省市和国外20多个国家（地区）爱心驰援，捐赠了850多万元现金和紧急防疫物资，在疫情大考下彰显了企业的责任担当。

多年来，华峰集团已经为抗洪抗震救灾、助学助教、扶贫济困、植树造林等捐赠超2.5亿元，并先后获得“中华慈善突出贡献奖”“中国履行社会责任五星级企业”等殊荣。

立于潮头，方知浪高风急；登高望远，才见云阔天高。面对国内外形势的深刻变化，“十四五”期间，华峰集团将以“千亿营收、百亿利润”为目标，坚持“做强主业、适度多元、产融结合”的发展战略，聚焦“一体两翼、创新驱动”的战略重点，大力促进产业及基地向一体化、绿色化、数字化、临港化发展，加快产品供给向品质化、差异化、轻量化和环保型转变，努力实现产业链、产品链、价值链高端化，把华峰打造成为国际一流的新材料合作伙伴和全球新材料领域的领袖品牌，以更加优异的成绩向建党百年献礼！

品质铸就卓越　创新筑梦未来

——山东天弘化学有限公司

孟站

山东天弘化学有限公司（以下简称天弘化学）是中国500强企业——万达控股集团的全资子公司，位于山东省东营市东营港经济开发区，2012年4月注册成立，注册资本19.4亿元。天弘化学毗邻东营港码头，东港高速、东营港疏港铁路贯穿腹地，交通便利，地理位置优越，有着广阔的发展空间和良好的市场前景。

天弘化学拥有整体设计、一次建成、经国家发改委认定的500万吨/年炼化装置，综合加工能力达到2000万吨/年。在行业内率先引进法国阿克森斯汽油加氢技术和丹麦托普索柴油加氢技术，生产的汽、柴油全部达到国Ⅵ标准。取得成品油批发经营资质、440万吨/年进口原油使用资质、原油进口资质和燃料油进口资质，并通过了ISO质量、环境、职业健康安全、能源管理体系认证和安全生产企业二级标准化达标，通过海关高级认证，实验室通过国家CNAS认证。连续多年荣列“中国石油和化工民营企业百强”并多年位于“中国石油和化工企业500强”前列，被山东省委省政府确定为全省重点支持发展的5家石化企业之一，不参与地炼整合。主要产品有汽油、柴油、液化气、丙烷、丙烯、石油焦、硫酸、MTBE等。

为进一步壮大整体规模优势，打造完善配套服务设施，配套建设了4个万吨级液体化工码头和216万立方米油品库区，在建2个10万吨级原油码头，为公司提供坚实的服务保障，形成了从原油上岸、成品油下海，到石油炼化及其副产品，再到后续精细化工的产业链条，成为炼化企业最完整的产业链之一。

2018年，地炼行业进入转型升级发展关键期，天弘公司将信息化建设作为赶超跨越的决胜手段，以工业数字化推动转型升级，先后投资近亿元打造了万达天弘数字工厂，着力实施SAP升级改造、数字工厂、大数据分析、设备管理、安全环保、实验室管理（LIMS）、生产控制执行系统（MES）等项目，致力打造民营企业智慧炼油厂的典范，全面建成了具备全面感知、预测预警、优化协同、分析决策的智能制造数字工厂，以信息化与工业化"两驾马车"双轮驱动，实现了效率变革、质量变革、动力变革，跑出发展新速度新动能。该项目荣获了东营市石化产业集群新旧动能转换示范项目，2018年山东省智能制造试点示范项目，被认定为国家制造业与互联网融合发展试点示范项目，荣获中国数字化企业技术示范奖，入选2019中国数字企业白皮书（系全国9家企业典型案例之一），打响了天弘品牌，成为地炼新兴企业佼佼者。

天弘化学500万吨/年炼化项目于2013年9月投产，引进了世界先进的丹麦托普索柴油加氢技术、催化剂以及法国阿克森斯汽油加氢技术。2018年4月，天弘化学启动智能数字孪生的石化智能制造项目，利用数字化、云计算、大数据、人工智能、物联网和移动互联技术等新型信息技术，以智能数字孪生工厂为框架，打造一个新型的数字化工厂，全面提升天弘化学的全面感知、预测预警、优化协同、分析决策能力，进一步提升企业的市场竞争力。

该项目紧紧围绕公司业务需求，以企业资源计划、制造执行、生产控制、能源、安全、环保等基础业务为驱动，确立了以结果为导向、以数字工厂技术和大数据分析应用为手段的石化工厂智能化数字孪生工厂解决方案，明确提出了三大核心目标，即可看见、可推荐和可预见。其中，"可看见"是通过数字模型+物联网的技术，采用信息网络将工厂中所有生产线末端全覆盖，并以可视化方式覆盖，管理者和运营人员不但可以准确查看工厂的运行情况，而且一旦出现问题，可以马上精准定位；"可推荐"是通过历史数据的分析，找到当前的生产过程和经营过程的潜在的优化方案，实现开源节流、提质增效；"可预见"是通过大数据分析的技术，分析预知风险，防患于未然。

天弘化学数字工厂平台包括对全厂物资和设备的数字化建模，以及基于数字化模型的经营管理应用，数字化模型不仅有完备的设备档案静态信息，也融合了当前的生产状态、实时数据等动态信息，有效地提升了工厂的生产管控、运营维护、安全环保、人员培训等管理工作水平；大数据平台采集了生产装置的实时流量数据、温度、压力、流量等工艺数据，原料、半成品和成品质量化验数据，通过标准化的清洗、整合存储，再通过机器学习平台的建模、训练迭代输出相应分析结果，实现在工艺相关性、产品收率优化等高价值业务场景下突破性的应用。

天弘化学智能制造项目于2018年启动，整体以ERP、MES、HSE、LIMS、设备管理、一卡通、基础集成、大屏展示（调度指挥中心）等8个核心业务子项目+数字工厂、大数据、2个创新驱动应用开展建设。截至2019年6月，所有智能制造项目全部投入使用，实现了天弘化学从原油进厂、装置加工到成品油交付的全产业链的智能化管理，达到了研发设计数字化、供应链条协同化、生产制造智能化、营销管理数字化、管理服务一体化、数据互联互通智慧化的运营管控目标。

天弘化学智能化建设思路：从基础设施、数据平台、智能应用三个层面，按照第一阶段：2018~2020年集成整合、打造平台，建设智能工厂；第二阶段：2021~2023年创新应用、智慧运营，构建智慧企业；第三阶段：2023年后完成数字产业化、产业数字化，逐步实现智慧生态。

天弘化学重视与科研院校及其他前沿机构合作进行课题研究和专利发明，与霍尼韦尔合作成立了万达石化研究院，提高了公司工艺管理和智能化水平。公司成立信息化专业团队，对内为集团公司信息化规划与建设部门，对外为独立公司，采取公司化运营，设置了咨询服务部、行业方案解决中心、数字技术部、软件开发部、基础集成部等部门，团队共57人，17人获得项目管理师、PMP、OCP等高级认证证书；出版了《流程工业数字工厂技术与应用管理》专著；团队自主研发产品获得17个软件著作权、11个产品证书；通过CMMI3、ISO9001、ISO14001、ISO27001、OHSAS18001等认证。

天弘化学智能制造平台整体应用架构：从基础设施层、生产运营层、经营管理层、决策支撑层四个层次进行设计，系统覆盖经营决策、经营管理、生产执行、化验、设备、数字工厂、安全环保管理、大数据分析等领域，全面提升企业管理水平。同步建立石化行业智能工厂建设标准体系、信息化标准体系，并通过基础设施优化，提高信息安全水平。

项目核心系统及应用效果：

（1）构建天弘化学运营一体化的数字工厂。搭建天弘数字工厂平台，结合三维激光全息扫描技术、三维建模技术和智能P&ID设计，集成MES/LIMS/HSE等系统，构建数字孪生工厂，实现智能化的运营与决策。

（2）升级改造SAP和ERP系统，支撑天弘化学敏捷运营。通过进行ERP系统升级、优化改造，实现从原油采购、加工、存储到销售的核心业务与财务的一体化管理，参考SAP S/4 HANA的石化行业最佳实践，深度实现SAP与数字工厂、MES、LIMS、设备等智能制造子系统集成，支撑企业数字化转型的敏捷运营体系。

（3）建设天弘化学MES系统，提高生产智能化、精益化水平。利用智能制造技术，搭建生产运行管理和实时数据平台，实现对生产计划、调度、工艺、执行、监控全过程精细化、智能化管理；实现对水、电、气、风等各类介质产、存、转、输、耗的全过程监控管理，达到能源"说得清、管得住、管得好"效果。

（4）建设实验室信息管理系统，提升产品质量。基于行业实验室管理和CNAS体系要求，以"自动化运行、信息化管理、高效率办公"三大业务目标为指引建设实验室信息管理系统，对样品接收、化验、分析、出具报告全周期进行管理。

（5）构建安全环保系统，打造安全、环保、应急管理平台，保障生产绿色、平稳运行。以"业务管理标准化、监测预警可视化、应急处置规范化"三大目标为指引，构建天弘公司安全环保应急平台，实现可扩展、可组态的安全、环保、应急等多项标准业务管理。

（6）建设以明智决策、价值驱动为核心的大数据平台，提升汽柴油收率。建设工业大数据平台，打通大规模数据的采集、存储、处理、融合、分析全流程。通过数据挖掘平台，为企业提供数据挖掘的方法、工具以及建模能力，从而提高产品收率，提升企业综合经济效益。

（7）进出场一卡通系统，实现无人值守自动化、智能化管理。通过自助下单制卡、排队调度、过磅装车、结算出厂，实现一卡通"自助运行、无人值守、远程监控"的智能化目标，对公司原料进厂、成品出厂流程实现了系统全面覆盖管控。

经过近一年的建设，项目取得的效果十分明显。其中，工厂技术档案信息查询效率提升5倍以上，员工工艺技术培训和安全考核培训效率提升2倍以上；各装置平稳率比使用前提升1%~2%；高价值产品收率提升了0.1%~0.5%。公司将继续实现基于大数据分析和机器学习的报警预测、维护优化、生产管控优化、供应链管理优化、财务优化等，为企业转型升级提供支撑。

当前，我国正处于由制造大国向制造强国转型的关键时期，山东天弘化学有限公司紧抓机遇，正借助工业互联网、人工智能等新兴信息技术，深入实施创新驱动发展战略，以新型数字化、信息化、智能化技术的应用为抓手推动行业提升发展质量和经济效益，实现新旧功能的转换与产业升级，向高端石化产业快速挺进。

创新专注　未来可期

——联泓集团有限公司

王孟迪

全球人口的不断激增，带来的是劳动力资源的不断丰富和经济的日益繁荣，但随之而来的能源、粮食、饮水、安全和环境压力也与日俱增。如何调和地球有限的环境承载力和人们日益增长的生活需求之间的矛盾，已经成为这个时代面临的最大问题。

化工新材料作为国民经济的基础性产业，是支撑人们美好生活和消费升级的关键保障，同时，基于化工新材料产业开展的一系列技术创新、管理创新、产业结构调整等，也为调和经济发展和环境保护之间的矛盾提供了解决之道。

联泓集团在化工新材料产业深耕多年，始终专注于先进高分子材料和特种精细材料的生产、创新与销售，依靠杰出的战略、卓越的执行和优秀的文化，过去三年净利润复合增长率达到68.91%，连续多年上榜“中国石油和化工民营企业百强”。

一、持续优化产品结构，巩固细分市场领先地位

联泓集团的产品以附加值较高的专用料、高端料为主，主要包括EVA、PP、EO及EOD等。其中，率先开发出的高端太阳能光伏胶膜料（EVA），打破了国外企业在这一领域的垄断地位；生产的优质线缆专用料（EVA），国内市场份额连续多年保持第一；先进薄壁注塑料（PP）专用料，作为透明一次性餐盒和奶茶杯的主要原料，占据国内近四分之一的市场份额；环氧乙烷衍生物（EOD）产品在日化、纺织、金属加工、农药、

涂料、建筑、路桥等领域达到国际先进水平，部分产品已经实现了进口替代；同时，公司生产的混凝土减水剂还参与了“粤港澳”大湾区建设、中原崛起、京津冀一体化、一带一路等国家级重大战略及工程建设项目。凭借广泛的行业影响力，联泓跻身中国石油和化学工业联合会新材料专业委员会副主任委员单位、中国洗涤用品工业协会理事单位、中国石油和化学工业联合会环氧衍生表面活性剂及精细化学品专业委员会副主任委员单位，实现了由市场引领向行业引领的华丽蜕变。

联泓集团致力于追求美好生活新体验，在新材料若干细分领域不断推陈出新，打造产业集群，持续优化产品结构，不断优化提高高性能EVA光伏胶膜料、高品质PP透明料、特种表面活性剂、高性能减水剂等高附加值产品的产销占比，扩大高端产品的市场占有份额，增加产品的毛利率。同时，面向客户提供高端专属的定制化服务，快速精准解决客户在生产过程中遇到的技术难题，提升客户体验，增强客户的黏性，进一步拓宽了市场未来的增长空间。“十三五”期间，围绕产业结构优化调整，联泓集团除了继续在原有高端聚烯烃材料、新能源材料以及特种精细材料领域持续发力、做优做强之外，还持续深挖新材料其他细分领域的机会热点，以国家战略性新兴产业要求及人们美好生活需求为导向，聚焦产业升级和消费升级，关注新材料“卡脖子”的关键领域，重点布局生物可降解材料、新能源材料、电子化学材料、特种工程材料等领域，一步一步朝着新材料若干细分领域领先的产业集群的目标坚实迈进。

二、以市场为导向，建立内外联动的协同创新体系

在创新能力提升方面，联泓集团始终认为，面向未来的研究和开发是创新的前提条件，也是联泓集团重要的增长引擎。“十三五”期间，构建了催化剂开发、合成工艺开发、应用体系开发等方面的研发体系，已获得授权专利52项，其中授权发明专利28项，主持、参与制修订国家和行业标准13项，先后承担了国家科技部863计划和山东省重大科技创新工程等项目。

联泓集团始终认为人才是创新的灵魂，联泓集团长期以来都高度重视人才队伍的培养建设。先后引进和培养了各类高层次专业科技人才100余人，其中博士学位12人，高级职称21人，高级技师11人，全国劳动模范1人，山东化工年度精英人物2人，山东省

化工行业首席技师1人，枣庄鲁班工匠1人，枣庄首席技师1人，滕州工匠2人，公司研发骨干主要来自中国科学院等科研院所和知名化工新材料跨国公司，研发创新能力强。

公司坚持“以人为本”的人才发展理念，畅通员工的职业发展渠道，完善激励机制，采取灵活的方式开展各类专业技能及综合素质培训，不断探索和建立人才培养机制并逐步实施，全面开展各层级员工的安全教育和专业技能培训，全员培训率100%。在全员培训基础上，开展了以企业文化为主的新员工“入模子”培训；针对后备人才梯队培养，开展了以培养高层管理人才的“高校深造”“泓才”项目，以培养中层骨干为目标的“泓星”项目；以高潜力大学生为培养对象的“泓杉树”等专项培养项目；同时，公司积极组织员工参加省级技能竞赛，近年来先后有12名员工在山东省“技能兴鲁”职业技能竞赛中分别获得个人及团队一、二、三等奖。

技术人才的深厚储备充实了公司创新研发的力量，通过自主研发、合作研发等方式，持续推进新产品开发。在自主研发方面，公司拥有较强的科研力量以及完善的研发装置，公司为“山东省技术创新示范企业”，设有“山东省企业技术中心”和“山东省特种精细化学品工程技术研究中心”；联泓研究院设有新材料开发室、建筑化学品研发室、合成实验室、EOD研发室、分析检测实验室、研发管理部等六个研发部门，可以满足公司重点方向相关产品的实验室研发、小试以及中试放大的需求。公司将坚持以战略为引领，以市场为导向，聚焦重点领域，加大研发投入，持续开发高端新产品。

此外，联泓集团还积极促进合作开发与协同创新。“十三五”期间，公司持续加强与中国科学院、山东大学、四川大学、天津大学和国际知名企业的研发合作；2017年5月，公司获得中国科学院控股有限公司战略投资，并在中国科学院的支持下，于2018年1月牵头成立了“中国科学院化工新材料技术创新与产业化联盟”，并担任理事长单位，中国科学院20余家相关院所担任理事单位。联盟通过“3+1”的运作模式，即“联盟+平台+基金”和1支专业化成果转化运营团队，构建起了“政产学研金服用”的协同创新体系，形成了高质量的闭环创新生态圈，为联泓集团提供源源不断的创新资源和发展动力。

三、优化装置性能，降低生产成本，不断提升企业运营能力

“十三五”期间，在企业竞争力培育和核心能力升级方面，除了坚持推进“创新驱

动”战略之外，公司还围绕“运营提升”战略进行了一系列布局。

公司持续通过工艺优化、技改技措、采用新型高效催化剂、化工三剂和设备国产化等举措，降低装置综合能耗与运行成本，实现了精益生产与科学增产，保持装置运行指标处于行业先进水平，具体举措如下：

（1）使用新型高效催化剂，进一步降低装置物耗。在DMTO装置的降本增效上：①MTO催化剂供应商不断优化、升级催化剂性能，每1～2年会有性能更好的催化剂推向市场，目前已有更高效的新型催化剂处于定型阶段；同时，公司还具有丰富的新型催化剂应用经验，随着新型高效催化剂的应用，甲醇单耗将逐步降低，装置性能不断得到提升。②在EO装置的降本增效上：目前公司已经甄选出了更高效的新型催化剂，并已在2021年1季度进行投入使用，这将进一步提高反应选择性，降低乙烯单耗。

（2）通过技术改造措施，提高产品的产量，提升产品的价值，降低生产装置能耗。①聚丙烯二反技术改造项目：利用PP装置原有产能，通过技术改造增加部分附属及配套设备，每年可增加聚丙烯产品产量约8万吨。②10万吨/年副产碳四碳五综合利用及烯烃分离系统配套技术改造项目（OCC项目）：该项目采用中国石化上海研究院专利技术，每年可将DMTO装置10万吨副产品碳四碳五综合利用，生产出附加值更高的丙烯、乙烯产品，装置综合甲醇单耗大幅降低，最低可降至约2.6吨/吨双烯，该项目已被列为山东省新旧动能转换重大项目，及山东省重点研发计划，为炼油、乙烯、MTO三大领域副产的大量碳四碳五提供了新的发展方向。③EVA装置管式尾项目：在原有装置的基础上，通过改造装置直接产能由10万吨/年提升至11.8万吨/年；通过技术改造消除了装置高循压差增长过快的运行瓶颈，延长了装置运行的时间，会进一步增加装置产能。④通过“DMTO装置低温热回收利用项目”以及“循环水节能优化项目”等节能项目的实施，将进一步降低装置的综合能耗。

此外，公司还采取积极措施不断降低主要原材料价格波动对利润的影响。“十三五”期间，推进对上游原料供应企业新能凤凰的股权收购，基本规避了公司主要原料甲醇的价格波动对公司利润可能带来的不利影响；同时，还进一步巩固与其他原材料供应商的战略合作关系，及时规避和有效降低其他原材料价格波动对公司利润和未来发展产生的影响。

四、高度重视HSE工作，坚决防患于未然

对于化工新材料企业来讲，健康、安全和环境保护是企业发展的重中之重。"十三五"期间，联泓集团认真贯彻落实《安全生产法》等国家、地方法律法规、规章要求，坚持"安全第一，预防为主，综合治理"的安全生产工作方针，完善并落实安全生产责任制，推动公司安全文化及基层班组安全建设；依法设置了专职安全管理机构，配备专职安全管理人员；搭建信息化培训平台，开展全员安全教育培训，安全生产主要负责人、专职安全管理人员、特殊工种均经培训并考核合格，持证上岗；依法开展了项目"三同时"工作，公司依法合规运营；积极推进安全生产标准化及双重预防体系建设，2019年12月份通过了二级安全生产标准化认证；建立健全了公司应急体系，按计划开展事故预案演练；严格按照法规要求安排使用安全生产专项费用，5年来共投入安全费用6200万元；依法开展职业病检查，掌握员工职业健康状况。自公司2014年12月投产以来没有发生人身伤亡事故，全面实现零重伤、零职业病事故、零污染、全员持证上岗等各项安全生产管理指标。

联泓集团始终重视环境保护工作，在企业发展的同时，持续加大环境保护的投入和工作的力度。坚持新建项目环保设施高标准的同时，先后投资2000多万元对循环流化床锅炉、EO/EOD尾气治理装置、污水生化池等进行了超低排放、臭气治理改造，新建危废库房、重污染天气应急减排企业车辆管理系统，实现了环保设施全部在线监测和达标排放。公司每年开展泄漏检测与修复（LDAR）工作，定期对公司各区域废气、废水排放进行跟踪监测，依法合规处置固体废物，同时采取措施降低三废产生量，既确保了公司各项废物的减排，又保证了超低排放要求。2019年9月12日，在国家工业和信息化部办公厅公布的第四批绿色制造名单中，联泓被认定为国家级"绿色工厂"。

同时，联泓集团董事长郑月明先生作为十三届全国人大代表，积极落实党和国家的重大战略部署，倡导合力减少"白色污染"，连续三年建议推动生物可降解材料产业发展，不断为新材料产业和社会经济的可持续发展作贡献。积极响应国家碳中和、碳达峰战略，持续完善企业绿色生产机制，不断践行国家级绿色工厂的使命担当！

按照GB/T 23331—2012《能源管理体系要求》、RB/T 114—2014《能源管理体系+纯碱、焦化、橡塑制品、制药等化工企业认证要求》标准，根据《山东省能源管理办

法》，公司于2017年1月开始建立能源管理体系，经过第三方能源审计、公司Nebula能源评审、法律法规合规性评价等一系列能源管理体系建设工作，公司于2018年4月2日通过方圆标志认证集团能源体系认证，取得能源管理体系认证证书。公司结合实际运行现状，持续推进完善健全能源管理体系，根据GB/T 23331—2020《能源管理体系要求及使用指南》，公司2021年4月20日通过方圆标志认证集团能源体系换证审核，并取得认证证书。

联泓集团积极响应政府政策要求，建立能源在线监测系统，按照山东省能源在线监测系统建设要求，2020年3月开始启用能耗在线项目，2020年9月实现能耗在线监测系统企业重点能耗数据与省级、市级平台的对接传输并通过政府验收，提高企业的能源系统运行和管理水平，为节能降耗提供评价依据。

为强化节能减排，扎实推进煤炭压减工作，近年联泓集团通过能源结构优化调整，采用“提高煤炭热值，掺烧煤矸石”“停用循环水汽轮机”“优化锅炉操作，提高锅炉运行效率”等方式，有效降低煤炭消费量，2020年圆满完成公司煤炭压减任务目标0.73万吨。

为加强节能技改技措实施，取得能耗双控的成效，联泓集团通过“污水处理厂中水回用扩能技改项目”，实现日常中水回用量150立方米/时；通过“DMTO装置2#水洗塔洗涤水和急冷塔喷淋由除氧水改为凝结水改造项目”，节约除氧水耗量72吨/时；通过“EO装置新增E-342C板换项目”，蒸汽用量减少5吨/时。公司通过多项节能技术改造项目的实施，提高能源利用效率，有力降低了公司综合能源消费量，能耗双控指标，圆满完成“十三五”节能减排主要目标。

五、不断践行社会责任，彰显使命担当

“十三五”期间，联泓集团除了做好本职生产经营工作之外，还持续怀抱感恩之心不断参与社会公益，履行社会责任，回馈社会。成立了“泓基金”公益组织，组建了志愿者团队，号召全体员工积极参与公益活动。公司积极参与社会关爱青少年活动，与山东大众网合作举办了“七彩童心·绿动未来”联泓杯山东省儿童环保绘画大赛；并且多次向枣庄市儿童福利院捐赠了纸尿裤、洗衣液、洁厕灵等爱心物资；同时，在公司内部

也开展了帮困助学等公益活动。“十三五”期间已持续累计捐款超过120万元，支持滕州当地的慈善、教育、扶贫、医疗等公益事业。2020年新冠肺炎疫情发生后，联泓集团作为防疫物资的重要原材料生产商，在全力保障下游防疫物资生产企业原材料供应的同时，积极组织捐款捐物，通过公益性社会组织或者政府部门，累计对外捐赠款物超过115万元，为打赢疫情阻击战、促进经济社会的和谐稳定发展作出了积极贡献。

未来，联泓集团将继续坚持“创新驱动+运营提升”的双轮发展模式，聚焦新材料产业方向，走高端化、差异化和精细化的企业发展路线，充分发挥中国科学院创新资源赋能优势，致力于打造在新材料若干细分领域领先的产业集群，将公司逐步发展成为新材料平台型企业，赋能产业未来，缔造美好生活！

与时代同频 创新驱动企业高质量发展

——浙江新安化工集团股份有限公司

浙江新安化工集团股份有限公司（以下简称新安）创建于1965年，总部位于浙江省建德市，2001年在A股上市，主营作物保护、有机硅材料两大产业，现有员工5800余人，控股子公司73家，坚持“绿色化学创造美好生活”的企业使命，通过绿色化、智能化、高端化、平台化、全球化的战略实施，向“制造+平台+服务”的现代化企业转型，持续推进企业高质量发展。

“十三五”期间，集团营业收入累计485.54亿元，其中2020年集团营业收入125.16亿元，年均复合增长16.47%；利税总额累计48.24亿元，年均复合增长35.53%，五年累计利润同比增长469.77%，归母净利润同比增长6倍，累计纳税11.38亿元，出口创汇18亿美元；集团连续多年进入中国制造业500强、中国化工500强、中国化工行业上市公司百强、中国石化行业民营企业百强，荣获“十三五”全国企业文化建设优秀单位、浙江省社会责任优秀标杆企业等诸多荣誉。

一、产业结构持续优化

围绕“2+X”核心业务（“2”指作物保护和有机硅材料，“X”指新兴业务领域），向集约化、高端化、平台化方向发展。

（一）作物保护产业

作物保护开发形成了以草甘膦原药及剂型产品为主导，杀虫剂、杀菌剂等多品种同步发展的产品群，同时以"农飞客"为平台，切入航空植保领域，提供作物保护解决方案，打造农业综合服务生态圈。投资并购合肥星宇，宁夏基地年产3000吨草铵膦项目如火如荼建设，将进一步丰富除草剂产品组合；农业服务建立11家省级飞防平台、200余个县级服务中心、1个农业综合服务体、9家农服子公司，打造植保解决方案10个，草地贪叶蛾防治方案被列入农业农村部名录，草甘膦新剂型及柔性技术制造关键技术荣获神农中华农业科技一等奖。农化终端产品制剂化率从45%提高到53%。

（二）有机硅产业

有机硅材料围绕单体合成，拥有从硅矿冶炼、硅粉加工、单体合成、下游制品加工的完整产业链，形成硅橡胶、硅油、硅树脂、硅烷偶联剂四大系列产品，广泛应用于航空航天、医疗卫生、电子电气、新能源等领域，畅销于全球100多个国家和地区。上游投资启动云南盐津项目，并成立了矿业公司和硅业公司；中游投产江苏镇江30万吨有机硅单体项目，产能总体达到49万吨，成为行业的头部企业，合资成立赢创新安白炭黑公司，有机硅单体技术达到国际一流水平；下游崇耀、励德开业，开化硅产业转型升级项目开始建设，打造细分行业冠军。有机硅终端产品销量CAGR22%，中高端产品比例从24%提高到38%，其中高温胶业务高端占比突破50%，密封胶业务自主品牌占有率超80%。

（三）新兴产业领域

无机硅探索高纯硅粉等应用领域；磷基材料确定阻燃剂发展方向。推动福建上杭磷基项目发展阻燃产业，投资合作杭新固废、浙江中控等新兴产业，布局硅碳负极材料、水性陶瓷涂料等新材料领域；整合华洋资产，与传化化学、物流开展战略协同。

二、创新能力大幅提升

新安集团建有完善的创新体系，是国家创新型企业、国家高新技术企业、全国知识产权示范企业，拥有集团国家认定企业技术中心为核心，涵盖三个子公司省级技术中心、多个事业部专业研发中心的创新组织体系，同时拥有国家级博士后科研工作站、省级企业研究院和全国模范院士工作站等科研平台。拥有享受国务院特殊津贴专家4人，博士、正高级职称、海外科学家、“151”“131”“282”等人才239人，是国家创新型企业、国家高新技术企业、全国知识产权示范企业。每年科研投入平均占比营收超3%，拥有有效专利332项，国家科技进步二等奖3项，其中草甘膦的氯甲烷回收技术属国际首创；母液浓缩定向转化技术属国内首创，以高度的社会责任在行业推广应用，破解行业“卡脖子”难题。承担国家级课题29项，制定国家标准23项，行业标准14项，团体标准30项，地方标准3项，农药登记试验室获得国家批准，取得CNAS实验室认证，开化合成、崇耀、励德通过高新技术企业评审，牵手杭州师范大学、上海大学建立具有自主知识产权的有机硅应用研发平台，与清华大学、浙江大学、武汉大学、俄罗斯国家元素所等国内外知名院校建立了紧密的产学研用战略合作关系。

三、打造智能制造标杆

2016年，集团将白南山园区整体搬迁到马目园区，超20亿元高标准建设，将园区打造成为环境友好、国际先进的绿色农药和硅基新材料的制造基地，以点带面全力打造“数字新安”。现每年持续投入近亿元用于自动化、智能化改造提升，打通全集团的业务流、数据流、信息流，推进供应链、生产运行、大安全等智能化数字应用，建立起端到端的流程型组织、现代化互联网办公生态。

（1）业务运营数字化。以SAP系统为核心，打造1+18的经营管理业务平台，实现全产业链、供应链、价值链信息化覆盖，构建起全场景、高精度、宽纵深、无边界的全球运营一体化体系。

（2）生产制造智能化。以互联网大数据平台为依托，建设先进控制系统、MES系统、计划调度系统、生产指挥等智能制造系统，加速中高端产品差异化生产，核心生产设备联网率达95%，生产效率提升21%，运营成本降低19.5%。

（3）生态服务平台化。以工艺智能化发展为核心，实现海量异构数据汇聚与建模分析、工业经验知识软件化与模块化，支撑生产智能决策、业务模式创新及产业生态培育，产品升级周期缩短30%。

（4）信息支撑敏捷化。联合国内知名高校，引入浙江中控、阿里云计算、之江实验室等信息技术企业，推进产、学、研深度融合应用；以微信生态为载体，搭建以主数据系统为核心的数据中心，推动流程再造、业务重组、制度重塑，整体业务流程时效缩短36.6%，为企业经营决策提供支撑。

近五年来，新安集团先后获得国家工信部《智能制造试点示范项目》《制造业"双创"平台试点示范项目》等5个国家级、浙江省"首批上云标杆企业""首批工业互联网平台"等6个省级、杭州市首批"链主工厂"等3个市级的数智攻坚系列成果，成为省市两级传统制造业成功实践数字化转型的典型代表，得到各级政府和社会各界认可。

四、夯实安全环保基石

（一）坚持绿色发展

地处钱塘江上游的新安集团，深刻理解企业肩负的重大社会责任，将安全环保视作企业最重要的经营资源和生命线，努力践行"不让一滴污水入江"的庄严承诺，平均每年投入超3亿元，持续推进产业技术升级，深化"氯、磷、硅"绿色循环经济模式，实现原料"内循环"，废物"再利用"，资源"吃干榨净"，三大元素利用率分别达到85%、95.1%、92%；抢抓碳达峰碳中和的历史机遇，运用数字化技术、先进工艺装备等加快节能低碳改造，每年安全环保投入超3亿元，构建清洁低碳安全高效的产业体系，装置利用率达到94.5%的同行最高水平，新建30万吨有机硅氯资源循环项目一次投产成功、综合选择性及能耗均达国际领先水平。近五年来，在集团主要装置产能提升32.19万吨产品的前提下，产品综合能耗累计减少33.5万吨CO_2排放量，VOCs100%达标排放，废水减量179.88万吨，污泥减排10523吨，为打赢蓝天、碧水、净土三大保卫战贡献了新安力量，荣获了"中国石化行业绿色企业和绿色产品"等多项环保荣誉。

（二）保障安全生产

投入3000万元引入杜邦SHE安全管理体系，树立了"一切事故都是可以预防的"的理念和执行观，持续开展有感领导、岗位三标等，本质安全管理水平不断提升。①

全员参与，由公司领导带头参与SHE管理，层层落实SHE责任制，健全SHE绩效考核体系，全面推进属地管理。②通过工艺危害分析、变更管理、启动前安全评审、工作安全分析、安全观察与沟通以及隐患排查，全面开展风险辨识与控制，制订并落实管控措施。③健全SHE管理制度，基于风险辨识与分析，健全SHE管理制度、预案、操作规程，完善台账记录。④实现PDCA循环持续改进，建立完善的SHE审核制度，每年审核所有生产单位，促进各单位SHE管理持续提升。⑤搭建SHE智能平台，提升SHE管理效率，安全生产逐步向自动化管理迈进。新安建有专业应急救援队伍和专业消防站及应急物资库，多次在省、市应急比武中获得一等奖，并在地方突发应急抢险中贡献力量。近五年来，新安未发生一起较大以上安全环保事故。

五、积极履行社会责任

（一）积极参与疫情防控阻击战

2020年面对新冠肺炎疫情，新安众志成城、同舟共济，国内外六千余名员工实现零感染。积极响应国家号召，捐款捐物支援地方疫情防控，加紧生产医疗配件，全力保障春耕生产，助力上下游的企业复工、复产，彰显了新安的社会责任担当。集团荣获全国工商联“抗击疫情先进民营企业”。

1.联防联控，确保全员零感染

疫情暴发伊始，集团迅速反应，成立疫情防控领导小组和工作小组，自上而下制定疫情防控管理办法并组织实施，严格执行各级政府和集团制定的应急预案，做好“保员工安全、保企业安全、保生产经营正常”。充分发挥好新安党员干部作用，做好“返程和办公、后勤保障、防疫控制、生产经营”四个专篇，筑牢“横向到边、纵向到底”的网格化管理矩阵，提前部署供应链落实原辅材料以及疫情防控物资的供应保障，各营销单位密切关注市场需求变化，采用电话、互联网等手段获取订单，充分利用信息技术手段居家远程办公，鼓励在线学习。

2.快速响应，保障疫情物资生产

2020年1月24日，大年三十，建德市经信局来电要求为消毒液企业提供紧缺包装物。子公司新安包装立即启动应急预案，召集19名员工返岗，24小时连续生产，先后为省医疗器械公司、朗索消毒液公司、湖北回天等7家企业，提供了近12万只壶（桶）、3050只专用纸箱，被列入市第一批保供企业名单，用行动支援了疫情防控工作。

3.捐款、捐物，支援地方抗疫大局

2020年1月30日，公司向建德市卫健系统捐赠了500箱共10吨84消毒液；1月31日，公司董事会决定捐赠1000万元现金，通过传化慈善基金会支持湖北、浙江等地防疫、抗疫工作，其中定向捐赠建德市慈善总会、开化县红十字会各150万元，传递新安大爱。

4.响应号召，助力客户复工、复产

新安利用自身优势，有力带动农化产业上游黄磷、甘氨酸、三乙胺等200余家原材料供应商复工、复产，400余家原药供应商及下游经销商复工，保障了春耕生产和农资需求；打通了有机硅产业50余家基础类产品大客户及其下游520余家企业的复产工作，加班加点保障有机硅终端生产3M呼吸面罩配件等抗疫物资企业的原料需求。

5.非常时期，全力保障春耕生产

积极响应习近平总书记"越是面对风险挑战，越要稳住农业，越要确保粮食和重要副食品安全"的号召，全方位打响春耕备产攻坚战。2020年2~3月的疫情防控非常时期，新安向全国市场供应农资超7000吨，有力保障了春耕生产。新安下属子公司湖北农家富通过与当地119党员突击队合作，3月5～10日向下属100多个乡镇配送农资50余吨，为农户解决备耕物资匮乏的燃眉之急；下属子公司浙江农飞客在疫情最严重时发挥网点优势，迅速进行50亩竹林飞防作业，帮助农户及时防治病虫害。

（二）积极参与国家脱贫攻坚战

2020年，是全面建成小康社会目标的实现之年，也是全面打赢脱贫攻坚战的收官之年，新安本着"发展新安以回报社会"的初心和使命，一如既往地践行扶贫济困事业，坚定参与到精准扶贫的行动中，助力国家打赢脱贫攻坚战。

1.教育扶贫，助力贫困地区学生成长成才

自2018年来，新安在云南省金平县实施精准扶贫，招收贫困学生到公司定向培养学校——建德市工业技术学校学习专业知识，完成定向培养，毕业后留用到公司技术工人队伍中。新安负责承担学生的基本生活、假期探亲等费用，解决他们生活上的后顾之忧，并在节假日安排组织温馨的团体活动，帮助他们尽快地适应环境、融入团队。截至目前，已实施两届，共资助40名学生到校就读，在本地和云南金平县都取得了很好的社会影响力。

2.健康扶贫，改善贫困地区医疗卫生条件

聚焦贫困地区“基本医疗有保障”目标，自2018年以来，新安连续三年捐赠2000万元，在贵州、云南等地建设100所新安·安心卫生室，并为每所村卫生室配置医疗设备，改善当地医疗卫生条件，提升贫困地区的医疗服务水平，解决了近15万村民的就医难题，帮助解决因病致贫、因病返贫“最后一公里”问题。

3.技能扶贫，助力贫困地区农民增产增收

新安与云南、贵州等贫困地区的职业技校建立“定向培养”机制，提供农民在用药、育种、病虫害防治等方面知识和技能的免费培训。借助农药产品的销售渠道，加大对农民的免费培训，提升农民在用药、育种、病虫害防治等方面的知识和技能，帮助农民增产增收、早日脱贫致富。

（三）构建和谐劳动关系

近五年来，全员薪资年均增幅10%以上，投资2000余万元购买人才公寓、升级公共服务设施，每年投入500万元开展员工技能培训，行政拨款100余万元用于工会互助保险，组织开展“文化年+体育年”等具有新安特色的活动，丰富员工精神文化生活，营造了和谐的劳动关系。同时，积极参与杭州市危化品应急处置、建德马拉松、村企共建、帮扶慰问等公益活动。

展望“十四五”，集团将始终牢记重要嘱托，深入践行“两山”理论，坚持以“绿色化学创造美好生活”为企业使命，走资源节约型、环境友好型发展道路；坚持以“聚焦价值赛道、突破核心技术、实现业务领先”为发展思路，围绕“2+X”核心业务，持续提升“技术创新、智能制造、全球化运营”三大核心能力，聚焦发力“科技、资本、管理、组织人才”四大战场，全面冲刺转型升级目标，稳步迈入时代企业高质量发展轨道，努力成为硅基新材料和作物保护领域解决方案的全球领先者。

推进跨越发展　构筑强企之路

——云南祥丰实业集团有限公司

云南祥丰实业集团有限公司（以下简称云南祥丰集团）是中国优秀的磷复肥产品生产商，是云南省大型磷复肥企业。旗下拥有云南祥丰化肥股份有限公司、云南祥丰金麦化工有限公司（中外合资）、云南弘祥化工有限公司、云南祥丰石化有限公司等22个子公司、2个分公司，在册员工3000余人。公司自1988年成立以来，33年始终坚持走质量、效益发展道路，通过以科学发展观统领生产经营和改革发展，大力调整产品结构、加强农化服务，借力“一带一路”倡议拓展国际市场，推动化肥行业转型升级，实现集团公司磷复肥由大变强。

作为云南省民营化工企业中的领头羊，云南祥丰集团不仅在自己的老本行化肥行业保持着连续30多年的领先，如今也在向更为高端的化工产业转型升级。集团正朝着绿色化工发展，从化肥到化工，完成产业的升级。同时，在绿色减排上，依靠使用天然气作为生产能源，实现了绿色化转型，成为云南境内第一家使用天然气作为原料的化工企业。此外，集团还实现了向磷化工更加专业、细分的转型，研发推出的干冰、硝酸、食品级二氧化碳等产品也成为公司的重要主打产品。目前，祥丰集团已形成年产284.5吨化肥，36.7万吨化工产品的生产能力。

一、以质量为生命，严格生产管理

在激烈的市场竞争中，云南祥丰集团始终把质量视为企业的生命，把质量管理放在各项管理工作首位，狠抓技术创新，坚持“质量第一，用户第一，以质量求生存”的办企方针。设立质量管理监督部门，加强对质量工作的领导，努力提高产品质量。对影响产品质量的如采购、工艺装备、生产制造、检验和试验、包装和储运、销售以及售后服务等全过程进行严格的质量控制，确保影响产品质量的技术、管理和人员等因素处于受控状态，确保不合格原材料不投产，不合格半成品不转序，不合格成品不出厂。严格的过程管理，使企业上下形成质量就是生命、质量就是市场、质量就是饭碗的观念，树立了“质量是企业的生命，质量铸就品牌，品牌产出效益”的理念，人人重质量、人人管质量，使质量管理工作落到实处，所生产的化肥产品质量稳定可靠，品质优良，各项指标均达到或优于国家标准，处于全国同行业领先水平。旗下各生产厂都通过了质量管理体系认证，并取得ISO9001：2008国际质量管理体系认证证书。产品质量有了保证，在消费者中、在市场上也就树立起良好的品牌形象。近年来，多次斩获“放心农资下乡信得过单位”“中国化肥质量稳定品牌企业”“中国化肥金口碑企业”等殊荣，为打造强势品牌打下了坚实的基础。根据2019年中国磷复肥行业大数据公布的数据，云南祥丰集团磷肥总产量排名全国第7位，磷酸二铵产量排名全国第5位，磷酸二铵、磷酸一铵的出口量排名全国第4位。2020年全年，产销化肥218万吨，集团工业产值实现了16.5%增长，实现营业收入90亿元，并上缴税金1.82亿元，实现进出口3亿美元。

二、以品牌战略为根本，提升企业市场竞争力

面对竞争日趋激烈复杂化的市场，云南祥丰集团经过连续不断的市场探索调研，结合自身实际，利用这些年来打造的“螳丰”“云弘祥”“滇弘祥”“滇金麦”等19个品牌在市场上的影响力在消费者中、在市场上树立起良好的品牌形象，在稳定国内市场的情况下，逐步打开国外市场，将营销工作由被动变为主动。目前，云南祥丰集团旗下“螳丰”“云弘祥”等19个品牌产品覆盖全国32个省、市、自治区及台湾地区，并远销印度、孟加拉国、巴基斯坦、澳大利亚、巴西、阿根廷等25个国家。其中，1993年申请并注册的“螳丰”牌商标一直使用至今，“螳丰”牌过磷酸钙、复混肥2003～2006年被评为首届云南省著名商标，2003～2015年连续四届被评为云南省著名商标、云南省名牌产品。经过不懈努力，连续多届获得“中国化肥企业100强”“中国磷复肥企业100

强""中国化工500强""中国民营500强企业""中国对外贸易500强企业""中国化肥建国70周年贡献企业""中国化肥行业绿色环保示范企业""云南省百强企业""云南省民营外贸前5名""云南省百强民营企业""云南省AAAAA信用企业""安宁市稳增长先进企业""安宁市优秀进出口企业""安宁市纳税贡献突出企业"等荣誉称号。通过实施品牌战略，企业品牌效应不断显现，产品销量逐年攀升，成为云南民营化肥行业的领头军。

三、以引进先进装备技术为依托，促进磷复肥产业高效高产

面对复杂多变的经济环境，公司不断技术创新和产业转型，目前生产上使用的是国内最先进的生产装置、设备和工艺，磷酸采用二水法生产工艺，硫酸采用四段两转两吸工艺，磷铵采用浓酸氨化造粒工艺。增加当今最先进的中、低温位余热回收及2×7500千瓦发电装置，增加SO_2尾气氨法动力波脱硫装置，并且与多氟多化工股份有限公司合作，综合开发利用磷矿中低品位氟资源，用以生产3万吨冰晶石和0.9万吨白炭黑等多种高附加值产品，改变云南省以往单一生产氟硅酸钠的历史，投资2000多万元配套建设水处理设施，大大节约了自来水及工业水的消耗。由于技术成熟可靠、设备先进、操作稳定、综合利用率高，能耗及各项污染物的排放量在同行业均处于先进水平。

"科技含量高"是新型工业化的关键和核心内容之一，主要表现为企业的技术创新能力和创新水平。云南祥丰集团紧紧围绕优势产业，加大资金投入，全力提升企业技术装备水平，重点开发成本低、经济效益好、环境污染小的新产品，提高产品质量和附加值。旗下金麦公司和弘祥公司自成立之日起，引进国内外先进工艺、技术和先进设备，通过技术改造，使磷酸一铵、磷酸二铵、过磷酸钙复合肥等重点产品工艺达到国际先进水平，在磷矿采选与加工、磷酸生产与净化、磷复肥加工、新产品开发、节能减排等方面形成数十项国际国内领先的行业关键和核心技术，在行业内形成了技术领先优势。除此之外，金麦公司和弘祥公司的磷矿浮选项目，生产能力达到了年产150万吨和120万吨磷矿的生产能力；金麦公司和弘祥公司低温位余热回收发电装置，使热回收率达到90%，降低整体能耗49%。实现"三废"综合利用，成为云南省首家实现生产污水零排放的氮肥生产企业，走出一条发展循环经济，实现资源综合利用的可持续发展之路。

四、积极开展农化服务工作

公司于2006年开展农化服务工作，并于2016年7月被中国石油和化学工业联合会农化服务办公室授予“全国农化服务中心”单位，经过十余年的农化服务工作，公司按照《测土配方施肥技术规范》要求，结合云南省山区面积大、海拔高差大、土壤类型复杂多样、高原特色作物众多的实际情况，在取土化验、田间试验、配方制定、配方肥生产、施肥指导、作物科学种植指导和土壤改良等方面，做了大量卓有成效的工作。

（1）调查研究：①对农业生产和市场进行调查，重点了解农业生产科技水平、消费水平和存在的主要问题，并就市场信息进行收集整理；②对作物资料进行采集，主要包括作物种类、面积、气候特征、施肥水平、农民种植技术等；③对土壤和植株信息进行采集，并对样品进行化验分析并建立档案。

（2）开展田间实验：主要针对特定作物、特点区域进行对比试验、大区示范实验和小区效应实验。

（3）加强技术培训和宣传指导工作，主要从种植技术培训、通过试验示范效果进行科普宣传、针对农资产品进行店面营销。

（4）指导农业生产建立施肥指南和田间档案，主要针对特定区域的特色作物为农业种植作出指导和贡献。

（5）对问题土壤进行综合治理。自公司开展农化服务工作以来共采集土壤样品一万余个，作物样品一千余个，完成3414田间试验500余组，其他试验300多组，技术培训和宣传指导数百万农民朋友，主要涉及水稻、玉米、小麦、马铃薯等主要作物和甘蔗、咖啡、茶叶、蔬菜等经济作物，指导制定并生产了专用配方肥料50余种，为数千万亩土地定制了高效绿色环保专用肥料，为深入推进农业服务工作提供了技术依据。

五、以产品技改为提升，全力推进新型工业化

产业之关键在于企业，企业之关键在于产品，产品之关键在于创新。多年来，云南祥丰集团以创新为驱动，不断优化提升传统产业，培育新的“拳头”产品，提高市场竞争力，找寻市场的新“出路”，为产业转型突围蓄积能量。旗下企业祥丰生产厂是20世

纪80年代建的老企业，以生产过磷酸钙产品为主，近年来由于化肥产能过剩、供过于求的矛盾加剧，农民购肥积极性不足，市场竞争趋于白热化。祥丰生产厂通过科技创新、提升技术装备水平、优化产品结构寻找出路。2018年，祥丰集团投资18亿元，建设30万吨/年合成氨项目，并成立云南祥丰石化有限公司进行管理，于2019年12月31日建成投产，项目以中缅天然气管线的天然气为原料，采用先进的两段联合转化工艺，淘汰原有煤制气工艺，改善整个集团能源结构，促进祥丰集团转型升级。项目将为集团磷复肥产品不断创新，为下一步的发展提供源源不断的动力。

六、主动融入改革发展大局，提高生产经营管理水平

为了企业稳定、健康、长久地发展下去，进一步为地方经济作出最大贡献，云南祥丰集团在生产经营管理方面实施了一系列管理措施：

（一）重视环保工作、着力打造花园式绿色工厂

根据生产实际情况配置相应的环保治理设备设施，与生产线同时设计、同时施工、同时投入生产使用；成立安全环保领导小组，设立专门的环保管理部门；建立健全企业环保管理制度、各环保工作作业流程、各类环保事故应急预案等；在生产中引进先进技术，推行节能减排清洁生产。不断转变生产方式，加强技术改造，降低能耗，减少污染，推进企业可持续发展，着力打造花园式工厂、绿色工厂。目前，云南祥丰集团4家生产企业有2家被评为“绿色工厂”，其余2家正在积极组织申报。多年来，集团在环保方面先后投资了数亿元，新建项目全部采用先进工艺技术，力图在整个生产周期不产生污染或使污染最小化，去年又成为昆明地区首家使用天然气的工业企业。

（二）加强企业安全管理工作，提升企业安全管理工作水平

狠抓安全不放松，集团坚持以“安全责任重于泰山”为指导，做到人员落实，制度落实，机构落实，责任落实，经费落实，加大安全硬件设施投入和特种作业人员的培训取证工作。2019年，利用互联网与现代通信技术对安全生产实现系统化管理、科学化决策，全面提升了企业安全管理水平，逐步建立起了安全生产稳定发展的良好局面，近年

来，未发生过重大安全事故。

集团把职工安全管理工作放在首要位置，在各生产项目设计阶段都要从安全角度出发，专门组织安全技术专家共同论证备选设备、装置、生产工艺的安全性、可靠度；成立公司安全环保工作领导小组，不断健全完善企业各类安全管理制度、各生产岗位安全操作技术规程；确保各项安全生产专项资金专款专用；加强生产设备管理，对工作人员加强培训，严格要求，及时掌握员工身体健康状况。

（三）立足长远、加强企业诚信建设

从1988年成立至今，集团以诚信为本，把一个创立时资产仅十几万元的小公司带入中国化工化肥企业10强。云南祥丰集团始终秉承“以质量求生存、以信誉赢市场”的理念，从材料采购、工艺标准、设备保养、规范操作等方面入手，健全完善质量内控标准，推动质量监控由成品检测向过程关键指标控制转变，出厂合格率始终保持在100%。

（四）以人为本、提升职工福利

2021年是云南祥丰实业集团成长壮大的第33个年头，今年以来，面对严峻复杂的国内外经济环境，集团公司不仅做到了生产不减产、经营不停滞，更确保了职工不失业、效益不减少；同时，企业职工工资更是得到了大幅度提升。

近几年，公司员工收入每年平均保持10%左右的增长率；还为员工新建了500套经济适用房，厂区设有舒适的职工宿舍，让辛苦工作的员工都有自己的安身之地，安心在企业工作。同时，还提供免费工作餐、文体设施，建立工会组织，建立爱心互助基金，组织员工旅游、活动、竞赛等，丰富员工的文化生活，购置大量的各类专业书籍和资料，成立职工书屋，使职工无后顾之忧，增加员工的归属感，确保员工引得进、留得住、用得好、出效益。3000多员工的工会活动经费总是第一时间到达，同时还为员工购买保险和公积金，外加中午免费的午餐。公司在2012年就成立了爱心互助基金，救助公司困难员工，帮扶困难群众，并将每年的七、八月定为“爱心助学活动月”，集中开展公益慈善活动。

公司各项福利水准在安宁当地均属上乘，绝大多数员工能安心本职工作，极少跳槽。

（五）提高集团整体管理水平，建立完善企业生产经营中的各类管理制度、工作标准，规范各项工作业务流程

在杨宗祥的领导下，聘请国内专业的企业管理咨询机构人员与集团中层以上管理人员充分沟通交流，最终建立完善了一整套适合企业管理需要的管理制度、运行体系及各项工作业务规范流程，使整个集团的管理水平得到大幅提升；指定专门职能部门，检查反馈企业各类管理制度、业务流程的执行情况，组建集团OA办公平台，实行无纸化办公，提升工作效率，节约办公资源；建设集团网站、微信公众平台和微信小程序，做好企业对内对处宣传和业务推广。

七、积极推动党建工作创新发展

在搞好经营创造利润的同时，公司十分注重企业党建工作，2002年在企业建立了党支部，开展党的各项组织活动，延伸了党的基层阵地，奠定了企业科学发展的基石，坚定了企业员工信念，提升了员工生产积极性，促进了企业效益的提高。2014年5月成立了祥丰集团党总支，下设5个党支部。现祥丰党总支共有党员95人。全体党员中，47名为中层以上管理人员，26名为工人技术骨干。

公司对党组织建设提供场地和资金支持，并支持党组织的各项党员活动，鼓励配齐配强党组织成员，建立并完善管理机制，使得党建工作得以正常开展；鼓励党总支发展思想成熟先进的员工加入党员队伍。在生产经营过程中，公司能正确处理党组织活动与企业生产经营的关系，党组织与职工的关系，实现党组织和党员在企业应有的价值和地位。

在规范企业党建工作方面，为强化领导、强化措施，进一步规范企业党建，公司领导人提出成立祥丰集团党建工作协调领导小组，把企业党建工作纳入各级党组织和领导干部党建目标责任制之中，作为考核党建工作和领导干部政绩的主要内容。

在党总支开展党建工作时，不断充实党建工作内容，积极对企业的发展目标和思路进行有效宣传，不断坚定员工对企业发展的信心，党建工作指明员工的发展方向和奋斗目标，同时也指明了民营企业的发展方向。

在企业开展党建工作，是协助企业进行生产经营管理的一个重要方式，是联系企业管理层和员工的桥梁和纽带，是企业产生凝聚力、向心力、战斗力的重要保证，在党总支活动场地和资金支持方面，公司不断加大祥丰集团党建资金投入力度，2020年共投入60余万元在祥丰石化公司大力打造祥丰集团党建精品示范点。

祥丰党总支先后荣获“云南省先进基层党组织”“春城党建示范带·螳川先锋基层党建示范点”“安宁市非公有制经济组织创先争优示范点”等荣誉称号。

八、构建企业和谐劳动关系

每年春节期间，集团领导人都会带领公司高层到现场慰问在工作岗位上默默坚守的值班人员，给大家分发水果和慰问金，并对生病住院的员工予以探望，安抚员工情绪。由公司工会牵头建立和完善困难职工档案，全面掌握了困难职工的基本情况，对天灾人祸造成的生活困难职工提供生活补贴、医疗救助等服务。启动“祥丰集团金秋助学”活动，对被高等院校录取的员工子女发放助学金，让员工减轻子女就学的经济压力。公司工会还坚持开展以安全为主题的“安康杯”知识竞赛活动，同时通过利用业余时间开展文体活动的方式，培养职工的团队精神和集体主义精神，丰富职工业余文化生活，并开展多种活动倾听员工心声，解决员工诉求。公司还制定了以人才为核心的激励政策，每年都会评选出在工作中表现突出、成绩优异的员工，为其颁发荣誉证书及奖金。

多年来，云南祥丰集团全体员工齐心协力，顽强进取，充分发扬“忠诚、团结、求实、创新”的企业精神，大力倡导“精、细、实、高、新”的管理理念，同心同德，真抓实干，妥善应对市场变幻的大环境，实现了企业稳定生产、职工稳定就业、造福社会的关键目标。

九、奉献爱心，回报社会

公司领导人深知企业的发展与政府的支持、社会的关心是分不开的，他投身光彩事业，积极参与扶贫济困和发展慈善事业的社会责任。对内组织公司工会牵头建立困难职工档案，对生活困难职工提供生活补贴、医疗救助等服务；启动“祥丰集团金秋助学”

活动，对被高等院校录取的员工子女发放助学金。对外，积极响应政府及有关部门号召，为禄劝、宣威、武定等定点扶贫对象捐款捐物。

同时还参与"中国光彩事业老区行"等一系列活动，为全国各贫困地区捐款捐物，建设卫生医疗室、爱心学校等，用于改善当地的基础设施建设，支持特色产业发展，推动贫困地区的经济建设。

同时，为了推动家乡经济欠发达地区的基础设施建设，集团投入巨资为家乡附近乡镇铺路修桥、捐赠文体活动设施、建设文体活动场所、出资购买绿化植被等城市配套设施，极大地提升了家乡的城市形象。

2020年1月，云南祥丰集团共筹集160万元资金和价值40万元的医用口罩，通过红十字会和光彩事业促进会进行捐赠，用于新冠肺炎疫情防控工作。

目前累计向社会捐赠各类救灾物资和救灾款2000余万元。近年来，解决失业人员300多人，大中专毕业生、农村富余劳动力2500多人的就业问题，切实履行一个大企业的社会责任。

十、规划高端精细化学品发展思路，推动新时代高质量生态化发展

2021年是中国共产党成立100周年，也是实施"十四五"规划、开启全面建设社会主义现代化国家新征程的开局之年。今年，受磷资源贫化加剧，钾硫资源短缺，尾矿、磷石膏排放等生态问题的制约，磷化工行业生态化工业的转型升级更是资源加工流程型传统工业提质增效的必由之路。云南祥丰集团在"十四五"期间，继续向高质量生态化发展转变，实现新旧动能转换。

一是优化产业结构，加快发展化工高端精细化学品。近年来，云南祥丰集团积极开展传统企业转型升级，实现磷肥产业向氮肥及精细磷化工行业延伸。现液氨产品生产线稳定，并成功向市场推广企业自主品牌的车用尾气净化液，接下来将全面生产电子级超纯氨、食品级二氧化碳、干冰、硝酸、双氧水、工业三聚氰胺、食品级磷酸、磷酸铁锂等精细磷化工产品。企业由磷化工产业成功转型升级为石化产业，由化肥行业成功转型升级为精细化工行业。

二是更加强化安全生产责任意识，全面提升安全管理水平。强化“责任意识”“风险意识”“规则意识”，用担当“责任”尊重劳动，用管控“风险”赢得安全，用践行“规则”规范言行，让三种意识内化于心、外化于行，指导安全管理、实现安全生产。

三是抢抓绿色发展机遇，发展产业循环经济。通过减量化、资源化、无害化，进一步利用磷石膏循环发展新型建材、实现资源循环利用，实现云南祥丰集团生产企业磷石膏的零排放，对提高企业资源综合利用水平，促进磷化工产业绿色、集约、高效发展具有重要意义。

云南祥丰集团的目标宗旨是“建一流企业，创百年品牌”，企业在发展中坚持做到有良心、有责任、有担当，尽全力打造中国磷化工行业先锋企业，成为有国际竞争力的企业。云南祥丰集团将在习近平新时代中国特色社会主义思想指引下，全面贯彻新发展理念推动高质量发展，主动履行社会责任，发挥好云南省民营化工主力军作用，以更加昂扬的精神和更加务实的作风，为中国磷化工业的不断壮大、为云南省经济发展作出新的贡献。

创新驱动　建设美丽中国

——浙江新和成股份有限公司

石小芳，应俊强

浙江新和成股份有限公司（以下简称新和成）成立于1999年，2004年在深圳中小企业板首股上市，股票代码002001，在浙江新昌、浙江上虞、山东潍坊、黑龙江绥化建有4个现代化生产基地，现拥有总资产308亿元，市值达1000亿元。2020年度实现营业收入103亿元，利润总额41亿元。

公司专注于营养健康和高分子新材料，把自身发展融入国家发展战略和社会大众需要的大局之中，在大趋势下以市场需求为导向，坚持创新驱动和绿色发展，以产品引领未来，以技术创新开发产品，以人才依托开展技术创新，以企业文化凝人心聚人才，努力以科技创造美好生活，为全球100多个国家和地区的客户在动物营养、人类营养、医药、生命健康、环保、工程塑料等方面提供解决方案，以优质健康和绿色环保的产品不断改善人类生活品质，为利益相关方创造可持续的价值。

在取得自身发展的同时，新和成努力践行企业公民社会责任，连续多年位居绍兴市纳税前列，且逐年增长。公司成立以来，累积纳税超93亿元，累计分红达86.38亿元，在帮困助学、扶贫救困、捐赠弱势群体等方面用实际行动履行了"造福社会"的责任。2020年，对外捐赠1193万元，其中在抗击疫情中捐赠1000万元。

凭借领先的技术、科学的管理和诚信的服务，公司已跻身中国精细化工百强、中国上市公司百强、2020中国新经济企业500强，获得全国守合同重信用企业、中国石油和化工企业公民楷模榜"十佳企业"、中国绿色化工特别行动责任关怀2012年度典范奖等殊荣，董事长胡柏藩也被评选为中国石油和化工·企业公民楷模榜杰出贡献企业家、首届浙江省新时代中国特色社会主义事业优秀建设者、中国光彩事业促进会常务理事。

一、突破关键技术，创新驱动行业发展

（一）进军营养品：满足人们对美好生活的向往

20世纪90年代，国内外对维生素E的需求量日益上升，由于生产维生素E所必须的医药中间体主环和异植物醇国内还一直依赖进口，其技术被德国巴斯夫、瑞士罗氏、日本卫材和法国罗纳普朗克等少数几家世界顶级制药公司所垄断，价格居高不下。

新和成投入全部力量进行研发，终于在1994年，新和成第一个国家火炬计划项目——维生素E中间体主环研发成功，结束了我国维生素E所需主要原料长期依赖进口的历史。1996年，又成功研制出维生素E的另一个中间体——异植物醇并投产，实现了我国维生素E从基础原料到工业化一条龙生产的梦想，让老百姓吃上了物美价廉的维生素E。新和成也从中切实感受到了企业的社会责任，树立了“创造财富、成就员工、造福社会”的企业宗旨，并在自主创新的道路上一路狂奔。

1998年，维生素A产品研发成功；1999年实现规模化生产，年产能达2000吨；2002年，成功研发生物素；2004年，β-紫罗兰酮国家火炬计划通过验收；2005年，成功研制虾青素；2006年，柠檬醛（维生素A的重要原材料）率先研发成功……每成功研发一个产品，企业发展就迈上一个新台阶。

蛋氨酸是动物体内必需氨基酸中唯一的含硫氨基酸，广泛应用于饲料添加剂。蛋氨酸生产具有技术门槛高、投资额度大等特点，是典型的寡头垄断市场，四家国外企业拥有2015年全球蛋氨酸产能的90.2%。以往我国的蛋氨酸主要依赖进口，每年进口金额高达数百亿美元。早在2007年，新和成就开始布局蛋氨酸项目，组建了50多人的研发团队，联合天津大学、浙江大学等高校院所，针对蛋氨酸合成过程中的技术难题，集中展开攻关。从小试到中试，从中试再到放大生产，经历多次失败，最终经过10年努力，终于在2017年7月成功实现大规模生产。这是国内第一套真正拥有完全自主知识产权的规模化、绿色化、一体化蛋氨酸生产装置。至此，中国在蛋氨酸生产上终于不再缺“芯”少魂，实现了国产化。

蛋氨酸为国外垄断时价格在4万元/吨以上，而且易受国外各种因素影响，引起价格非理性大幅波动，2014年市场价格最高涨至12万元/吨。蛋氨酸国产化后价格降至2万元/吨左右，按照国内使用25万吨/年计算，每年为国内下游饲料养殖企业节省成本50亿元以上。促进了从原材料、预混料及饲料、养殖业全产业链的安全稳定发展，为保障老百姓的“肉篮子”贡献了力量。

（二）进军新材料：抢抓战略新兴产业

高分子材料是现代工业和高新技术的重要基石。与发达国家相比，我国高分子新材料聚苯硫醚（PPS）由于受到各种条件的制约，一直以来，产品稳定性、生产成本控制以及“三废”处理技术成为国产PPS产业化过程中无法逾越的三道关卡，阻碍了产业化的进程。这也直接导致了国内巨大的PPS市场被美国、日本等企业所垄断的尴尬局面。

新和成于2007年成立PPS合成技术及复合技术开发组，与浙江大学联合共同研发。在研发过程中，开发组进行了数千批次的对比实验，结合国外先进理念，对国内合成技术进行剖析，寻求从根本上解决国内PPS合成工艺缺陷的途径，提高产品性能和生产稳定性。2013年3月24日，攻关项目通过了由清华大学、浙江工业大学及行业协会专家组成的专家委员会鉴定。2017年9月，年产10000吨PPS建设项目被列为“中央投资增强制造业核心竞争力产业化项目”。

成功研发PPS后，新和成秉承开放合作的理念，与荷兰DSM合作进行PPS改性加工，实现了市场和应用技术的集成；与日本东洋纺合作开发PPS纤维，实现了跨行业的技术创新。经过多年培育发展，初步实现了万吨级PPS一体化产业链布局，完成了从原料到PPS聚合，再到下游应用开发的一体化建设。目前公司PPS产能达到1.5万吨，是国内最大、全球前列的PPS供应商之一，是浙江省隐形冠军企业。除了PPS已实现产业化外，公司亦建成国内首套高温尼龙（PA6T）千吨级装置，突破了国外6T系列高温尼龙的技术垄断。

公司自2013年建成PPS一期5000吨项目以来，PPS树脂市场价格由最初的9万元/吨，降到目前的5万元/吨，促进了国内PPS产业的良性发展，培育了金发、本松等一大批国内PPS下游用户，填补了国内PPS产业链空白，实现了汽车、电子电器、5G等关键PPS配件的国产化替代。特别是在中美贸易摩擦期间，美国打压国内5G领头企业的关键时期，为了避免5G天线振子被国外中断供应，新和成积极与对方协商，开发PPS专用规格，并与改性厂商紧密配合，快速研发出了替代产品，解了燃眉之急。

在新和成的积极示范和大力引进下，上虞杭州湾集聚了一批新材料上下游企业，成立了新材料产业联盟，产生了集群效应和辐射效应，提高了上下游的竞争力。

在长期的探索实践中，新和成将自身的研发理念总结提炼为“需求导向，内联外合”，建有国家企业技术中心、超临界反应实验室、浙江大学–新和成联合研发中心等高端研发平台，构建了“以企业为主体、市场为导向、产学研相结合”的技术创新体系，与浙江大学、中国科学院、北京化工大学、江南大学、丹麦技术公司等知名高校和科研院所建立长期合作关系，资助高校开展前瞻性基础研究，在此基础上集成企业在人才、技术、资金、平台等方面优势，加速科研成果产业化。在产品选择方向时，遵循“四个化”和“三个不”原则：即“产品规模化、系列化、协同化、一体化发展”“非替代进口不做，非国际一流不做，非常青产业不做”。为保证创新效果，公司5年来研发投入超20亿元，近7年来研发投入占销售额的5%以上。

截至目前，新和成已经突破了VE、VA、蛋氨酸、PPS等产品关键“卡脖子”技术，培育了30多个世界单项冠军产品。拥有15个国家级新产品、100多个省级新产品，成功实施了15个国家“火炬”计划，承担了国家科技攻关引导项目1项、国家“863”项目3项，获得授权专利359项，国外授权专利64项，国家专利金奖1项，主持、参与制订国家标准28项、行业标准10项、团体标准11项。“脂溶性维生素及类胡萝卜素的绿色合成新工艺及产业化”项目、“重要营养素超微化制造关键技术创新及产业化”项目分别在2010年、2016年获得国家技术发明奖二等奖。2018年，“一种连续化稳定维生素A微胶囊的制备方法”荣获第二十届中国专利奖金奖。2020年，“氮掺杂炭负载型加氢催化剂创制及应用”项目荣获2020年度中国石油和化学工业联合会科学技术奖唯一一个技术发明特等奖。

因为创新，新和成年利润逐年稳健快速增长。2004年，新和成股份有限公司成为国内中小企业板第一股在深交所成功上市。2004年营业收入11.34亿元，归母净利润为0.75亿元；2020年度实现营业收入103亿元，归母净利润为35.63亿元。17年间，净利润增长34倍。在中国精细化工百强榜上，浙江新和成股份有限公司已连续多年稳居第二位，是中国精细化工产业龙头企业。

二、绿色发展，创新驱动可持续发展

新和成始终从“绿色化学、责任关怀”理念出发，系统性应对可持续发展挑战，创造可持续发展与自然共生的格局，为实现“碳中和”承诺作出自己的贡献。

（一）进军生物发酵产业

生物制造是国家21世纪的战略性新兴产业，是第三次产业革命的重要组成部分，也是人类社会可持续发展的必然选择。近年来以更绿色、温和、安全可控的生产优势，取得了迅猛发展，越来越多的基础化学品、医药中间体、高分子材料，都在向生物基生产模式过渡。同时，国内生物技术面临着缺少菌种的发展瓶颈。

新和成早在2004年就开始布局生物发酵产业，尽管产品一直没有赢利，但还是默默耕耘，不断沉淀生物技术，并和国际上最顶尖的研发机构紧密合作，同时在浙江建立了全流程的生物中试生产装置，不断研究优化发酵、分离、提取工艺，抢占生物制造制高点。

经过多年积累，黑龙江新和成生物发酵产业园建设于2018年启动，一期项目投资36亿元，维生素C、辅酶Q10、已糖酸、山梨醇等新项目于2020年建成投产，搭建了向生物发酵进军的桥头堡，进一步巩固和提升了新和成维生素行业领域地位，为化学合成和生物技术两翼齐飞奠定了坚实的基础。

（二）发展绿色化学

新和成在发展中致力于打造绿色化工，引进原子经济性和环境因子概念，遵循“源头削减、过程控制、末端治理”的工作方针，从产品选择、生产和研发设计、装备改进等源头上控制，选择低污染、高产出、附加值高的产品，采用原子利用率高、消耗少的工艺技术，设备选择坚持连续化、密闭化、自动化。注重产业链中的循环利用，做到物尽其用。迄今为止，在环保上的投入累计已超20亿元。

（1）采用绿色技术。新和成选择绿色合成、酶催化工艺、生物发酵等绿色技术，能够使工艺更加温和清洁环保，减少能耗，提高资源利用率。

（2）构建循环经济。新和成根据循环经济原理，对原来的产品生产体系进行重构，通过改建、扩建和新建项目，逐步建立起企业之间的“工业代谢”和“共生关系”，把那些不能进入这一“产业生态链”而废物排放量又比较大的项目，坚决予以关停。

新和成产品维生素E、维生素A及其衍生物β-胡萝卜素、虾青素等产品都是从同一个主原料出发，共用中间体，合理利用副产物，逐步做深做宽营养品。同时，围绕维生素A的中间体柠檬醛和β-紫罗兰酮、维生素E的中间体芳樟醇等开发出芳樟本醇和紫罗兰酮等重要香精香料产品，原料药板块同样利用营养品和香精香料的中间体，打造医药优势产品。

（3）变废为宝，节能减排。新和成利用高真空精馏、超临界反应、连续化反应等先进技术，把原材料吃干榨净，将生产过程中产生的废弃物回收再利用。作为循环经济的另一大原则，新和成在节能减排上通过能源梯级利用、节能技术、节能设备实现环保效益、经济效益。

新和成采用先进的生物处理技术对废水进行生化处理，并与高校联合开发了中水回用技术。技术利用后，COD的平均去除率达到95%，如山东新和成氨基酸有限公司污水站出水COD为106.3毫克/升，大大低于入网标准1000毫克/升，氨氮基本为零，经过净化，大部分转化为中水在工艺中重新利用。

新和成在生产中积极优化蒸汽能源的梯级利用，在原有中高压蒸汽的基础上，充分利用余热，以更少的成本实现了0.3兆帕蒸汽管网的增设，如塔顶余热产0.3兆帕蒸汽，中、高压蒸汽冷凝水产0.3兆帕蒸汽。同时将原车间的一些无法利用的低品级蒸汽，利用不同方法将余热制取成0.3兆帕蒸汽，所有这些蒸汽汇集在一起后，可作为伴热、工艺上低温热源使用，降低高品位蒸汽用量，达到节能目的。

三、打造人才高地，成就员工

新和成一直以来把人才视为公司的第一资源，打造学习型、成长型、凝聚型团队，构建利益共同体、事业共同体、命运共同体，实现员工与企业同成长、共分享。

（一）践行“老师文化”，培养学习型团队

实施“导师制”“伙伴制”“传帮带”，加强过程的管理、跟踪和监督，总结和提炼

导师带徒活动中的好方法和新途径，同时把“传帮带”纳入中高层绩效考核和评优条件，切实发挥“传帮带”作用，实现文化思想、技能素质的传承。

坚持在实践中培养员工。新和成坚信培养员工最好的办法是实地锻炼，努力为员工搭建价值实现的广阔平台，使员工在新产品开发、新项目管理、新基地建设中磨砺锻炼，成为管理能手和专业人才。

不断完善学习机制。公司选拔优秀人才进入北京化工大学、浙江大学等高等学府深造，定期邀请国内外院士专家、高校教授专题授课，聘请国外专家专业指导等；通过开设启程班、后备干部培训班，实施轮岗等方式方法，促进员工成长；通过举办企业文化大讲堂、开设阅读分享会等，进一步扩大员工知识面、优化员工知识结构、提高员工综合素质。

（二）拓宽发展通道，培养成长型团队

实施双重晋升管理通道，拓宽成长空间。推进管理晋升、专业晋升双重晋升通道，打开晋升天花板，让普通员工凭借自身努力，通过专业晋升通道也可以拿到与干部同样丰厚的薪酬。

提高员工创新活力。坚持“创新思维破解问题，创新机制激发动力，创新业绩体现作为”的原则，引导员工“以问题为导向，以效益为导向”，深入开展技术革新、QC成果发布、合理化建议等群众性创新活动，进一步健全创新工作机制，通过创建技能人才工作室，定期召开专题会，组建攻关团队或实施跨部门团队合作等探讨生产、管理中存在的问题，研究解决方法，体现创新效益。2020年，公司组织实施创新评选，奖励各类特殊贡献人员250人，采纳合理化建议2682条，产生经济效益4500多万元。

（三）关爱员工，打造凝聚型团队

实施五必访、五必谈。通过定期访谈，及时了解员工思想动态，帮助员工解决困难；及时掌握员工绩效目标完成情况，系统了解员工的优缺点、专业特长，因人而异地制定培养计划，促进员工潜能发挥。

加强安全生产和职业健康工作。根据国家省市“安康杯”竞赛组委会相关要求，深化“安康杯”竞赛活动，落实职工带薪休假和疗休养制度，提高产业工人健康素质。

组织丰富的群团活动。以三年一届的企业文化节为平台，组织开展书画摄影、知识竞赛、田径运动会等内容丰富的文体活动；抓好大型节假日活动，确保“月月有竞赛、周周有活动”。丰富员工8小时以外生活，根据员工的特长爱好组建成立篮球协会、羽毛球协会、瑜伽协会等社团组织，提高团队凝聚力。

提升员工获得感、成就感。以贡献者为本，建立“以效益为导向、以业绩为导向”的激励模式，实施特殊贡献奖管理办法、增量激励、管理创新激励、股权激励等激励机制，激发员工与企业共同成长。近三年，公司每年实施股权激励，使2000多名优秀干部员工获得了激励，有力提升了获得感、成就感，合理平衡了新贡献者与老股东的关系，分配与发展的关系。

作为2020年度全省唯一的国家引才引智示范基地企业单位，新和成设有国家级博士后工作站、浙江省首批外国专家工作站、省级院士工作站。公司现有员工近万人，研发人员2000人，其中博士59人，硕士740人。高端人才方面，国家引才计划3人、省级引才计划4人、151人才第一层次1人、第二层次2人、第三层次2人，高级技术职称200人。

有实力的企业代表现在，有责任的企业代表未来。新和成将继续践行企业宗旨，以市场需求和技术创新为驱动力，整合全球资源，汇聚国内外化工行业技术专家，不断探索化学前瞻性和应用领域研究，发现未来的蓝海，争做行业的领跑者，为化工行业发展、美丽中国建设作出积极贡献。

三十五载积淀再创新篇

——浙江闰土股份有限公司

王伟

浙江闰土股份有限公司（以下简称闰土）自1986年创建以来，经过35载的发展，目前已成为集纺织染料、印染助剂和化工原料的研发、生产和销售为一体的综合型企业集团。公司是国家级重点高新技术企业，中国染料工业协会副会长单位，现拥有国际上先进的封闭式、自动化化工产品生产流水线，年生产能力在百万吨以上，至2020年公司染料产业规模已位居世界前列，是全球大型染料生产基地之一。

闰土始终秉承“厚德·明志·勤业”的企业精神、“安全、环保、效益”的经营理念和“标准、流程、量化、考核”的管理方针，自2010年7月6日上市以来，公司成功实现营收等各项指标稳步增长。10年间，闰土股份营收增长近3倍，目前已累计现金分红34.38亿元，占公司上市以来合计实现的归母净利润的37.89%，远远高于公司从资本市场募集的资金总额23.03亿元（募集资金净额21.54亿元），给广大投资者以切实的回报。

一、坚持创新驱动发展，科技赋能出新绩

闰土不断在自主创新上寻求突破，在自立自强上夯基筑台。经过多年的创新发展，拥有院士（包括柔性使用）5人，博士以上专业人才11人，其他专业技术人才1306人，拥有以国家级博士后科研工作站、院士工作站、省级高新技术企业研发中心、省级企业

技术中心、外国专家工作站为基础的、覆盖多个“产、学、研”创新平台的开放式研发机构，更与清华大学、浙江大学等多所国内知名高校、科研院所建立起了合作关系。公司依托院士资源、博士后科研工作站、约克夏海外科研平台资源，深化产学研合作，推动核心技术突破，现拥有240项国家专利，8项国际专利，具备极强的技术创新和成果转化能力。

科技创新绝不能满足于追尾巴照镜子，近年来，公司瞄准主攻战略方向，持续下好创新先手棋。公司大力实施科技创新驱动战略，加强未来技术储备，其中与北京化工大学合作研发的超重力精馏技术项目，成功将精馏效率从98%提升至99.5%；与清华大学合作研发的微通道工艺技术，成功应用于分散紫A染料连续化生产项目。以上两个项目推进至今已产生了4326万元的经济效益。

二、坚持绿色融入发展，转型升级开新局

闰土坐落在杭州湾上虞经济技术开发区的闰土生态工业园区，以“循环发展、综合利用、清洁生产、项目联产”为特色，攻克技术难关，改进、提升环保处理工艺和设备装备来实现企业环保的减量化、资源化和无害化，做到“源头控制，末端治理”，确保绿色低碳发展。工业园内的能源项目、氯碱项目、染料和染料中间体项目、“三废”处理项目进行关联、配套，形成一个闭合循环链，实现循环化运行、清洁化生产。近年来，园区“三废”治理取得了突破性进展，效果显著，分别实现固废、废水、废气排放减少40%、60%和85%。2020年，喷塔尾气提标整治过程中，闰土下属子公司迪邦公司通过技术改造，目前已彻底解决了喷塔尾气排放恶臭异味问题。未来，闰土将进一步贯彻绿色发展理念，推进生产方式变革，真正把绿色融入生产全生命周期，实现公司绿色低碳发展。

三、坚持产业链协同发展，资源共享抢新机

近年来，上虞区作为杭州湾大湾区建设的“重要窗口”，坚持党建引领，抢抓浙江省传统制造业改造提升试点契机，将新材料产业作为重点培育的产业集群之一。闰土作

为绍兴市首批"五星双强"示范企业，上虞区非公党建"不忘初心·牢记使命"主题教育基地，是产业链龙头企业、党建示范企业示范点之一。加入新材料产业链党建联盟，打破了原有的组织架构、行业壁垒，实现信息、资源、人才贡献充分共享，有力推动资源要素跨域高效整合。

在集团内部，公司围绕从热电、蒸汽、氯气、烧碱，到中间体、滤饼、染料等完善的内部产业链，按照集团生产经营正常运转的上下游关系，以子公司为单位，下设9个支部，依托党建引领，团结领导群团组织，有效实现集团内党组织与企业经营组织资源共享、组织共建、发展共谋、难题共解的良好局面。在此基础上，公司加快内部产业链优化完善升级工作，进一步推动新旧动能转换，拓展延伸产业链做好补短板、堵漏洞、强弱项。

在集团外部，公司积极探索"互学、互鉴、互助"党建工作机制和"共建、共创、共享、共赢"的区域化党建发展新格局，以党建共建为载体，通过书记对话、参观交流、分享互动等多种形式，先后与多家同行企业开展党建结对共建活动，进一步发挥各自优势，有效提升组织实力，助推党建工作和业务合作实现新突破。通过相互联系，相互依存，党建工作融入企业生产经营，链上的"新朋友圈"成为共同发展的"命运共同体"，有效提升市场占有率、增强技术合作的延伸性。

四、坚持数智赋能发展，提质增效辟新径

百年征程，是"数字中国"的新起点。疫情激发了5G、人工智能、智慧城市等新技术、新业态、新平台蓬勃兴起，网上购物、在线教育、远程医疗等"非接触经济"全面提速，为经济发展提供了新路径。新时代，主动应变、化危为机，深化结构性改革，以科技创新和数字化变革正催生新的发展动能。近年来，闰土已累计投入项目资金8亿余元，确立了以"构建数字化生态体系，打造智能化企业标杆"为核心的发展规划。

一是通过数字化管控，不同维度提升本质安全。公司将DCS和SIS中涉及重大危险源的温度、液位、压力等实时控制参数分别上传至杭州湾上虞经济技术开发区智慧安监平台、省级安全平台、闰土生态工业园应急监控指挥中心，实现了安全生产重要数据的多级管控，有效提升安全智能化管理水平。

二是通过高端技术装备应用，打造“数字化工厂”雏形。闰土下属子公司迪邦公司与知名大学合作研发的微通道反应工艺技术和超重力反应技术，成功将精馏效率从98%提升至99.5%，反应转率从原本96.5%提升到97.5%~98.5%，减少了污染源排放，降低了生产成本，提高了产品质量。

三是通过数据集成融合，为智能化现场管理提供支撑。公司建有的应急监控指挥中心，涵盖8大块内容，包含5771个点位，对整个园区内各子公司进行全方位覆盖。在数据运用上消除数据孤岛；在实时监控方面实现全方面实时监控；在应急救援方面可全面调取并掌握发生险情具体资料，打通板块边界，实现数据融合，提升应急救援水平，实现高效管理目标。

未来，公司将积极探索数字化工厂示范工程、推进建设高层决策分析平台等，把自身摆到全球化坐标和服务构建新发展格局中，对标国际一流，以企业自主创新和核心竞争力提升为目标，走数字化转型之路，通过数字孪生、人工智能、大数据等新一代信息技术与公司各大业务板块的深度融合与赋能，创新运营模式、组织模式、管理模式和商业模式，来实现公司更高质量的发展。

五、坚持党建引领发展，旗帜鲜明展新颜

商无信不立，业无诚不远。闰土立足企业实际，围绕发展抓党建，抓实党建促发展，以“党建立心文化铸魂，全力打造坚强堡垒”的理念，坚持深入落实企业党风建设和反腐倡廉工作。

以党建引领，规范全员从业行为。一是严抓党员纪律。公司层层落实党员考核制度，每年实行党员百分制量化考核工作，结合上级党委党员先锋指数考评要求，对党员分上半年、下半年进行全方位考核评分，通过自评、互评、组织评，由纪委监督评分，作为年度评定优秀共产党员的依据。二是严抓企业纪律，纪委班子每年召开党风廉政工作会议，会上自上而下层层签订党风廉政责任书，形成了“分工明确、责任具体，一级抓一级、层层抓落实”的责任体系。纪委班子参与修订企业内控制度，按季度督查闰土及各子公司非生产性开支，堵塞监管漏洞，防控企业管理风险。三是公司内部倡导以廉洁诚信、依法经营为内容的廉洁文化，如订立《采购合同》前先签订《廉洁保密合同》，

营造崇廉、树廉、守廉的工作氛围。四是高效利用专职驻企党建指导员这一“交流窗口”，积极深化驻企“三服务”活动，搭建政企沟通桥梁纽带，营造高效、廉洁、公平、透明的新型政商关系。

六、坚持践行社会责任，回馈社会显担当

闰土在发展自身、追求经济效益的同时，积极履行企业社会责任，在创造就业、人才培养、公益慈善、文化交流等方面进行了有益探索，实现企业发展与社会责任的和谐统一，为推动社会发展作出应尽的贡献。公司自成立以来，累计捐款合计约5亿元，受益人数达10万余人次。

在教育事业方面，公司先后为春晖中学、绍兴文理学院、北京化工大学等多所学校捐资捐物，名下设立“加根奖学金”“闰土关爱下一代公益金”“闰土奖学金”等冠名助学基金；同时捐资人民币5200万元，设立教育均衡发展奖励基金，助力上虞区教育事业高质量发展。

在社会公益方面，截至目前，公司共认捐四轮上虞慈善冠名基金“闰土关爱基金”合计1.6亿元。为积极响应上虞区委区政府打造“人文上虞”的规划，公司出资1200万元人民币冠名上虞区“闰土春晖文化发展基金”，旨在造福更多社会群众。

在“百企结百村、消灭薄弱村”专项行动中，闰土与上虞区岭南乡、新昌县东丁村等9个村结对共建。公司慷慨投入，出资、出力、出谋划策，利用结对帮扶资金作为撬动项目建设的支点，帮助各村挖掘自然生态和人文历史资源，全力帮助“消薄”，为其带来全新发展。

2020年新冠肺炎疫情期间，闰土名下子公司闰土新材料公司作为浙江省38家应急防疫物资生产企业之一，积极响应上级号召，坚持春节期间不停产，保质保量生产，取消或减少双氧水和次氯酸钠（高浓84消毒液）的正常销售，优先无偿供应疫区、绍兴市周边地区的单位，有力地保障了疫情防控物资的供给，为国家和区域消毒、抑制病毒、社会稳定贡献了力量。

绿色发展引领转型升级
产业报国增进民生福祉

——河南中源化学股份有限公司

回顾过去的五年，河南中源化学股份有限公司（以下简称中源化学）走过的历程很不平凡。面对国内外严峻复杂的形势和一系列重大风险挑战，在各级党委政府、协会领导、同行企业及社会各界朋友的关心和支持下，中源化学以“绿色、循环、可持续”发展战略为指引，坚定不移地走“生态优先、绿色崛起、高质量发展”的路子，深入推进产业低碳化、制造过程清洁化、资源能源利用高效化，干成了一批打基础、利长远的事情，公司体量、盈利能力、技术水平实现了较大飞跃。

一、经营业绩显著提升

五年来，公司资产总额由87亿元增加到121亿元，增长了39%；年产各类化工产品由230万吨提高到330万吨，增长了43%；年营业收入由27.5亿元增长到40亿元，增长了46%；五年间累计实现利税68亿元。纯碱产能保持在行业前列，小苏打产能跻身全球第一。这五年，正值国内经济结构调整，纯碱行业加速洗牌的困难时期，无论市场波折、经济低迷，中源化学始终保持了持续盈利不亏损的经营业绩，整体实力迈上新台阶，充分发挥了天然碱产业的领先优势。

二、项目建设成果丰硕

（1）围绕主业发展。深入聚焦事关企业长远发展的重大项目，于2019年投入10亿元建成投运了年产40万吨精品小苏打项目，一举使中源化学小苏打产能达到了年产110多万吨，成为全球最大的小苏打生产基地。为打通循环经济产业链上的"最后一公里"，先后投入2.5亿元建成投运了母液综合利用项目，利用先进的碱盐分离技术，将小苏打生产中产出的含碱废液生产工业混碱产品，进一步夯实了循环经济产业链。

（2）围绕多元化发展。发力PPP项目，于2018年成立了桐柏绿源水务有限公司，运营桐柏化工产业集聚区污水处理、供水PPP项目，实现了天然碱生产加工所需水资源供应的自主掌控。发力扶贫产业，结合国家扶贫开发战略，先后打造了食用菌、小龙虾、金福源粮油食品三大扶贫产业基地，实现了扶贫效益与企业发展的多方共赢。

三、科技创新发展

中源化学"十三五"期间，紧紧围绕"加大天然碱开发力度，拓展产业开发领域"的总体发展战略，以市场为导向，以技术创新和科技进步为中心，重点突破在产品附加值、资源综合利用率、节能降耗和产业链条等方面的关键技术，全面提高我国天然碱开采、加工以及拉长相关产业链条的技术水平。

公司拥有河南省企业技术中心、河南省天然碱开发利用工程技术中心、博士后创新基地等研发平台，研发人员120人，占公司总人数的12%左右。拥有综合研发中心楼、化学分析楼和新工艺试验场各一座，主要为公司的节能改造、技改技措、循环经济提供技术支撑，同时也是科研成果向经济效益转化的平台。

2018～2020年，主要进行在深薄天然碱矿层的研究与应用项目等16个研究项目和成果转化，费用归集共计2.32亿元，占销售收入3.5%左右。获得2项发明专利，12项实用新型专利。随着科技成果转化，大大提升了资源回采率和资源综合利用率，提高了产品质量，高新技术产品由67%提升至79%。2020年度，结合项目进展情况申报了发明专利2件、实用新型专利6件，软件著作权3项，申报省级科技成果奖1项。获得实用新型专利4项，河南省科学技术进步将三等奖1项。科技成果转化项目实施4项，完成投资2316.4万元，项目增加销售收入855万元，降低成本272万元，经济效益和社会效益显著。

公司普遍运用自动化、智能化生产装备和生产线，实现了系统、装备、人员、物料之间的信息化互联互通和集成，工厂建有集散式控制系统（DCS），运用ETS+TSI系统，防止危险事故发生。公司运用企业运营信息系统（MES）中的数据采集与监视模块（SCADA），建立了实时数据库，生产工艺数据实现自动采集，采集率超过90%，实现了原料、关键工艺和成品检测数据的采集和实时质量预警。公司生产制造环节应用企业运营信息系统（MES），生产计划、调度均建立模型，从原料到成品实现一体化协同优化。不断向自动化、智能化方向迈进，被评为“2020年河南省智能工厂”。

四、质量升级不断深入

（1）从管理方面系统优化。完善企业全面质量管理体系，规范关键管控环节的监管、防护力度；严格落实“不合格产品不出厂”的底线；实施质量对标提升，全面开展市场调研，查找质量短板与差距，借鉴先进经验和做法，提出产品质量提升三年规划。

（2）从工艺方面系统调整。持续推行产品除湿改造、除铁改造、包装方式改造，以及炭化、干燥、冷却系统升级改造，不断优化调整关键工艺指标，实施精细化操作，系统开展产品结块试验和工艺调试，稳定产品粒度分布，改进产品综合质量指标，使公司80%的产品关键质量指标国内领先，纯碱优等品率达到90%，质量优势大幅提升，品牌优势越发明显。

（3）从技术方面系统研究。持续发力卤水精制技术创新，自主研发了原卤高效净化技术及预涂过滤技术。通过对原卤进行一系列复杂的净化和精制，从源头提升了产品品质。

五、产品创新成绩斐然

公司深知，日用小苏打开发是未来发展的主要方向，也是一片经营“蓝海”。不断丰富品种、完善功能、增加附加值，实现产品多元化、系列化、精细化。通过加强与院校及研发机构合作，搭建了日用小苏打合作开发平台。几年的刻苦攻关，陆续开发出了食用类、祛味类、洗涤类、保健类、日化类5大系列50余款日用小苏打新产品。目前，公司日用小苏打在售产品达到40余款。通过持续的市场开拓，搭建互联网销售平台，积极拓展直播电商、新媒体销售渠道，开发线上分销商，合理规划营销组合，加大品牌推广和销售力度，日用小苏打逐步被市场认知、认可，受到一致好评，销量逐年成倍数增长。

以市场为导向，以客户需求为目标，把产品分级深度细化，打造了"私人订制"的专供产品，给澳大利亚、日本供应大颗粒饲料小苏打，给韩国供应工业类小苏打，给我国江浙等省市专门供应超细粉……进一步拓展了产品的内在价值。产品细分市场挖掘得越来越充分，差异化经营道路越走越宽广。

六、环境治理成效显著

这五年，国家环保政策越收越紧，强监管、严问责、动真格成为新常态。

始终以建设"环境友好型"企业为己任，紧扣"蓝天、绿水、净土"目标，先后投入2亿多元，实施了锅炉脱硫、脱硝装置改造以及超低排放改造，实现了烟气达标排放，通过省、市环保部门验收。根据专业检测机构的评估监测结果，中源化学超低排放项目在不同生产工况、不同煤质条件下，烟气污染物排放浓度均低于国家限值要求。

致力于建设"节水型"企业，实施大量节水改造和节水设施，单位产品耗水量由8立方米降低至5立方米，生产用水重复利用率95%，实现了水资源的循环利用、阶梯利用。

发力土地治理，结合盐碱污染实际，采取农田水利改良+土壤调理+农艺改良修复技术措施，因地制宜，加强农田复合生态系统和土壤肥力建设，促进水、肥、盐的良性循环，达到标本兼治的目标，年实现还农复耕土地200亩以上。

发力矿区综合治理，逐步调整资源开采工艺，实施离心泵减压注井，降低注采比，形成低压开采常态化，实现了天然碱资源的绿色开采与保护性开发。

七、社会责任

积极响应国家扶贫开发大局，深入践行"百企帮百村"工作，构建了"54321"扶贫开发战略，搭建了三大扶贫产业基地，利用定点扶贫、金融扶贫、产业扶贫、就业扶贫、技术扶贫5个扶贫开发模式，带动11604户贫困户脱贫增收，实现了扶贫效益、企业效益、社会效益的多方共赢。高度关爱慈善事业，不断探索“慈善+扶贫”的新型扶贫开发模式，向南阳慈善总会定向捐款1000万元，助力桐柏县食用菌产业发展；投入120万元，用于桐柏县打造“爱心超市”。积极发力助学助教工程，先后投入300余万元，帮助近万名贫困学子顺利圆梦，收获美丽人生。定期对周边贫困户、公司困难员工、孤寡老人开展访贫问苦活动。彰显了企业担当，维护了良好的地企关系。

这五年，遇到的困难比预料的大，取得的成绩比预想的好。经过五年的努力，中源化学进一步夯实了天然碱产业新的竞争优势，打造了新的增长极，构建了天然碱为主导，多元产业协同发展的产业集群。公司的发展在爬坡过坎中前进，在前进中开创了崭新格局，实现了高质量发展。

"十三五"高质量发展绘锦绣华章

——新洋丰农业科技股份有限公司

乔娜

新洋丰农业科技股份有限公司（以下简称新洋丰）始建于1982年，总部位于湖北荆门和北京，依托母公司洋丰集团5亿吨磷矿资源及全国十大生产基地，形成了具有年产各类高浓度磷复肥逾800万吨的生产能力和320万吨低品位磷矿洗选能力。主营业务为磷复肥、新型肥料的研发、生产和销售，以及现代农业产业解决方案提供业务。现公司总资产超100亿元，员工近7000人，是国家级高新技术企业，全国磷复肥龙头企业，中国石油和化工民营企业百强，中国民营企业500强，中国制造业500强。

目前，新洋丰在全国建有35个销售分公司，通过"一级代理直管、深度营销"模式进行统一销售，拥有营销人员1000余名，一级经销商5500余家，终端零售商70000余家，市场网络已覆盖我国30个省市自治区。在多层次品牌体系建设下，目前已形成"洋丰""澳特尔""力赛诺""乐开怀"四大品牌联袂搏击市场的多元格局。

国际贸易方面，产品出口覆盖五大洲近30个国家和地区，2015年底获得澳大利亚农业和水资源部颁发的"散装化肥一级资质"证书，2016年成为长江流域首个出口澳洲市场的企业，是复合肥行业规模前三甲中，唯一一家拥有钾肥进口权的企业。

面对日新月异的市场环境，新洋丰坚持"创新驱动、绿色发展"战略，继续做强做优做大肥料主业，同时坚定不移向磷资源综合利用、现代农业产业等领域延伸，全力推动我国磷化工产业向绿色化、安全化、循环化和智能化发展。新洋丰紧抓历史机遇，顺应时代变迁，把握行业趋势，以近四十年的铸业根基，凭借产业链一体化的竞争优势，在“十三五”期间取得了一系列高质量发展成果。

坚持“创新驱动、绿色发展”，“四大创新”指明发展方向。作为一家从磷肥到复合肥，由复合肥到新型肥料不断转型升级高速发展的企业，“十三五”期间，新洋丰提出意义深远的“创新驱动、绿色发展”战略，落实践行科技创新、生产创新、营销创新和服务创新，开启高速发展向高质量发展的新征程。

科技创新上，新洋丰主张“推出一代、研发一代、储备一代”。五年间，新型肥料研究成果倍出，推出了对标国际一流品牌系列产品、通过转化节肥增效技术和围绕双效抑制技术研发了作物专用肥、储备了微生物氮磷增效、海藻提取物自产等一批新技术。

生产创新上，新洋丰始终严守安全、质量、环保三条红线，先后在尾气改造、固废处理、智能监测上进行改造和升级，使环保治理水平高于行业标准，2020年10月被列入工信部发布的“国家级绿色工厂”，向“质量兴农、绿色兴农”迈出坚实的步伐。

营销创新和服务创新上，新洋丰围绕“聚焦区域、聚焦作物、聚焦产品”加大技术服务力度推广绿色应用，通过试验示范、会议培训、技术指导、咨询服务等方式，以“最后一公里”的服务模式，辅导终端种植者用科学施肥来达到作物提质增效、增产增收的目的。

“十三五”期间，我国复合肥产能、产量和消费量达到顶峰，均居世界首位。新洋丰大力调整产品结构，向高效绿色环保的新型肥料转型，如缓控释肥料、水溶性肥料、硝基复合肥料等新型复合肥发展迅速。同时，新洋丰致力于打造从矿山到车间、从车间到田间、从田间到餐桌的全产业链体系，全面践行绿色发展。

一、科技创新

为增强自主创新能力，新洋丰一直积极加强自主研发系统建设，目前已建立一整套成熟的产品剖析方案，使研发更具系统性。围绕理念研究、检测手段、产品创新产业链、肥料增效和生物刺激素等方向，引领行业产品创新及技术突破、引领有机肥向专用化方向发展。让有机肥成为载体和主体，而非配角，养分配比不断优化；结合主要作物底肥需求和区域土壤状况，针对性和差异化实现有机无机产品结合，实现全营养要素；另外，充分体现功能性，包括根区土壤理化性状改良、根区土壤有益微生物菌群改善、根系促进生长及抗逆、土传病害防范等，从而达到提质抗逆；加强应用领域专用化，包括作物育苗基质专用化，最终实现土壤改良。

2015年，新洋丰与国家杂交水稻工程技术研究中心达成战略合作，中国工程院院士袁隆平被聘为特别顾问。

2017年，新洋丰与全球特肥领导者德国康朴专家签订战略合作协议，针对经济作物和高附加值作物营养系列产品展开深度合作，通过技术升级、本地化生产和品牌渠道叠加，实现深度融合。

2018年，新洋丰联合中国农业大学共同申报的"农业农村部作物专用肥料重点实验室"在京揭牌。这一立足行业的研发平台，整合集成了先进技术和人才，为实现中国肥料产业技术进步、产品创新，构建起以作物需求为导向的产品供应体系，科技支撑中国农业提质增效和绿色发展。

2019年，农业农村部作物专用肥重点实验室共化验样品数10352个；与领先生物联合申报实施了国家海洋局重大项目，为生物增效类产品技术先进性奠定基础；完成了磷协组织撰写的《新型肥料蓝皮书》中《作物专用肥料》章节，设置了"土壤、植物养分测定光谱法研究及应用"和"满足油菜恢复性种植需求的高效型油菜专用肥开发"两个开放课题，取得阶段性进展。

2020年，新洋丰与澳大利亚阿德莱德大学和墨尔本大学联合创建国际肥料研发中心，聘请国际知名的MIKE院士和陈德立教授为研发顾问，共同在氮、磷和中微量元素增效方面进行研发创新，加速驶进国际一流研发水准的快车道。

新洋丰的产品创新走在了行业前列，一是从通用型向专用型转变，二是从市场导向向作物需求导向转变，三是开发对标国际一流的新型肥料产品。2020年10月，由工业和信息化部正式发布的"绿色设计产品名单"复合肥料类别中，新洋丰出品的"逍道15-5-25、洋丰正好18-12-16、洋丰正好15-14-16、洋丰硫14-5-26、洋丰硫14-16-15、百倍邦13-5-27"六款产品，被列入国家级绿色设计产品。

把握行业趋势，专注产品创新，助力中国农业高效种植、绿色发展。新洋丰的产品创新在新型肥料的销量上有显著体现，由2016年的33.56万吨增长至2020年的72.02万吨，年复合增长率为21.03%，四年内实现销量翻番。

目前，新洋丰已拥有北京新型肥料研究所、荆门研发中心、湖北省作物营养与专用肥工程技术研究中心、与中国农业大学联合申报的农业农村部作物专用肥料重点实验室以及与澳大利亚墨尔本大学和阿德莱德大学联合创建的MAX-IFIC国际新型肥料研究中心五大科研平台。先后承担“十三五”国家重点研发计划、农业农村部948项目等10多项研发任务。

二、生产创新

一年一个新台阶，五年一个大跨越。2015年，江西新洋丰40万吨/年尿基复合肥工程建成投产；2016年，新洋丰中磷二期项目60万吨/年新型硝基复合肥项目全面建成投产；2017年，吉林新洋丰铁路专用线破土动工；2018年，在新疆昌吉投资建成10万吨/年水溶肥生产线、磷石膏综合利用项目全面启动、吉林新洋丰铁路专用线项目建成投运；2019年，成立新洋丰力赛诺农业科技有限公司，发力高端新型肥料市场。

为助推绿色高质量发展，2020年9月，新洋丰投资建设年产30万吨高品质经济作物专用肥项目，该项目首先从产品角度高度契合优质农业发展需求；其次工艺先进，配方灵活，能够满足现代农业的高品质、多样化需求；另一重点在其产品性能对标同类进口产品，能够实现针对性进口替代，进一步提升新洋丰品牌在高品质肥料消费市场的竞争力；同时，该项目产品与公司其他新型肥料形成组合，技术叠加，创新互补，可满足作物从常规肥到特肥、从底肥到追肥，不同水平设施设备、不同营养的套餐需求。

在积极应对国家“三磷”整治工作中，新洋丰投巨资进行环保改造和升级。废气治理方面，对新洋丰中磷磷酸和磷铵尾气技改成功后，在其他生产基地同类装置中进行全面推广，同时对所有复合肥排气筒安装了在线监测设备，建立了应急管理平台；废水治理方面，在总部基地建设了工业和生活污水处理站、初期雨水收集池及配套雨污分流管网，在宜昌新洋丰建设了污水处理站和渣场回水加压站；在无组织排放治理方面，对原材料仓储等无组织排放点进行收集处理，同时积极推进其他环保技改项目。

2019年7月，“一种硫磺制酸转化器节能升温开车方法”荣获国家发明专利，至此，新洋丰在生产制造方面累积共获国家发明专利8项。

2020年3月，新洋丰在荆门基地启动30万吨/年合成氨技改项目，建设周期预计2年。该项目建成后，可充分满足湖北三个生产基地磷酸一铵及复合肥生产需求，通过原料自给能力的提升和外购运输费用的减少来大幅降低公司磷复肥生产成本，提升盈利能力和资金使用效率。

环保技改升级的同时，磷石膏综合利用成为新洋丰绿色发展的头等大事。公司不仅严格执行磷石膏“以用定产”政策，更注重激活生产终端，变“废”为宝。2019年8月，“新洋丰新型建材科技有限公司”正式成立，专业从事磷石膏转化利用的产品研发、生产和销售。当年即销售各类磷石膏产品近20万吨；2020年发展提速，销量近150万吨。

研发方面，新洋丰进行大胆改进和积极探索，如改善原矿组分、采用多级梯度洗涤等，有效降低了石膏磷含量，基本达到可直接用于生产的要求。与外部专家签订磷石膏提纯技术合作协议，推进磷石膏提纯精制项目建设。另投资设立新型建材研发中心，引进多名业内知名专业技术人才，为磷石膏转化利用储备技术实力。与此同时，在湖北荆门石桥驿工业区规划建设占地达300亩的新洋丰绿色建材产业园，借用政府重资产招商引资的做法，由新洋丰出资进行产业园征地和生产厂房、石膏粉煅烧线、仓库、办公宿舍楼等生产生活设施的建设后，对终端磷石膏建材产品的生产企业进行招商引资，通过呼朋引伴来共同解决磷化工产业链“尾”的问题。

截至目前，新洋丰荆门总部、宜昌新洋丰、新洋丰中磷、四川新洋丰四大基础肥料基地已建成年产能60万吨磷石膏提纯、60万吨石膏粉煅烧、90万吨球状水泥缓凝剂、100万吨粉状水泥缓凝剂、20万吨抹灰石膏、5万吨年腻子粉等项目，荆门总部磷石膏绿色建材产业园内已招商引资6家磷石膏建材产品企业入驻；另外，还有年产90万吨磷石膏提纯、50万吨石膏粉煅烧、70万吨球状水泥缓凝剂和100万吨粉状水泥缓凝剂等项目正在建设或规划建设中。

信息化、智能化是现代企业高质量发展的重要支撑。2015年，新洋丰成功上线综合业务系统并自建机房；2016年，立项应用成熟的ERP系统来代替原有的综合业务系统；2018年，ERP系统上线完成；2019年，开始商务智能大数据系统数据核对工作；2020年，新上线纷享销客系统、经销贷、物流竞价管理系统和智慧一体化应急平台等。当下，在信息化、智能化方面，新洋丰已实现全系统应用，为“绿色工厂”的高质量发展提供了必要条件。

三、营销创新

2016年以来，复合肥行业结束了高速发展阶段，农产品价格持续下行，影响了农民在需求端的用肥意愿和消费能力，需求不足的情况下，行业盈利能力连年下滑。新洋丰积极应对市场变化，在渠道管理与创新上，采取县级主要代理、乡镇网络分销、基地周边直销、专业户专营、种植大户直供、公司化运作与批零一体化、区域服务中心、第三方渠道共享等多种创新营销模式。通过全面的渠道延伸与渗透，加之典型模式精准复制，有效释放自身品牌优势、产品优势、服务优势与产能优势。

2016年，新洋丰邀请袁隆平院士指导洋丰水稻专用肥测产观摩活动，成功推出“良土+良种+良肥+良法”的高产种植模式。

2017年，牵手国内顶尖营销咨询公司迪智成团队在两广地区探索高效营销管理模式，在东北率先实现与中国石油加油站网络体系合作的渠道共享。

2018年，新洋丰与广西田园在“药肥产品的研发、生产、推广销售以及农业服务装备和配套产品销售推广领域”形成创新合作联盟，展开战略合作。

2021年，参股隆平高科控股子公司隆平生物，为“种、肥、药”一体化创新业务奠定了基础。

凭借多年来打造的一体化成本优势、渠道客户黏性和产品自主创新能力，新洋丰在行业逆境中做到复合肥销量连续五年稳定增长，五年复合增长率为7.8%。

未来，新洋丰将通过自建商学院用以培养营销队伍和客户服务队伍，进行不同阶段、不同层级、不同维度的针对性培训，综合提高营销队伍和客户服务队伍的业务能力。同时，商学院将对新洋丰未来接班人的培养进行长远规划，让成功经验得到有效复制和传承。

四、服务创新

早在1995年，新洋丰董事长杨才学就提出了“二分之一”营销理论，肥料卖到农民手中，只完成了销售工作的一半，另一半应该是服务，为农民科学用肥、科学种田当参谋。

2017年，新洋丰着手组建技术推广部，现已形成一支近200名经验丰富的农艺师组成的高素质专业队伍，团队成员均毕业于国内著名农业院校，硕士以上学历超过70%。伴随公司发展需求，未来仍将持续扩大农艺师团队建设，预计“十四五”末，技术服务人员将实现400人以上规模。实现通过提供优质高效的技术服务达到差异化竞争优势、从而提升产品附加值和竞争力，增强经销商与种植户的黏性，扩大品牌的影响力与知名度。

2019年，技术推广部通过线上、线下技术服务方式的有机结合，确立了技术服务的模式和标准流程，解决了技术服务广度与深度的问题。

截至2020年年底，新洋丰技术推广部已建设完成426块高标准示范田基地，覆盖全国主要省、市、自治区及主要经济作物、大田作物品种。通过建设高标准示范田，向经销商及种植户直观展示新型肥料的肥效，助力新型肥料的推广。

产学研结合，一体化创新。新洋丰技术推广部与新洋丰研发中心协力构建“土壤检测中心”，面向核心客户，以“测土配方”“套餐方案设计”“整体解决方案”“产品定制”及“示范田建设”等方式进行定制化服务，探索针对种植大户及种植基地，尤其是针对专业种植者的技术营销服务模式。通过深度了解种植大户需求，检测分析客户送检土样，出具土壤肥力评价与施肥建议。2020年，技术推广部共计参与取土和测土配方报告1412份，以土定肥，以土定量，提高作物产量及品质，从而形成作物施肥全程技术解决方案的定制服务，引领行业由传统的产业化发展向现代服务化提质升级。

就行业发展趋势分析，智慧农业成为推动乡村振兴战略实施的重要组成部分，新洋丰也在积极布局智慧农业领域，正致力于打造智慧农业服务中心，将线下建设一个中心、多个基地，线上依托互联网技术集成一个供应链、数据管理、信息咨询、金融服务、农产品销售等于一体的智慧平台，发挥新品示范、模式创新、品牌宣传、技术服务、产销对接等五大功能，线上线下相结合，打造现代农业绿色发展生态体系，实现农业产业链闭路循环。计划两年内建立30～50个技术服务中心作为试点，五年内建立300～500个中心达到适度规模，十年内建立1000个中心实现成功复制，同时精准服务1000万种植者。

“十三五”的高质量发展，为“十四五”的持续创新升级奠定了坚实的根基，坚持顺势而为、坚持绿色发展、坚持聚焦主业、坚持大投入大发展、坚持依法经营、科学防范风险。新洋丰致力于成为受社会更加尊重，引员工更加自豪的企业。为生态环境保护、为乡村振兴战略的顺利实施、为中国农业持续高质量发展，贡献应有价值和应尽力量！

坚持创新升级　打造绿色化工

——河南金山化工集团

侯红伟

河南金山化工集团（以下简称金山集团）位于河南省漯河市舞阳县盐化工园区，是依托河南金山化工有限责任公司为母公司组建的集盐化工、碱化工多元化发展的综合性集团公司，是中国最大的制碱生产企业，世界最大的联碱企业，中国石油和化工500强企业。集团现拥有年产95万吨合成氨、380万吨工业盐、350万吨纯碱（占全国市场份额的13.9%）、360万吨氯化铵（占全国市场份额的28.56%）、80万吨颗粒铵、20万吨尿素、9万吨三聚氰胺、20万吨小苏打的生产规模，2020年实现销售收入89.26亿元，固定资产101亿元。连续8年荣获工信部颁发的联碱法纯碱生产“能效领跑者标杆”企业，多次获得中国石油和化学工业知名品牌产品、高新技术企业、清洁文明生产企业、中国化工企业500强称号。

2005年以来，河南金山化工集团投资舞阳建设河南金大地化工有限责任公司，以矿盐开发为基础，按照“采矿制盐，氨盐制碱，以热定电，热电联产，联碱联胺，蒸汽梯级利用”的循环经济发展模式，经过十五年的发展，目前已形成集水、电、汽、氨、盐、碱、尿素、三聚氰胺、小苏打的能源、原材料和产品有机结合，生产废水零排放的安全绿色、循环低碳、智能创新的经济产业园区，被河南省政府列为河南省传统煤化工转型发展重点打造的合成氨标杆企业。

一、升级换代智能制造

2016年，为顺应经济转型升级、供给侧改革新形势，金山集团抓住机遇，逆势而上，瞄准升级换代、智能制造，在金大地投资73.3亿元实施45万吨合成氨搬迁改造及配套建设100万吨/年联碱、160万吨/年制盐、20万吨/年小苏打和集中供热项目（简称三期项目）。集中供热项目不仅承担园区集中供热，更为居民供暖提供优质热源。集团总部和技术研发中心也从郑州搬迁到舞阳，为项目建设提供人才和技术保障。2016年三期项目列入国家发改委支持名录，列为河南省重点项目。

2017年2月三期项目全面动工，2019年2月建成试生产，目前运行良好。该项目多项技术世界第一，引领行业发展。仅合成氨气化就开创了我国水煤浆煤气化技术的三个世界第一：一是大胆采用晋华炉3.0，开河南省、全国、全球使用新建晋华炉3.0的先河。二是新建的三台晋华炉3.0，两开一备，日投煤量均为1500吨，是目前全球该炉型中投煤量最大的。三台全开日投煤量可达到4500吨以上。日前，单炉日投煤量已达1500吨以上、合成氨日产量900吨以上，完全达到设计要求。三是新建的晋华炉3.0压力为6.5兆帕，是目前全球该炉型压力等级最高的。压力由原来的3.8兆帕提升至6.5兆帕后，全系统压缩功耗大幅度降低，仅合成氨电耗就下降1000千瓦/吨。

金大地三期工程实现了公司的升级换代：①技术升级：氨合成工艺采用国际最先进的瑞士卡萨利技术，合成氨、空分装置核心设备采用德国西门子机组，并配套国际上最先进的蒸汽透平驱动技术。②产业链升级：利用三聚氰胺产品开发阻燃性外墙保温材料，将整个产品链拉长，同时将系统的副产物全部“吃干榨净”，促进了节能循环。③产品升级：由传统生产纯碱、氯化铵产品逐步升级至食品级纯碱、小苏打、精细化工三聚氰胺。④安全升级：45万吨合成氨项目投运后将实现“一键启动”、全程智能化，提升本质安全水平。⑤环保升级：新工艺完全解决了逃逸氨问题以及生产废水对环境的影响，并实现了系统节约用水，进一步提升了企业环保节能发展水平。

金大地三期工程探索出了由“制造”进阶“智造”的转型之道：

首先，晋华炉3.0应用，为世界首创。晋华炉3.0与其他加压炉相比，具有适用煤种多、投料快、热回收率高，安全环保等优点。单炉每小时副产60多吨蒸汽，仅此使合成氨成本下降超过100元/吨。系统控制一键启动，使碳转化率由78%提升到98%，全面实现清洁生产。该炉型荣获2017年中国氮肥工业协会技术进步特等奖，2018年度中国煤炭工业科技进步特等奖，2019年日内瓦国际发明展金奖。

第二，碳化生产实现自动倒塔，为世界首创。联碱项目采用新型碳化塔，运行过程中能实现负荷实时自动优化分配，制碱与清洗自动倒塔，大幅降低操作强度，并能进一步优化生产指标，使重灰粒度由60%提升到85%以上。

第三，以汽代电，清洁高效，为世界首创。全系统1000千瓦以上的电机全部采用汽轮机替代，拖动大型设备做功。与传统的电动拖动相比，能源使用效率提高10%以上，吨氨电耗由1300千瓦时下降到260千瓦时左右，降幅达80%。

第四，五级蒸汽管网平衡运行，为世界首创。金山集团和浙江中控共同研发，实现五级蒸汽管网自动调优运行，解决了人工难以操作的世界难题，保障了整个生产系统的平稳运行，并使联碱生产综合能耗由242千克（标煤）/吨降到214千克（标煤）/吨，降幅11.6%。

最后，大型设备全部进厂房，为国内首创。联碱系统大型设备全部进厂房，实现全封闭式管理，对粉尘和无组织气体进行有效控制，进而大幅降低了生产系统对厂区及外界环境的影响，实现本质环境友好。

二、绿色低碳循环发展

（1）在构建绿色低碳循环发展产业链方面，做好碳排放权交易管理，并做好用能权交易、排污权交易等相关市场构建。通过推广绿色电力证书交易等手段，推进公司使用新能源，鼓励节能节电，促进资源节约和高效利用等，为绿色低碳发展建立更高质量的正确价格信号体系。

（2）在建立企业绿色低碳发展机制方面，按照工信部颁布的《石油和化学工业"十二五"发展规划》对推进城市人口集中地等环境敏感地区化工企业搬迁提出的具体要求、河南省人民政府《关于印发安全河南创建纲要（2010—2020年）的通知》【豫政（2011）1号文】第23条要求，金大地公司投资73.3亿元对老合成氨厂进行搬迁改造，建设三期工程，于2017年开始建设，2019年2月全系统开车成功。三期项目合成氨实现全国技术领先，联碱装置大型化智能化实现零的突破，本质安全，本质环保，全系统智能开行业先河。年产45万吨合成氨气化装置采用当前世界最先进的晋华炉，全球首个水煤浆+膜式壁+辐射式蒸汽发生器于一体，造气系统基本实现了两煤变一煤，开创新型煤气化技术改造的先河。

（3）在企业绿色制造体系创建和示范推动工作方面，2008年投资800万元，建设钠碱湿法脱硫设施，2015年11月投资300余万元进行双碱法升级改造，锅炉烟气脱硫效率达到90%以上；2013年1月投资730万元增加脱硝设施，脱硝效率达到70%以上，是联碱行业首家上脱硝装置的企业；2015年3月，公司投资440万对锅炉除尘系统进行升级改造。锅炉除尘系统由电除尘+布袋除尘+水膜除尘组成，排放指标＜30毫克/立方米；在煤运输扬尘治理方面，2012年公司投资6700多万元建成火车自卸装置，利用输煤皮带栈桥运输原料煤，把煤从站台直接送到密闭煤库，彻底改变盘运、卸煤扬尘的现象；2015年公司投资210万元建成尿素粉尘回收塔，对尿素造粒的粉尘、粉尘气中氨及其他尾气氨进行回收治理。粉尘及氨监测值为0毫克/立方米，杜绝了污染。同时，针对现场道路扬尘，公司出资100万余元购买洒水车、除尘车，每天不间断地在厂区各道路上洒水，抑制、减少扬尘。

2016年公司投资5600万对锅炉进行低氮燃烧和超低排放改造，2017年1月通过验收，实现超低排放后，粉尘排放在10毫克/立方米以下，二氧化硫在35毫克/立方米以下，氮氧化物在50毫克/立方米以下。2019年安装了门禁系统，对入厂区车辆进行监控；对厂区的环保设施安装完成12个电量监控，对公司用电及环保设施用电进行监控。

（4）在绿色化改造、节能环保技术和装备应用方面，金大地公司连续多年获得能效领跑企业。从2011年推进清洁生产以来，经历3次清洁生产审核和验收，累计投资近4亿元用于环保改造升级，投资近6亿元用于生产系统优化改造，从硬件上确保生产低耗高效运行。在环保方面公司不惜资金投入，确保所有环保设施及指标排放以最优的状态运行，多年来得到各个方面的认可。从2016年以来，连年获得由中国环境报社颁发的“中国环境社会责任企业”奖，2018年获得由中国石油和化学工业联合会颁发的“中国石油和化工行业技术创新示范企业”奖，2019年获得由中国氮肥工业协会颁发的“2018年度氮肥、甲醇行业节能减排先进单位”，2018年全国石油和化工行业500强企业位列第227位，2019年位列500强企业第183位，2020年位列第173位。

金大地公司作为中国盐化工环保循环经济型企业的典范，在全国联碱行业率先实现了废水零排放目标。百尺竿头更进一步，面对当前环保形势与“三废”产物，从建厂的那天起集团高层就立下环保目标：金大地的废水废气排放标准不能仅仅是国家要求的产业聚集区达标排放的标准，而是要严格执行更低的排放标准。

在未来，金山化工集团要进一步提高能源利用率，坚持清洁能源的使用，严格实行能源强度总量双控制，逐年减少煤炭使用总量，实行煤炭消费总量控制，切实减少散煤使用。加强公司绿色园林建设，使公司绿色面积进一步扩大，打造超低的污染物排放，确保各项环保设施的正常运行。

三、智能化、信息化发展

（一）企业目前智能化、信息化管理机制现状

金大地公司作为碱化工的龙头企业，生产管控采用SIS安全仪表系统，实现气化炉煤浆投料、氨冰机、氨库区等设备的自动控制和联锁停车控制，确保整个系统运行本质安全。集中供热项目（绿色化改造为主），采用ITCC透平压缩机综合控制系统自动调优及国际领先的除尘脱硝和低氮燃烧技术，实现烟气超低排放。60万吨联碱和80万吨真空制盐项目引进国际先进的法国带式滤碱机及德国安德里茨离心机等进口设备，实现装置大型化，生产过程采用APC高级控制系统，通过对生产运行数据分析，多变量实时进行优化控制。生产现场设有GDS气体自动报警系统、火灾报警系统、视频监控系统，安装了2500多个摄像头，实现监控全覆盖，生产过程可追溯。新上13条自动包装系统，实现智能化自动包装。集控中心依托DCS分布式控制系统，对生产过程实时监控和可视化管理，极大提升了生产指挥调度和现场管控能力。能源管理中心依托MES系统对生产调度、能源输配和消耗等环节进行集中扁平化的动态监控和数字化管理，改进和优化能源平衡，实现降本增效、节能减排。物资采购依托隆道云采供协同和供应链管理系统，实现物资统一比价采购，降低采购成本。物流运输依托大宗物料管理信息系统，实现手机销售CRM平台下单、ERP审核派车、进厂自动过磅、出厂运输及车辆信息跟踪等全过程自动化、智能化管控。办公管理依托信息化软件及多款自主开发专项管理软件，全面实现了信息化、数据化、网络化办公。2019年，金大地公司被河南省工信厅认定为智能工厂。

（二）通过基础网络、物联网和视频监控等实现企业互联互通

（1）网络基础设施进行前瞻性规划和设计，建立覆盖工厂的工业通信网络，有效满足生产现场的数据采集、管理办公信息化等需求。建立车间级工业通信网络，实现系统、装备及人员之间的信息互联互通。

金大地公司对网络基础设施进行前瞻性规划和设计，建立覆盖全公司的工业通信网络，有效满足生产现场的数据采集、管理办公信息化等需求。建立的车间级工业通信网络，实现系统、装备及人员之间的信息互联互通。建立生产过程数据采集和分析系统，通过生产进度、现场操作、质量检验、设备状态、物料传送等生产现场数据自动上传，实现信息化管理。建立能源、环保、安全、应急等管理系统，实现相关数据实时上传、自动分析。金大地网络化互联工艺优化网络化互联主要通过搭建实时数据库系统与生产控制系统互联互通架构，实现生产过程数据实时采集。通过集成设备状态信息、生产过程信息和安全环保信息，实现工艺管理数据的共享和统一。企业也可利用这些数据信息实现工艺监控、工艺分析、关键参数分析和工艺优化。

（2）物联网的信息化基础设施的核心在于连续生产和最大限度地提高生产效率和工艺稳定性。对订单、批次、配方执行情况和质量进行严格的把控，降低关键工艺参数的标准偏差；传统控制系统一般包括仪器仪表系统、DCS系统、PLC系统、SIS系统、SCADA系统、执行调节系统等，以保证装置的稳定连续运行及紧急联锁程序处理。为了保证底层控制的稳定性和实时性，与浙大中控、北京和利时等公司合作，对生产区域的电机、阀门、压力变送器、液位传感器、温度探测器等现场设备进行了联网部署，依托于浙大中控ECS-700系统连接现场智能化设备3.5万点左右，北京和利时MACSV系统连接现场智能化设备2万点左右，共计5.5万点物联网技术，实现了生产DCS自动化物联网的整体布局和应用。

（3）结合国内知名监控厂商海康威视、大华集团、宇视科技、天地伟业等视频监控厂家，对公司生产、办公、生活、物流等各个区域全方位监控覆盖，目前整个金大地厂区、办公区、生活区内布局约2500个监控，并利用车辆识别等技术布局车辆违规抓拍、司磅等。同时建立集成化的安全、环保监控信息平台，实现综合安全环保监控、重大危险源动态跟踪、应急指挥、灾害天气预警、重要信息短信发布等功能，提高应急预案、

应急处理、突发事件处理以及生产系统恢复等动态过程的计划性、准确性和快速性。

（三）企业生产过程控制系统的应用

公司所有生产装置均采用DCS系统实现对生产系统的监控。物料的压力、流量通过压力变送器、流量计检测并传给DCS系统上显示，根据压力流量大小来计算生产处理量，判断氧枪使用情况。流程中各个监控点的温度、压力、阀门调节都可以在DCS系统上实现监控和远程调节操作。生产工艺采用DCS控制和显示的同时还采用高清数字摄像机对工艺生产进行在线实时监测，实现冗余检测功能。监控系统配置采用模拟高清摄像机，硬盘录像机实现实时图像集中显示功能。中控操作人员根据DCS反馈工艺数据和图像监控系统回传的现场监控情况，对生产过程进行实时调度。

（四）企业数字化系统的应用

（1）财务管理数字化：公司财务管理深度应用ERP系统，核心目的是实现对整个供应链的有效管理，实现从销售管理、采购管理、库存管理、MRP计划、生产管理到财务管理全面集成，实现业务操作、审核、传递处理标准化，并结合外部信息化，公司自主开发销售CRM、无人值守自动过磅系统和微信支付等功能。

规范各部门业务流程，业务工作快速处理，有效保障年销售收入的稳定增长；避免各部门业务重复操作，做到信息共享；基于各业务流程管理，建立相应管理和考核机制。

（2）生产管理数字化：金大地网络化互联工艺优化网络化互联主要通过搭建实时数据库系统与生产控制系统互联互通架构，通过DCS、APC、MES等控制系统的应用实现生产管理的安全、可靠、高效和经济运行，整体提升企业的综合自动化水平和生产与能源管理水平。

（3）安全管理数字化：公司广泛采应用仪表安全系统SIS、报警系统GDS保障企业安全生产。

（4）设备管理数字化：设备管理方面，采用智能巡检系统，应用综合身份识别、区域卡定位技术、振动测量、红外测温、信息采集与处理、数据库与网络等诸多先进技术，将生产现场的设备运行状态检查、工艺参数记录、产品质量控制等信息有机地结合在一起，使巡回检查管理在面向人员、时间和地点的同时，直接面向设备管理、生产管理、质量控制，从而达到安全、经济、科学、实效管理的目的。不仅提高了生产现场人员的安全意识，增强了生产运行数据的可靠性与实时性，同时实现了生产运行质量、设备实时管理、员工绩效考核等安全生产监管网络，促进了企业生产“安全、稳定、长周期、满负荷、优质”运行，促进了企业经济效益的稳步增长，实现了现场问题快捷展示和查阅功能、日常巡检计划任务执行工况和实绩考评功能。

（五）企业“十四五”智能化、信息化发展规划及设想

将新一代信息技术与先进制造技术融合，以流程智能工厂的管理理念，建成“工厂透明化、装备智能化、流程自动化、管理扁平化”的智能工厂。建设数字化生产系统和信息化生产管理系统并有效集成，实现生产制造装备的互联互通和集中控制。

经营管理智能化支持。广泛使用SCADA系统采集数据、ERP系统下达订单、RFID系统把控质量数据，为经营管理积累大量数据。依据生产数据进行战略调整和自主改善信息网络开发生产数据实时采集和目视化展示软件，投放在液晶屏上和手机上，班组长可实时监控，及时调整瓶颈工序。

建立集中管理和控制检测系统，实现检测过程的计算、分析、诊断、报警、修复、监视等一体化功能，提高检测效率和产品合格率。每一台套生产、检测、能源、环保设备均实现以太网直连PLC或上位机数据采集，目前，全线联网生产，达到设备总数85%以上。

构建集成管控系统。通过构建智能工厂信息集成管控系统、检测与装配装备、智能物流、智能仓储等智能制造装备与MES、ERP等企业信息化管理系统的高效集成，通过高效协同、互联互通，有效支撑产品设计、加工工艺、制造装配、检测、物流、服务、能源、安全等全方位智能化升级。

四、技术创新发展

为了实现企业的长远发展，不断加大创新研发投入，近三年来共计投入研发经费5.02亿元，占销售收入3.49%。目前企业拥有有效专利204项，其中发明专利2项，还有

1项发明专利已提交受理。

技术研发中心是金山集团以技术开发为主的研发机构。下设内冷式碳化塔联碱技术研究室、低压三聚氰胺研究室、合成氨技术研究室、热电技术研究室、制盐技术研究室、分析检测中心、综合办公室。有固定的研发队伍、专门的研发场所、专用的研发设备。具有良好的研发条件。企业已连续两次被评为高新技术企业，2016年公司被评为河南省创新试点企业，2017年被评为省级工程技术研究中心。

2020年，金山集团先后获得研发财政补助资金110.64万元，先进制造业发展专项资金100万元，近三年研发费加计扣除总额4837.6万元，节税725.64万元，在一定程度上助力了企业的创新发展。

“十四五”期间，企业将继续加大研发投入力度，计划投入10亿元用于新产品、新工艺、新技术进行研发，铸造世界品牌，提高产品竞争力。

高质量党建推动企业高质量发展

——万达控股集团有限公司

党建引领一直是中国万达控股集团（以下简称万达集团）发展的红色引擎和内生动力，自成立党委以来，万达集团党委始终坚定政治理想信念不动摇，紧紧围绕抓党建促发展这一主题，积极发挥非公企业党组织的战斗堡垒作用和共产党员先锋模范作用，聚焦主责主业，建强战斗堡垒，丰富党建载体，探索出一条企业党建与生产经营有机结合的新路子，有效助推企业党建和经营管理双向提升，从而实现了企业高质量稳健发展。

如今，高质量党建推动企业高质量发展已经是万达集团特有的标签，也为众多民营企业发展提供了可借鉴的范本。

一、强化组织领导充分发挥党组织的政治核心作用

万达集团党委创建于1997年7月，下设10个党支部，现有党员331人，是山东省东营市民营企业中最早建立党委的企业之一。

公司按照有利于生产经营、有利于党的建设、有利于发挥政治核心作用的原则，实行领导交叉任职、双向尽责，党委、纪委成员均进入集团公司董事局和经理层，由公司董事局主席兼任党委书记，各专业化公司董事长兼任所属党支部书记，除认真履行生产经营管理的职责外，还对所分管部门的党建、精神文明建设工作全面负责，并将党建工作纳入绩效考核。万达集团党委书记、董事局主席尚吉永表示，"党建是企业的保障系

统和最大优势，通过交叉任职，可以充分发挥党组织的政治核心、组织领导和战斗堡垒作用，推动形成企业党建同生产经营密切配合、相互促进、共同发展的良好局面。”

“日常工作中，公司坚持一手抓经营，一手抓党建，做到党建、经营两手抓两手硬。”尚吉永说，万达采取专兼职结合的方式，把那些处于企业重要生产、管理及技术岗位的优秀党员充实到党务干部队伍中，充分发挥党员的先锋模范作用，进一步调动广大优秀党员干事创业的积极性，更好地服务生产经营。通过组织开展百年党史学习教育、“万达读书年”、征文比赛等形式多样的党建活动，并充分利用企业内部报刊、网络、宣传栏、微信公众号等媒体进行宣传报道，教育引导广大员工“不忘初心、牢记使命”，履职尽责为企业建功立业。

目前，万达集团业务涵盖港口物流、石化橡胶、国际贸易等产业，总资产800多亿元、员工1.3万余名，连续多年进入中国企业500强、中国制造业企业500强、中国民营企业500强，同时，也是中国光彩事业促进会副会长单位、全国工商联第十二届执行委员会单位、全国工商联石油业商会常务会长单位、山东省工商联副主席单位、山东省民营企业协会会长单位、山东省会经济圈商会合作发展联盟轮值主席单位等。

此外，万达集团先后荣获全国五一劳动奖状、国家重点高新技术企业、全国工商联抗击新冠肺炎疫情先进民营企业、2020年度最具社会责任企业、山东省省长质量奖、山东全省新时代企业文化引领高质量发展标杆企业、山东省非公有制经济组织党建工作先进单位、东营市创先争优先进基层党组织等荣誉称号。

二、注重典型示范大力营造创先争优良好氛围

注重发挥先锋党员的示范带动作用，引领广大职工建功立业也是万达集团党建一大特色。

作为党建工作典型的万达宝通轮胎有限公司成型车间，现有员工504人，其中党员10人，大专以上学历95人，技师21人，高级工13人，中级工98人。作为山东省东营市垦利区胜坨镇党委重点打造的红旗车间，成型车间拥有80平方米的学习场所，建立了党员示范岗和党建学习角，利用班前班后会开展党员讲技术、讲安全等多种形式的学习培训活动。在车间内设置党员示范岗、流动红旗和党员责任区，组织广大党员开展“支部

建在车间，党员在您身边”“创先争优比贡献”“一名党员一面旗帜”等特色活动，把学习先进典型与实际工作结合起来，大力推行关键岗位有党员，困难面前有党员，突击攻关有党员，用身边的事迹来教育感染广大职工，切实增强了团队的凝聚力和向心力。

企业员工凝聚力和向心力的不断增强直接影响着企业的高质量发展。目前，万达集团拥有国家级企业技术中心、国家级博士后科研工作站和4个国家级实验室，3家子公司获评省级“专精特新”企业，十大系列产品参与起草或主持制定国家工艺技术和检测标准。建设了高标准的万达石化研究院，重点围绕石油炼化、碳三碳四深加工、精细化工材料等领域，截至目前，研发创新成果28项。万达橡胶研究所在3年时间里，仅半钢胎就成功开发了488个型号，万达宝通“守护神”系列防失控轮胎填补了国内轮胎领域的空白。万达天弘智能制造项目被认定为“国家制造业与互联网融合发展试点示范项目”，荣获中国数字化企业技术示范奖。

同时，万达集团拥有1个中国名牌产品，2个中国驰名商标，30多个省级名优品牌。公司马德里商标注册19件，持有国际注册商标证书230个，实现了公司工业产品国际注册全覆盖，非工业领域国内商标注册全覆盖，名牌总数居东营全市企业首位，跻身山东省企业前十位。

与此同时，万达集团不断探索和创新党建工作新形式、新载体、新途径，组织广大党员干部开展“党建＋重点项目”“党建＋科技创新”等多种特色的党建活动，积极营造全体党员创先争优的良好氛围，促进企业持续健康发展。

三、创新工作载体坚持用党建工作指导企业发展建设

多年来，万达集团始终坚持党建引领，积极探索“两新”组织党建工作模式，以支部建设为抓手，以干部管理为主线，以文化建设为载体，持续推进“党建工作与企业治理深度融合，与企业文化建设深度融合，与思想政治工作深度融合”，助力企业高质量发展。

据悉，万达集团高度重视党员职工文化生活，投资2000余万元建设了7900多平方米的职工活动中心，为职工文化生活提供了坚实保障；为进一步改善员工的生产生活条件，建起了100多万平方米的职工公寓楼；改善企业生产条件，建立了花园式的企业

环境，被山东省建设厅授予“省级花园式单位”称号和山东省“优秀环保企业”荣誉称号。成立万达商学院，开设流动课堂，利用干部职工上下班的40分钟乘车时间，在通勤大巴车上进行文化宣贯，传达企业战略规划，打造精益求精、追求卓越的实干文化氛围。

同时，万达集团高度重视员工“学习能力”和“专业化能力”的培养，大力加强学习型企业建设，分期分批将公司高管人员送到北京大学等高等学府进行深造。同时，积极鼓励员工开展技能提升和自主创新活动，2015年成立了高技能人才创新工作室，筹建东营市“劳模（高技能人才）创新工作室”，进一步推动高技能人才队伍建设。公司现有研发人员739人，省部级行业专家17人、博士23人、高校院所专家顾问226名，走出了一条引进技术、消化技术再到自主创新的路子，自主创新已经成为企业发展的不竭动力。

多年来，万达集团始终恪守“产业报国、奉献社会，服务人民、造福员工”的企业使命，先后为学校、医院、希望工程、抗震救灾、新农村建设等社会公益事业捐款捐物2亿多元，赡养和安置社会四残人员近千人，每年积极参与中国光彩会“光彩行”活动，并连续11年冠名赞助黄河口国际马拉松赛。万达集团先后被授予全国“万企帮万村”精准扶贫行动先进民营企业、“抗击新冠肺炎疫情先进民营企业”“汶川地震灾后恢复重建先进集体”“山东省履行社会责任示范企业”等荣誉称号，用实际行动彰显了万达人的社会责任和博爱情怀。

“在鲜红的党旗指引下，万达集团将始终同以习近平同志为核心的党中央保持高度一致，增强‘四个意识’、坚定‘四个自信’、做到‘两个维护’，永远听党话、跟党走，让党旗在万达集团高高飘扬！”尚吉永表示，将以实际行动践行初心使命，以担当作为给党旗增辉添彩，奋力谱写万达集团高质量发展的新篇章！

冠军企业篇

科技引领　夯实基础　赋能创新

——江苏迈达新材料股份有限公司

陈琦

江苏迈达新材料股份有限公司（以下简称江苏迈达或迈达）是国内专业从事新材料抗氧化剂及相关系列产品研究开发的国家级高新技术企业。经过20余年的发展，现已成为国内外最具品牌知名度、全球单台套装置最大、生产规模最大的抗氧剂BHT产品生产商。

江苏迈达于2010年8月10日在原南京迈达新材料有限公司的基础上增资、异地扩建成立，注册资本5250万元人民币，生产基地占地面积约45000平方米，年产新材料高纯度抗氧化剂产品（Butylated Hydroxy Toluene，二丁基羟基甲苯）10000吨。同时，迈达正持续规划新建抗氧剂1010、抗氧剂1076固体抗氧化添加剂；抗氧剂MD735、MD835、MD935液体抗氧化添加剂；其他抗氧剂系列如百里香酚、薄荷醇等产品最具规模化装置。

公司先后获得国家工业和信息化部专精特新小巨人企业（首批）、国家工信部两化融合管理体系贯标单位、中国石油化工抗氧剂应用技术中心、江苏省认定企业技术中心、江苏省工程研究技术中心、江苏省专精特新小巨人企业、江苏省研究生工作站、南京市博士后创新实践基地等多项荣誉。

江苏迈达拥有BHT产品国内单台套最大规模的生产装置，连续多年产能规模、国内市场排名和占有率位居第一，全球市场排名和占有率位居第二。作为经国家工业和信息化部批准的“2012江苏省产业振兴和技术改造重点项目”，落户于江苏省南京市江北新区新材料科技园（原南京化学工业园区）。

一、产能规模不断扩大

自1998年起，迈达历经了年产500吨、3000吨工业级抗氧化剂BHT规模，随着进驻南京江北新区新材料科技园，迈达开始积极进行技术改造和项目扩建，一跃升至年产食品级抗氧化剂BHT产品10000吨规模。2003年，迈达生产的食品级抗氧剂BHT产品在同行业中率先获得国家级生产许可证。2005年，迈达生产基地扩建到18亩，拥有生产设备350余台，成为中国食品级BHT添加剂生产行业中规模最大的制造商。目前已形成年产10000吨食品级抗氧化添加剂BHT产品的生产能力。特别需要指出的是，与国内外同类产品生产规模和生产装置相比，迈达单台套生产装置是国内同行业最大、亚洲地区同行业最大、全球同行业最大的，市场份额全国第一。产品除出口国际市场外，部分产品还替代国外进口产品，满足国内各行业需求。江苏迈达的产品投入市场后，打破了喷气燃料及部分行业长期依赖进口产品，长期被德国拜耳、美国PMC、日本本州化学等国外公司垄断的局面。

“十三五”期间，在传统抗氧化剂BHT产品基础上，为淘汰落后装置、优化产能结构、提升产品质量，发展更高端的食品级产品，迈达率先对落后生产装置进行大批量更换和升级。同时，对国内外原料供应商进行重新对比筛选，特别针对食品级原辅材料的检测标准的优化、供应商的准入标准，进行了严格把控。另外，通过成立企业工程研究技术中心，不断研发创新，改进原有工艺技术，应用自主研发的新型绿色催化剂技术，成功实现催化剂重复利用，并衍生副产品，回归原料供应商使用和满足其他市场需求，实现了具有自主知识产权的绿色化合成工艺。

江苏迈达历经20余年的时间，通过对各类抗氧剂的研究对比和对市场的把控，积累了丰富的理论知识和实践经验，已成为国内抗氧化剂BHT行业产能规模最大的企业。

二、产品结构不断优化

抗氧化添加剂及相关系列产品应用领域十分广泛，主要应用于石油炼化、润滑油、橡塑、纺织、印染、医药、农药、新型合成材料、医疗器械、喷气燃料、军工基础材料、高端涂层材料及合成材料等诸多传统领域和新兴领域。

"十三五"期间，迈达陆续研究开发成功环保型T501L、T502A液体抗氧剂，抗氧剂MD835、MD935等数个新型抗氧剂品种。经过行业相关试用论证，正小批量投放到新型合成材料、特种油品等领域的相关用户进行小试生产试用和应用评估，初步收到良好反馈。

2018年1月，公司获得中国石化集团邀请，参加中国石化集团炼化三剂集中招标。最终，迈达以技术标和商务标总分第一名的成绩，一跃成为中国石化高纯度抗氧化添加剂BHT优秀供应商，并且，由于江苏迈达产品的品质标准高、执行标准严格、保供能力强等优势，促使中国石化有史以来第一次改写了该产品原有的招标标准和产品标准。

2019年1月，公司获得中国石油集团邀请参加集中采购招标，再次以高纯度抗氧化添加剂BHT产品的绝对优势中标，成为中国石油集团优秀供应商。

经过多年发展，迈达先后与中国石油、中国石化、日本中化、三井化学、LG化学、锦湖石油、迪爱生、旭化成、德国拜耳、本州化学、美国DH、陶氏等多家国内外著名龙头企业建立了长期稳定的合作关系。

三、核心竞争力不断强化

目前迈达拥有自主研发专利三十余项，自主研发获得的新型环境友好型催化剂技术、新型合成反应工艺、萃取新技术、国内同业首台套安全智能自动化装备技术正陆续投入运用。经过多年的研发和实验，完成高纯度添加剂抗氧化添加剂项目，并投入生产中，取得了良好的经济效益和社会效益，同时取得了发明专利及高新技术产品证书。通过自主创新研发，迈达获得近三十项发明专利和实用新型专利。截至目前，仍有8项发明专利正在审核过程中。迈达通过制定一系列研发计划和绩效激励政策，不断提升创新能力和水平，进一步降低了生产能耗，在节能减排和上下游产品配套方面取得了长足的进步。

"十三五"期间，迈达与南京大学、南京工业大学、南京农业大学、苏州大学等知名高等学府联合开展了一系列科技研究项目。迈达拥有行业内最具规模的专业化校企联合产业技术研究中心。迈达依托国家粮食和物资储备局科学研究院、南京江北新区新材料科技园平台成立了南京晶典抗氧化技术研究院有限公司（以下简称研究院），于2020年9月8日通过南京市2020年度第一批市级新型研发机构备案。该研究院是国内第一家专注抗氧化技术的研发机构，将围绕着材料科学与工程、化学工程与工艺、动物营养与饲料科学、生物工程、生物化学与分子生物学等有关抗氧化技术及其相关下游项目进行研发。研究院的成立是为了实施企业的精益生产战略，深入探索在食品加工、粮食储运、替抗/无抗时代的饲料生产加工、饲料添加剂混合复配生产、医药医疗、石油炼化、喷气燃料、工程塑料、橡胶及橡胶制品、乳胶及乳胶制品、军工基础材料和复合材料及其配套保障产品等领域的抗氧化技术研究与攻关，提高公司的经营实力和科研支撑能力，优化公司战略布局，进一步提高公司综合竞争力。

四、自主研发能力不断提升

迈达设立专门的研发技术中心——江苏迈达工程研发（技术）中心成立于2011年10月，依靠南京当地的政策优势、资源优势、人才优势和科研优势，立足原有技术根基，充分发挥现有优势，通过引用和聘用先进技术人才，成立了技术中心领导小组和专家技术委员会，确立了技术中心工作章程，明确了技术中心各级各类人员职责，制定了完备的中心管理制度，并严格按照制度的有关要求开展技术工作。

研发（技术）中心现有各类人员35人，其中硕士及以上学历人员5人，专业技术人员15人，管理人员10人，外聘专家5人。以美国亚特兰大大学王先勇博士为研发创新带头人，同时与南京大学现代工学院王毅庆教授课题组、南京工业大学刘定华教授研究生工作站、南京农业大学王恬教授动物实验室等展开一体化的紧密合作，已经形成了一支专业素质高、创新能力强的科技人才队伍。迈达通过公开招聘、对口人才交流和招收大专院校毕业生等多种方式不拘一格引进人才，建立了一支以学术带头人、技术能手和管理人才为核心的创新人才队伍，并创建了2个以学术带头人为核心的技术创新团队。

在人才队伍建设方面，迈达始终把培养拥有技术过硬、创新能力强和品质过硬的技术队伍作为工作的主要任务。通过以老带新、互帮互学、强化培训的方式，促进一批年轻技术人员迅速成长，成为企业的技术中坚力量。对于各种新技术、新工艺，企业每年安排不同形式的专业知识培训，使所有的技术人员都能最快地接受新知识，做到一专多能，触类旁通。在技术中心的发展建设过程中，迈达将进一步大力引进和培养技术人才，满足技术中心开发项目的需要。

五、品牌建设不断加强

迈达拥有国内外高知名度品牌——"LARK·百灵鸟"，百灵鸟产品广泛应用于高端油脂类食品及粮油制品生产加工、食品及休闲食品生产加工、动物养殖饲料及复（混）合添加剂生产配制、水产养殖饲料及复（混）合添加剂生产配制、宠物养殖饲料及复（混）合添加剂生产配制、石油炼化及润滑油、橡胶、塑胶及工程塑料、体育用品及体育器材、新型合成材料、纺织印染、医药及医疗器械、农药、军工合成材料等诸多领域，远销东南亚、欧洲、非洲、南美、北美等世界各地。

迈达先后通过了新版ISO9001：2015质量管理体系认证、ISO14001：2015环境管理体系认证、ISO45001：2018职业健康安全管理体系认证、ISO22000：2018食品安全管理体系认证等、FAMI-QS欧洲饲料添加剂和预混合饲料质量体系认证、KOSHER犹太认证（KOSHER CERTIFICATE，洁食认证）、IFANCA HALAL美国伊斯兰食品和营养协会清真认证等各项产品认证和企业管理体系认证。

作为中国石油、中国石化、中粮、新希望集团等诸多知名企业的优秀供应商，江苏迈达新材料股份有限公司与南京农业大学合作成立了"联合实验室"，并参与起草了国内首部饲料添加剂BHT行业标准；同时又利用自己成立的新型研发机构"晶典抗氧化技术研究院"与中国石化北京化工研究院等展开合作，发起了BHT相关行业的中国食品级产品安全标准建议修改议案，已经获得通过。

六、经济效率不断升级

迈达依靠长期以来研发积累的新技术配方和新型装备技术，在全国同行业中处于领先地位，企业经济效益持续稳定增长。自2016年年初制定新的五年战略目标开始，江苏迈达始终坚持以全面安全、环保、质量、人文关怀管理为重心；强化预算、资金、资本运营；着重瞄准国内国际各类新行业、新材料和新型复合材料发展趋势，以深度研究高级别、高纯度复合型添加剂、助剂新工艺技术为主旨；以产能规模和产业链延伸、新型材料复合递延发展为持续增长点。

2016年江苏迈达就成立了智慧工厂建设部，先后投入大量资金及人才，从生产自动化及管理信息化两方面开始了迈达的两化融合智慧建设。为改善原有的大量人工现场操作模式，公司陆续建立并持续完善DCS系统、全覆盖视频智能监控系统、各项自动报警切断系统，升级优化ERP系统，新建OA办公自动化系统、安全环保能源综合大屏控制系统、SIS系统、全自动包装及机器人码垛系统等一系列管理智能化升级建设，实现业内智慧管理新模式。

"十三五"期间，迈达通过扩大销售团队规模、提升人员专业性、与市场和渠道伙伴通力合作的方式，大力开发国内国际市场，在拓宽原有渠道、原有产品领域的同时，公司营销部结合研检技术部和研发机构进一步挖掘新产品、新领域，营业收入实现稳步增长。到"十三五"末，营业收入为25176万元，比2016年增长36.37%；资产总额为27238万元，比2016年增长110.12%；迈达还通过开展各项安全环保自查改进、设备上新升级改造等措施，实现增加产量，降低单位成本；通过加强内控、流程优化、加大考核、提高效率，减少非必要开支等措施使盈利水平逐年提升，"十三五"期间累计实现利润约9193万元，上缴各项税收合计约2798万元。

未来，江苏迈达正在筹建二期30000吨BHT扩产技术改造项目暨全面建设国内首台套具备"智能自动化装置无人操控车间"。项目建成后，迈达BHT总产能达到40000吨，将成为全球规模最大、能同时生产食品级、饲料级、工业级添加剂以及抗氧剂1010、抗氧剂1076等抗氧剂系列产品的智能化生产基地。总销售规模预计达到10亿元，利税总额预计达到1亿元以上，50%以上的产品将出口国际市场，逐步替代进口，满足国内各行业需求。与此同时，迈达将努力成为以抗氧化添加剂为龙头、以益生菌微生物研究技术和孵化产品为载体的综合性、专业性的科技型生产制造商。

回首"十三五"，迈达始终坚持立足抗氧剂制造这一精细化工行业的细分领域，将有限的资源锁定在特定的目标群体进行盈利创造。通过技术创新和营销战略创新，利用公司的专利技术及品牌优势，打造高品质的品牌形象；通过境内外运营相结合的营销战略，扩大市场份额、提高国内外市场知名度；通过集中战略及成本领先战略，集中精力进行抗氧剂的生产研发和工艺技术改进；通过创新管理模式，设立全资子公司实行品牌推广和集中采购，充分节约运营管理成本和产品制造成本。

江苏迈达将继续以“专精特新”为发展方向，在精细化工细分领域里做大做强，紧跟市场，科学经营，不断提高企业的综合管理水平和经济效益，在成本控制、工艺创新、科技研发、规模效应、自动化控制、产品检测监控等方面达到全球领先水平。

聚力主业　键兴伟邦

——济宁键邦化工有限公司

王露露，张颖

济宁键邦化工有限公司（以下简称键邦化工）成立于2014年6月，占地面积117.22亩，位于山东省济宁新材料产业园区，是一家致力于高尖端精细化工产品研发、生产、销售的科技型企业。键邦化工2019年陆续投资新建山东键兴新材料科技有限公司和常州键邦实业投资有限公司两家全资子公司，其中山东键兴新材料科技有限公司占地面积121.23亩，主要产品有：赛克（THEIC）、氰尿酸（ICA）、DBM、SBM、钛酸酯系列、乙酰丙酮系列，均为塑料助剂行业现阶段和下一步的主流产品，国内国际市场需求巨大。

一、专注助剂主业，奠定综合优势

公司在多年的生产实践经验基础上，投入并使用行业内自动化程度最高、工艺细节最完善的生产线，在近十年的发展过程中，形成了质量、技术、规模、成本、环保、市场等综合优势。济宁键邦化工有限公司专注于塑料助剂细分产品市场，得到了国内外客户的一致认可，尤其是赛克这一产品，产品市场占有率连续多年稳居第一。

目前公司生产运营正常，2020年销售收入超过5.6亿元，纳税额超7000万元，研发投入超过2500万元。公司经过多年发展沉淀，有健全的组织管理体系，现代科学的管理模式，公司现有在职员工471人，其中研发人员51人，管理人员45人，本科及以上学历

32人。公司配备了气相色谱仪、激光粒度分析仪、熔点仪、差热分析仪、紫外分光光度计、卡尔费休水分测定仪等先进设备充分保证了公司正常研究进展，现有专利和软件著作36件（含已受理），其中发明专利2件。公司已经和西安交通大学建立合作关系，依托现有合作项目准备建立联合实验室，共同合作研发，同时也在联系常州大学城建立研发中心。

二、注重创新发展，推进技术革新

键邦化工十分重视科研技术创新，率先采用环氧乙烷法工艺，实现全球技术创新，综合能耗达107千克标煤/吨，创全球最低，产品质量在同行业中处于领先水平。目前公司已获批成立济宁市市级企业技术中心和济宁市赛克（THEIC）工程研究中心，公司已全方位掌握了赛克生产的核心技术。公司目前建设有高标准的实验室和检测室，配备了卧式刮刀卸料离心机、微量水分测定仪、微机差热仪等国内外先进的化工检测设备。为保障研发中心正常运行，公司颁布实施了《研发中心章程》《研发组织管理制度》和《研发投入核算管理办法》。研发项目组织管理办法对研发项目从立项、实施到验收、转化各个环节进行了明确的要求，提高了研发项目的工作效率；建立了研发投入核算体系，实施研发准备金制度，保障了研发项目的经费需求，研发经费实行专款专用、独立核算，将经费使用纳入科技人员的绩效考核指标；针对每个研发项目编制研发费用辅助核算账目，精准核算项目各项列支。上述各项制度的建立和实施，有效保障了研发项目的顺利开展，大大提高了企业技术创新水平和科技成果转化能力。2018年取得国家高新技术企业认证，2019年赛克产品获得山东省制造业单项冠军，2020年入选山东省瞪羚企业、山东省"专精特新"中小企业，2020年获得"科技创新先进企业"称号。

三、保持行业领先，打造世界品牌

公司遵循高起点定位、高标准规划、高质量建设、高速度发展、高效能管理的理念，依托"让化工更环保、让世界更稳定"的企业使命，致力于打造团结和谐、绿色发展企业。公司拥有自营进出口权，产品畅销全球20多个国家和地区，深受欧、美等地区和国家客户的信赖。是目前全球最大的赛克生产供应商，市场占有率全球第一，达到85%以上。

作为行业内最大供应商，客户包括德国阿尔塔纳集团、百尔罗赫（熊牌）、开米森，意大利雷根思，土耳其AK，美国埃塞克斯，法国IVA，日本关西涂料，以及国内的联盟化学、金昌树、鑫达等一大批行业内著名企业，在市场占有率、质量和品牌上于国内外其他竞争对手相比具有明显的优势。

四、以人为本，勇于创新

公司在现有人才培养平台基础之上，建立了一套高层次全方位的科研人才培养体系，即坚持以人为本，充分发挥人才的价值，做好人员的培训，采取内部培训、联合培养、外部招聘等相结合的方式，培养技术骨干和高级研发人员，积极引进各类专业人才、国内外优秀人才。

在不断引进科技管理人才的同时，公司还制定了完善的技术人才激励机制，颁布并实施了《济宁键邦化工有限公司激励奖励制度》《济宁键邦化工有限公司人才绩效评价奖励制度》，针对科技创新研发项目设立了优越的资金奖励和表彰，针对获得不同类型的创新设立了不同程度的奖励，最大程度地形成企业创新氛围，不断激励企业人员进行科技创新。

济宁键邦化工有限公司依据相关上市公司的要求建立了公司法人治理结构，设置了董事会、工会、经理等机构，以及完备的现代企业管理制度。键邦化工已通过ISO 9001质量管理体系、ISO 14001环境管理体系2项体系认证。为提高企业管理水平，公司引入了OA系统、ERP系统，实现了可视化、无纸化办公，也使团队之间的信息分享更加智能和高效。在生产方面，公司花费巨资投入建设了DCS控制系统，实现了生产全过程自动化操作，大大减少了人力、物力的投入，将化工生产和人工智能进行了进一步的结合，实现了工艺操作的量化、数据化，同时更加安全和精确。

键邦化工定期开展多种形式的学习培训，促进了员工整体素质的提高。公司上下形成了奋发向上良好的发展氛围，造就了一批与企业共命运、艰苦奋斗踏实奉献、有责任心事业心和使命感的骨干队伍，促进了企业快速的发展。

五、牢记责任关怀，履行社会责任

在实现客户价值的同时，济宁键邦化工有限公司积极主动履行社会责任。公司坚持依法经营、诚信纳税，2014~2021年累计上缴税金超过2亿元，入库税金一直在济宁市规模以上企业中名列前茅。

公司倡导信任、公开、尊重原则，为员工提供公平、健康的工作环境，确保工作场所的安全与舒适。每逢节日，公司行政部门积极行动，在公司内部营造一种充满活力的工作氛围，帮助员工放松身心，融入工作。同时公司也会定期组织安全技能培训、消防演练，以保证在紧急情况下公司财产和员工安全不受损害。公司建立了具有竞争力的薪酬福利机制，不仅为员工缴纳了五险一金，还增加了安全年终奖金、出国旅游、节日慰问、定期体检等福利，充分保障员工利益。

公司积极承担社会责任，热心公益慈善事业，大力支持所在地经济社会发展。2020年2月公司通过金乡慈善总会捐赠疫情防控专项捐款20万元、医用外科口罩1万余只。连续多年获得金乡县“先进单位”“纳税功勋企业”“统计工作先进企业”“突出贡献企业”等荣誉。

六、节能减排，牢记企业使命

“让化工更环保、让世界更稳定”是键邦的企业使命，公司始终把安全、环保作为企业的生命工程来抓，牢固树立环境友好、资源节约、可持续发展的经营理念，大力开展技术创新、管理创新。实现了废水、废气达标排放，固废合规处置，消除了环保对公司发展的制约。公司与专门处理危废的济宁市丹佳环境服务有限公司签订危废处置协议，并为进一步加强责任意识，促进各级、各部门的安全、环保职责、劳动纪律得到有效落实执行，增强安全、环保意识，提升安全、环保管理水平，激励员工提高自我管理能力，防范较大及以上的安全环保事故和减少一般事故的发生，制定了《安全环保目标责任制考核方案》。

公司认真履行企业安全生产主体责任，增强安全意识，加强安全教育，强力推行各种安全制度，加强安全排查，消除各种安全隐患，建立安全应急管理体系，建立安全生产管理长效机制，确保安全生产无大事故发生，公司被评为安全生产标准化二级企业，连续多年获得“济宁市优秀企业”“济宁市安全生产先进单位”“环保工作先进企业”等荣誉称号。

公司践行可持续发展，坚持先进的环保理念，针对现有化工生产信息化、自动化程度低、现场人员多、生产安全隐患大等问题，公司与时俱进地提出智能化工厂设计的理念，要求新建生产线摒弃过去的设计理念，在新产品生产中实现智能化、数字化，工厂要满足安全、环保、智能、高效、美观、整洁花园式工厂的要求，努力实现从“中国制造”到“中国智造”的蜕变。

七、成就业界瞩目，辉煌未来可期

济宁键邦化工有限公司在行业内有较高的知名度，为中国塑料加工工业协会塑料助剂专业委员会第四届常委会理事单位、中国外贸出口先导指数样本企业、石油和化工“专精特新”中小企业。键邦化工凭借销售收入、盈利能力和规模指标的快速持续成长，多次被有关部门评为“优秀企业”。得到了行业领导和专家的高度赞扬，公司多年来一直专注于新材料领域，包括赛克、DBM、钛酸酯系列、乙酰丙酮系列等，其总规模和总产值在我国助剂行业都处于领先地位。在新产品研发、绿色安全环保可持续发展方面也都走在行业前端。济宁键邦化工有限公司赛克产品多年来产销量连续保持全球领先地位，是我国赛克产品行业的龙头企业。

“十四五”期间，涂料、医药、塑料、复合材料、油漆制造业的高速发展，为键邦化工提供了更加广阔的市场发展前景。公司将按照董事会描绘的宏伟蓝图，抓住塑料助剂的主业，巩固提升赛克全球领先地位，扩大市场占有率和生产规模，打造国内领先优势；扩大SBM、DBM、乙酰丙酮钙、锌等产品市场份额，在塑料助剂领域树立质量、技术、规模、成本、环保、市场等综合优势，进一步把济宁键邦化工有限公司做强、做优、做大，把键邦品牌打造成助剂行业的世界名牌。

专注新品研发　成就行业典范

——山东硅科新材料有限公司

孔凡振

山东硅科新材料有限公司（以下简称硅科）始建于2013年，总资产4.6亿元，员工400多人，集研发、生产、销售于一体，是全球知名的硅烷偶联剂制造商。现拥有环氧硅烷、酰氧基硅烷、氨基硅烷、烷基硅烷、苯基硅烷、乙烯基硅烷等9大系列生产线，其中乙烯基硅烷偶联剂、环氧硅烷偶联剂、长链烷基硅烷偶联剂等多种产品市场占有率居全国第一。产品出口全球40多个国家和地区，与多家世界500强企业合作，道康宁、信越、迈图、LG电子、大日本涂料、三星电子等都是硅科长期合作的客户，企业取得如此瞩目的成绩源自企业的八项企业文化。

一、专注硅烷主业

山东硅科新材料有限公司在近十年的发展过程中，形成了质量、技术、规模、品种、成本、环保、市场等综合优势。硅科长期专注于硅烷偶联剂细分产品市场，得到了国内外客户的一致认可，尤其是乙烯基硅烷偶联剂、环氧硅烷偶联剂、长链烷基硅烷偶联剂这一系列产品，连续多年市场占有率稳居市场第一。公司自2018年开始销售收入突破两亿元，利润率超过同期同行业企业的总体水平，综合效益指数连续多年位居行业第一。

山东硅科新材料有限公司从进入硅烷行业起就开始了国际化战略，出口额占到销售收入的40%以上，产品出口到世界500强企业在内的全球40多个国家和地区的300多家客户。公司坚持以客户为关注焦点，实现客户价值，坚持创新驱动、以人为本，实现了业绩的持续增长和企业的健康快速发展。2020年高新产品收入42196.5万元，实现利税9033.8万元。有机硅的发展历史是一个技术不断进步，以优异的性能不断满足新需求的过程。如今以“为客户服务”为主导的经营模式引导着大型有机硅企业建立了“原料—中间体—终端产品”的产业链条。

二、保持行业领先

保持生产技术、工艺国际领先，产品持续创新能力强，是企业立于行业领先地位的秘诀之一。山东硅科新材料有限公司拥有行业领先的生产技术，采用自主创新与产学研结合的方式，拥有持续创新能力，多项技术均为首创。公司围绕质量、环保、节能、降耗、绿色等方面持续创新，开发了绿色生产新工艺，提高了自动化、连续化水平，实现了化学资源的循环利用，实现了节能减排。

公司产品全部拥有核心自主知识产权，目前公司已获得授权专利21项，其中发明专利3项、实用新型专利18项，拥有注册商标3个。公司注重标准引领，牵头和参与制订了硅烷偶联剂的17项产品标准及检测标准。

三、打造世界品牌

作为全国同行业中率先通过国际质量管理、环境管理、职业健康安全管理体系认证的企业，山东硅科新材料有限公司严格按标准化指导生产，从原料采购、生产操作到质量检测、产品出厂等实施全过程监控，确保产品出厂合格率100%。

为了确保产品质量精良、关键性能指标处于国际同类产品的领先水平，山东硅科严把质量关，在硅烷偶联剂系列产品关键性能指标上，整体与国际大公司相比基本持平，个别产品优于国际同类水平；在国内同行业企业中处于领先水平，做到了关键性能指标领先。有机硅烷交联剂系列产品关键性能指标主要是产品含量，检测方法国内外统一，均采用PerkinElmer、Waters、Thermo Fisher、岛津、梅特勒等国际一线品牌的分析仪器。

内强产品质量，外树品牌形象，山东硅科新材料有限公司致力于打造硅烷行业的世界品牌。

山东硅科新材料有限公司的硅烷偶联剂已成为多家硅烷公司的首选，部分硅烷偶联剂产品的收率达到100%，为下游企业提供了安全可靠的助剂产品，在保障使用者健康的同时，也使得SICO品牌形象在客户和助剂行业中受到广泛赞誉。

山东硅科新材料有限公司坚持强化质量管理，致力于把硅烷品牌打造成硅烷偶联剂行业的名牌，以品种齐全、规格完整，质量高、服务好，来满足国内外顾客的各项需求，产品深受客户青睐，顾客满意率100%。目前硅烷系列产品全球市场占有率接近20%，国内市场占有率接近30%。

山东硅科新材料有限公司与主要原材料供应商形成了长期稳定的供货关系，与关键原材料供应商如巴斯夫等建立了战略合作伙伴关系。客户方面，先后被道康宁、信越、迈图、LG电子、大日本涂料、三星电子等评为最优秀供应商。2019年，山东硅科新材料有限公司被评为山东省"五十强"新材料产业领军企业。

四、研发创新发展

在大力推行技术革新的同时，山东硅科建立了行业领先的创新平台，坚持自主创新，不断加大研发投入。2019~2020年，企业研发中心先后被认定为"山东省企业技术中心"和"山东省硅烷新材料工程研究中心"。公司现有建筑面积3000平方米的科研楼一座，建筑面积500平方米的中试车间一座。研发中心致力于新产品研制、工艺提升开发及科技成果转化，拥有一支高素质的研发团队。山东硅科新材料有限公司2018年被评为"中国氟硅行业优秀企业"、济宁市"一企一技术"创新企业，并被中国硅烷改性聚合物产业联盟授予"中国硅烷改性聚合物产业联盟理事单位"，2020年被国家工业和信息化部授予"国家级第二批专精特新'小巨人'企业"的称号。

山东硅科新材料有限公司在大力开展自主研发的基础上，注重产学研相结合，与曲阜师范大学建立了长期合作共建的关系，还先后与山东大学、上海同济大学、天津大学、齐鲁工业大学、烟台大学、山东交通大学等高校建立了长期合作关系。通过理论与实践相结合，引进国内外前沿技术，实现再创新。科学技术是第一生产力，通过开发新产品，提高公司的盈利能力，坚持自主创新，增强企业的创新能力。探索出了一整套合理、科学、现代化的企业发展模式。不断引进高质量人才，强化员工技能，提高员工素质，培养精兵强将，促使企业效益持续增长。

硅科先后承担了山东省重大专项、山东省重点研发计划（重大科技创新工程）等项目7项，进行科技成果鉴定5项，累计获得各级奖励十余项，2019年，公司“1，2-二（三氯硅基）乙烷高值化处理研究及产业化”项目获批山东省重点研发计划（重大科技创新工程）项目，获得省拨资金1350万元。

五、提高企业效益

硅科严格按照现代企业管理规范要求，建立起现代科学的管理手段和完整可靠的管理保证体系。注重发展的质量和效益，充分发挥各级管理职能，努力推行目标管理，提高管理团队的判断力、规划力、督导力、纠错力和财务力，促进了管理水平的持续提升。全员、全方位、全过程贯彻节流方针，努力降低能源消耗，杜绝铺张浪费，堵塞各种漏洞，确保了各项经济指标的增长，企业经济效益连续增长，为国家作出了应有的贡献，为企业发展增强了后劲。

硅科依据相关上市公司的要求建立了公司法人治理结构，设置了董事会、工会、经理等机构，以及完备的现代企业管理制度。现已通过ISO9001质量管理体系、OHSAS18001职业健康安全管理体系、ISO14001环境管理体系3项体系认证。

硅科建立了自己特色的企业文化。在抓生产经营的同时，把坚持以人为本、全面提高企业素质贯穿到工作的方方面面，抓各级思想观念的转变、职业化水平的提高，尤其是抓好管理团队的素质提升，反复灌输“全身心的投入、不间断的学习、无止境的创新”的学习理念，宣讲公司发展的美好愿景，全面推行目标管理，坚持问题导向，提高各级员工的责任心、事业心和使命感。

为提高企业管理水平，公司引入了ERP系统，实现了可视化、无纸化办公，也使团队之间的信息分享更加智能和高效。在生产方面，公司花费巨资投入建设了DCS控制系统，实现了生产全过程自动化操作，大大减少了人力、物力的投入，将化工生产和人工智能进行了进一步的结合，实现了工艺操作的量化、数据化，同时更加安全和精确。

公司定期开展多种形式的学习和培训，促进了员工整体素质的提高。公司上下形成了奋发向上良好的发展氛围，造就了一批与企业共命运、艰苦奋斗、踏实奉献、有责任心、事业心和使命感的骨干队伍，促进了企业快速的发展。

六、履行社会责任

在实现客户价值的同时，硅科牢记责任关怀，积极主动履行社会责任。公司坚持依法经营、诚信纳税，2015～2020年累计上缴税金超过1亿元，入库税金一直在济宁市规模以上企业中名列前茅。公司近5年间实现了资产的大幅增值，净资产由2015年的2000万元，增加到目前的4亿元，增长20倍；公司坚持每年分红，充分保护投资者的合法权益。

公司坚持以人为本，确保工资收入增长，全方位促进员工成长。及时为在岗员工缴纳"五险一金"，每年开展各类培训，组织安全教育活动，开展评优树先活动和文化体育活动，组织集体旅游，进行健康体检，增强了企业的向心力、凝聚力。在此期间，累计增加就业人数400人，公司牢记责任关怀，积极投身于扶贫、捐资助学、助危济困等各种慈善公益事业，为各种慈善公益活动进行捐助，为构建和谐社会做出了积极贡献，先后被评为"2016年度慈善基金创始单位""2018年度联盟筹备特殊贡献奖""2018年环保工作先进企业""2018年税收贡献先进企业"等。

七、节能减排治污

山东硅科新材料有限公司始终把安全、环保作为企业的生命工程来抓，牢固树立环境友好、资源节约、可持续发展的经营理念，大力开展技术创新、管理创新。累计投入200多万元，实现了废水、废气达标排放，固废合规处置，消除了环保对公司发展的制约。公司与专门处理危废的济宁市丹佳环境服务有限公司签订危废处置协议，在国家新的危废填埋建设标准实施之际，又投资30万元用于危险废物处理项目，这些项目既解决了自身危险废物的处置问题，又为济宁化工园区的化工产业发展提供了坚实的保障。

认真履行企业安全生产主体责任，增强安全意识，加强安全教育，强力推行各种安全制度，加强安全排查，消除各种安全隐患，建立安全应急管理体系，建立安全生产管理长效机制，确保安全生产无大事故发生，公司被评为安全生产标准化二级企业，连续多年获得“济宁市先进企业”“济宁市安全文化建设示范企业”“年度节水型企业”等荣誉称号。

践行可持续发展、坚持先进的环保理念，积极推行清洁生产、节能降耗治污减排，是全国硅烷和化学工业“节能减排先进单位”。公司始终提倡绿色化学提高产品纯度，同时对生产过程中产生的副产品进行加工，变废为宝。无论是科技研发，还是环保安全方面，公司始终走在最前沿，不断探索践行新理念，通过节能、降耗、提质来提升企业的核心竞争力。加大技术改造力度，加快技术革新步伐，坚持走科技创新和环保安全并行的工业发展之路，使企业永葆活力。

如今，正处于高速发展期的硅科成为有机硅生产领域的佼佼者。在国家大力提倡“新旧动能转换”之际，山东硅科新材料有限公司在渠源总经理的带领下不断创新，为国家的经济发展和环境保护贡献着自己的力量。

八、成就未来可期

山东硅科新材料有限公司在行业内有较高的知名度，为中国硅烷改性聚合物产业联盟理事单位、中国氟硅行业优秀企业、山东省新材料产业协会单位，也是中国氟硅行业新秀。山东硅科新材料有限公司凭借销售收入、盈利能力和规模指标的快速持续成长得到了行业领导和专家的高度赞扬，公司多年来一直专注于偶联剂、交联剂和硅烷浸渍剂等新材料领域，总规模和总产值在我国助剂行业都处于领先地位，在新产品研发、绿色安全环保可持续发展方面也都走在行业前端。山东硅科新材料有限公司硅烷浸渍剂系列产品多年来产销量连续保持全球领先地位。

未来，黏合剂和硅酮密封胶、橡胶、塑料、玻璃纤维与复合材料，油漆、油墨、涂料疏水剂与建筑保护等制造业的高速发展，为山东硅科新材料有限公司提供了更加广阔的市场发展前景。山东硅科新材料有限公司将按照公司“十四五”描绘的宏伟蓝图，抓住硅烷偶联剂的主业，巩固提升硅烷偶联剂全球领先地位；扩大市场占有率和生产规模，打造国内领先优势；扩大硅烷浸渍剂等产品市场份额，在硅烷偶联剂领域树立质量、技术、规模、品种、成本、环保、市场等综合优势，进一步把山东硅科新材料有限公司做强、做优、做大，力争到2025年成为产值规模超10亿的行业领军企业，更好地为世界硅烷工业服务。

行者无疆　恒以致远

——会通新材料股份有限公司

陈晓燕，方宁

会通新材料股份有限公司（以下简称会通股份），股票代码688219，原名合肥会通新材料有限公司，于2008年在合肥高新区注册成立，2017年实行股份制改造更名，注册资本41336万元，总部坐落于安徽合肥国家级高新区柏堰科技园内。拥有五个全资子公司会通新材料（上海）有限公司、重庆会通科技有限公司、合肥会通科技有限公司、安庆会通新材料有限公司、广东圆融新材料有限公司及两个全资二级子公司合肥圆融新材料有限公司和佛山市顺德区美融新材料有限公司。

会通股份主要从事高分子改性材料的研发、生产和销售，致力于为客户提供高性能化、功能化的材料整体解决方案，是国内规模最大、客户覆盖最广的高分子改性材料企业之一。公司拥有聚烯烃类、聚苯乙烯类、工程塑料类及其他类多种产品，产品种类丰富，达300余项。其产品广泛应用于家电、汽车、5G通讯、电子电气、医疗、轨道交通、家居建材、安防等诸多国家支柱性产业和新兴产业。

一、专注科技创新，攻关核心技术

人才是创新的基础，公司自成立以来十分尊重人才，关注人才队伍建设，目前拥有科技人员355人，其中博士10人，硕士81人，中高级技术职称人员24人，安徽省战略性新兴产业技术领军人才1人，庐州产业创新团队带头人2人，来自世界五百强材料企业技术专家1人，聘请高校科研院所及国内一流化工企业专家作为公司的专家、顾问，为公司技术研发提供方案和技术指导，搭建了国际化的研发流程和体系，形成了一支国际化的研发团队，在我国高分子材料行业处于领先地位。

公司致力于将自身核心技术转化为解决行业痛点、满足客户需求的特色产品，目前已形成了由低散发材料、增强复合材料、高稳定阻燃材料、免喷涂材料、健康防护材料、特色功能材料为核心的六大类特色产品体系。

其中低散发材料方面，相关技术获得3项发明专利，研发的新型低气味车用PP材料2020年通过石化联合会科学技术成果鉴定，技术鉴定结论为国际先进；高稳定阻燃材料方面，公司基于该技术体系研发的低收缩高透光阻燃PC材料2017年通过安徽省新产品认定，技术鉴定结论为国内领先；研发的阻燃PBT复合材料2019年被评为广东省高新技术产品；研发的阻燃增强PA66合金材料2020年通过石化联合会科学技术成果鉴定，技术鉴定结论为国际先进。特色功能材料方面，相关技术获得发明专利2项，2017年产品通过安徽省新产品认定，技术鉴定结论为国内领先。

公司还注重行业前沿发展问题研究，2017年华为提出用低介电损耗的玻纤增强PP材料制备5G通信基站天线壳体的技术思路后，公司迅速组建材料设计、配方设计、成型技术、计算机模拟、颜色开发、制造工艺等多专业人员组成的研发团队，研制出新一代天线罩专用玻纤增强PP材料；公司开发的耐候耐寒阻燃PC/ABS材料通过美国UL实验室F1认证，并获得最高阻燃等级评价，上述两款材料均已通过华为的产品认证。此外，公司开发的增强PC/ASA类天线专用材料、低介电PPO材料、透波PBT材料、吸波PA材料等材料均已陆续开发成功并逐步在天线罩、介质移相器、毫米波雷达等产品中应用。

同时公司拥有多项核心知识产权，截至2021年6月底，公司共拥有授权发明专利59项、实用新型专利37项；参与起草、修订且已发布的国家标准13项、行业标准1项、团体标准1项。公司被认定为国家高新技术企业、国家知识产权优势企业、石油和化工行业技术创新示范企业、安徽省专精特新中小企业、安徽省创新型试点企业、安徽省制造业与互联网融合发展试点企业，连续两年入围中国石油和化工民营企业百强、安徽省民营企业制造业综合百强，具有国家企业技术中心、国家CNAS认可实验室、广东省企业技术中心、广东省工程技术研究中心、安徽省工程技术研究中心、安徽省工程研究中心、安徽省博士后科研工作站、合肥市工业设计中心等创新开发平台资质。

二、提升管理水平，促进经营发展

公司根据制定的数字化管理转型路线，在过去五年中，逐步实现了SAP、ERP、MES、PDM、SRM、QMS等核心信息化管理系统的集成应用。基本解决了公司日常管理所面临的各种矛盾，提高了生产管理组织的计划性和订单执行、质量监控管理的有效性，为公司近年来生产经营绩效提升所起到的作用显著，也为公司管理模式带来了创新与变革。2018年，公司实现销售收入19.02亿元，同比增长11.35%；2019年，公司实现销售收入40.51亿元，同比增长112.99%；2020年，公司实现销售收入41.24亿元，同比增长1.8%；营收名列行业前茅。同时通过全过程的质量管理监控，有效提升了公司的产品质量，特别是家电材料和汽车通用材料各项质量指标均稳步提升。不合格品万元质量损失率为0.59元/万元，同比下降1.2元/万元；材料性能合格率99.92%，上升0.24%。

公司实行全过程智能制造与质量管控，通过智能化信息系统辅助管理，减轻了员工在数据监控和测量采集方面的劳动强度；促进执行计划任务的部门之间的横向联合与协调合作，企业管理的通透性得到大幅提升；为公司生产经营及管理模式带来了创新与变革，促进了企业工业化和信息化融合步伐。2016年通过国家两化融合管理体系评定，2017年获批合肥市功能改性高分子材料智能工厂，2019年获批安徽省制造业与互联网融合发展试点企业和面向改性塑料的生产制造与精益品质管控能力项目，2019年获批制造业与互联网融合发展试点示范项目，2020年获批安徽省高性能工程塑料数字化车间。

三、关注绿色发展，创造和谐环境

公司在发展的过程中，始终本着对社会高度负责的态度，以群众满意度为根本标准，持续提升群众满意度，打造新材料行业的环保标杆。

公司强化内部管理，设立了EHS工程师岗位，负责现场的环保管理，严格执行各项环保工作的实施。建立了以董事长为第一负责人的环境保护专项管理小组，下设执行组长和组员，实行三级管理，高效有序地推进环保工作，顺应绿色发展需求。施行了每晚领导值班制度，在夜间薄弱环节由值班领导对现场及环保设施进行点检，应对突发异常情况。

公司强化信息公开化程度，在2019年3月底完成了环境在线检测设备的安装、调试及试运行全部工作，并投入使用；同时在厂区西门悬挂LED电子看板，实时同步在线监测数据，做到监测数据的可视化管理。

在废气治理方面，公司注重学习同行业企业优秀经验，在2016年12月~2017年3月，先后组织4次考察学习，前往上海、苏州、浙江等地的先进企业进行考察学习，详细了解行业先进废气治理方案。

在危废管理方面，公司与具有资质的单位签订年度处置协议，并设置专门场所储存危废，实行专人管理，危废实行分类存放，规范张贴危废标签。对危废库房实施"三防管理"，在库房内设置防溢沟槽，并配备环境应急物资，同时每年开展一次危废泄漏演练。

2020年，公司在抓紧发展的同时，也不忘环保节能工作的开展；先后委托有资质检测单位对废弃、废水、噪声进行了9次检测，且检测数据均远低于相关标准；为保障环保设备的正常使用，2020年度累计更换过滤器12次，更换活性炭2次。同时委托第三方对车间收集设施全部集气罩进行升级改造，并在车间出入口增加风幕机及光电感应门，防止废气无组织逸散，达到了预期效果。

值得一提的是，公司通过技术改造的方式，积极响应绿色发展要求。在2017年4月对原有机废气治理设施进行提标改造［改为沸石转轮吸附+蓄热式焚烧炉（RTO）处理工艺］，并于2017年9月通过验收，成为全国改性塑料行业第一家采用沸石转轮+RTO燃烧技术的企业。

该项目建成后，可实现有机废气收集效率达到90%以上，有机废气处理效率达到95%以上，较技改前VOC削减量32.5吨/年，苯乙烯排放量削减1.25吨/年。同时减少活性炭危废25吨。

在该项目建设过程前、中、后期，公司保持与周边居民的密切沟通，多次组织召开居民座谈会，邀请周边多个小区业主代表，现场征集居民意见和反馈，并将居民意见落实到项目中去，让居民参与到企业的环境治理工作中，不断增强周边群众环境改善的"获得感"与"幸福感"。

四、推进文化建设，打造人文会通

会通英文商标为ORINKO（Original Intelligence Keep On）（睿智以致远）。Original Intelligence：原创思想，代表创新精神，也可解作“东方智慧”；Keep On=Keep Going（Far）：持续、致远的意思。行千里智慧为本，续发展创新之道；企业实力植根于睿智，活力源于创新。会通代表中国新一代民族工业，以创新的精神，不断地在专业领域上追求进步，持续推动社会的发展。公司以“创新材料，成就客户，为人类创造绿色生活”为使命，努力创造人与自然和谐共处的生态环境。

在外部客户理念方面，一直以来坚持以客户为中心的宗旨理念；洞察并满足客户需求，提供专业服务，不仅做到客户要求的，还超出客户期望，帮助客户提升市场竞争力、实现价值最大化。通过持续创新与精益求精，保障客户与公司的可持续发展，实现合作共赢。

在内部员工关怀方面，始终坚守以人为本的原则，建立了会通特色的企业文化。在抓生产经营的同时，公司把坚持以人为本、全面提高员工素质贯穿到工作的方方面面，促进各级员工思想观念的转变、职业化水平的提高，为每一个员工提供充分的学习机会，全面推行目标管理，坚持问题导向，提高各级员工的责任心、事业心、使命感。除了职业技能、素养的提升，公司专门制定了员工《福利管理办法》，为员工们举办体育竞技赛事、节日福利、工作日下午茶、生日祝福、入职纪念和团建活动等，让大家感受到参与的快乐、享受着付出的愉悦。

一直以来，公司为每一位员工营造温暖的大家庭。也让每一位员工和公司一起，相互依靠进步，在公司发展中荣辱与共，使公司发展与员工进步有效融合。

五、践行社会责任，担当企业使命

会通股份作为一家富有社会责任感的企业，积极参与扶贫、助学、助农、防疫等各项慈善公益事业中。

自2016年起，在合肥市工商联的牵头领导下，与长丰县韩庄村结对子，进行为期五年的“百企帮百村”精准扶贫行动。其中2020年公司为韩庄村捐赠3台电脑和一台打印机，捐赠总费用1.4万元，用来建设农家书屋、电商办公室和扶贫办公室，农家书屋在暑期还会对留守儿童进行电脑知识培训。电商办公室则用来打造当地农产品电商平台，将贫困户家中养殖的禽类、肉类集中售卖，逐步形成产业化。通过五年来的对口扶贫活动，该地区建档立卡的贫困人口已全部脱贫。

除此之外，公司重视教育，牢记社会责任，在2020年度共资助了4名因病、因先天残疾等因素致贫致困的大学生，同时关注贫困大学生的心理健康，对贫困大学生提供了经济及精神双方面的支持。

2020年1月，在新冠肺炎疫情发生后，医疗卫生防护用品供给压力持续增大，导致制作医用口罩、防护用具等的主要材料需求量急增，其中口罩用熔喷布专用聚丙烯材料是国内紧缺材料。为助力抗疫防护品材料供应，公司利用自身技术优势，启动专项小组进行攻关，积极研发医用口罩专用料、口罩鼻梁条专用料及防护镜专用料，并且迅速改造设备转产紧缺物品，全力组织采购及生产，推进产品市场供应。此外，会通经安徽省发展改革委、安徽省经济和信息化厅批准被纳入疫情防控重点保障物资生产企业名单。同时获得中国合成树脂协会抗疫先进单位表彰及合肥高新区抗疫先进单位表彰。

在这场没有硝烟的战争中，公司以实际行动践行社会责任和担当，同全国人民一道并肩战斗，共渡难关，汇聚起抗击疫情的强大合力。公司通过各种渠道购置医用N95口罩9000只，捐赠给政府和医疗机构，并获得政府及医疗机构感谢信，为打赢疫情阻击战贡献应尽之力。

积极推进复工复产期间，公司全体党员始终奔波在社会防疫第一线。防疫期间支部党员纷纷解囊相助，共计捐款1496元。

会通股份始终牢记：企业发展源于社会，回报社会应是企业应尽的责任。在回报社会的路上，还将继续努力。

会通股份将在历史的新征程中，以更加坚定的信念，围绕产业结构优化、创新能力提升、企业竞争力培育和经济效率升级重点主题，在技术创新、管理创新、绿色发展、文化建设及社会贡献等方面，发光发热。

夯实氟化工基础　探索新材料道路
在创新发展中拥抱数字化

——多氟多新材料股份有限公司

王亚昆，温丰源

“十三五”以来，多氟多新材料股份有限公司（以下简称多氟多）与时代同行，不断探求氟在人类生活和工业应用中的无限可能，开拓创新、奋力拼搏，以新材料体系为支撑，从氟化工向新能源转型战略日益清晰。

“十三五”期间，在企业经营方面，多氟多始终保持较快的增长速度，累计实现营业收入190亿元，年均增长率9.36%，实现利税15亿元，并进一步巩固氟化盐行业龙头地位，氟化铝出口量占全国40%以上，全球市场占有率15%。以六氟磷酸锂为代表的新型锂盐材料体系，市场占有率逐步攀升，有力支撑了锂电池行业发展。其中，六氟磷酸锂全球市场占有率为20%，国内市场占有率为30%，产销量全球第一。电子级氢氟酸、硅烷等产品质量实现跨越提升，敲开中芯国际、德州仪器等半导体企业大门，助力半导体新材料国产化替代。

截至2020年年底，企业累计申请专利700项，授权专利439项，取得一系列科技成果，“十三五”期间累计研发投入8.4亿元，占销售收入4.4%。六氟磷酸锂荣获国家科学技术进步奖。无水氟化铝、氟硅酸制造无水氢氟酸新工艺入选石化行业绿色工艺名录。项目建设硕果累累，六氟磷酸锂、电子级氢氟酸、新型电解质项目先后承担完成了国家工业强基工程、国家产业振兴和技术改造项目、国家增强制造业核心竞争力专项，累计承担完成国家级项目19项。以数字化为支撑的运营转型进入系统集成阶段，多氟多企业管理平台和生产运营指挥中心相继投入使用，打通“供应链、智能制造链、市场链”。

一、探求氟资源高效利用，引领行业绿色发展

生态兴则产业兴。氟化工是一个新兴且有着远大发展前景的行业，广泛应用于航空航天、金属冶炼、化工医药、电子军工、新能源等产业。数十年来，我国氟化工产业发展十分迅速，已成为全球氟化工产品的生产和消费大国。但是，绝大多数无机氟化物产品都是以萤石为原料生产的，而萤石作为一种发展原子能工业的重要战略资源，蕴藏量有限，如何充分、合理、节约利用萤石这一重要资源并寻求新的“氟资源”，已经成为我国氟化工产业可持续发展的重要课题。

“科技创新，就像撬动地球的杠杆，总能创造令人意想不到的奇迹。”站在化学元素周期表面前，多氟多立足氟、锂、硅3种元素，创造了“氟锂妙结合、氟硅巧分家”的神奇。

早在20世纪90年代末，多氟多就围绕磷肥的副产品展开了综合利用，在国内首创了氟硅酸钠法制冰晶石联产优质白炭黑生产技术，打破了氟化工行业“氟硅不分家”传统，开创了“氟硅巧分家”新天地。有了第一次成功，多氟多在惠及产品上下游企业节能减排、绿色发展上如鱼得水，屡建奇功。近年来，又开发了无水氟化铝新工艺，开创出一条绿色环保的清洁生产工艺，入选了《石化绿色工艺名录》(2019年版)。随后，多氟多从供给、生产端入手，依托资本优势和技术优势，将氟化工产业向有资源优势和市场优势的西北和西南地区转移，开展合作和并购，促进行业绿色发展。2017年，与中色(宁夏)东方集团有限公司合资创建宁夏盈氟金和科技有限公司。并购后，多氟多对企业进行技术改造和内部挖潜，增强企业活力，实现了资源和技术强强联合。2019年，并购重组中色韶星，进一步扩大行业影响力。多氟多通过整合行业资源，消除落后产能，优化了产业生态环境，巩固了龙头地位，同时也找到了新的经济增长点。

氟硅酸制氢氟酸等低品位氟资源综合利用技术创新取得重大突破，再次入选《石化绿色工艺名录》(2020年版)。2020年12月，多氟多与云南云天化公司以磷肥副产氟资源综合利用为切入点，成功握手合作，再次奏响了氟、磷行业协同绿色发展的大篇章，

项目以绿色发展为导向，通过氟化工、磷化工在资源链上的首尾贯通，将实现产业链、供应链、价值链的延伸和提升。成为深入落实党的十九届五中全会精神，聚焦行业高质量发展的新举措。如今，该项目进展有序，入选2021年云南省“四个一百”重点建设项目。

二、氟锂妙结合，从氟化工转型新能源

依靠科技创新，多氟多走出了一条“技术专利化、专利标准化、标准国际化”的创新道路，发展成为无机氟化工行业领军企业。为能够百尺竿头更进一步，实现企业高质量转型发展，多氟多以六氟磷酸锂——锂离子电池电解液的关键原材料为切入点，从氟化工向新能源转型。

在2006年之前，我国生产锂电池用的六氟磷酸锂，只有日本能够生产，国内使用完全依靠进口。为顺应市场需求和国家政策导向，多氟多成立研发团队，通过氟锂结合，研发六氟磷酸锂。历经八年攻关、上千次试验，终于攻克了多项技术难关，首创了以工业无水氟化氢、工业碳酸锂制备晶体六氟磷酸锂的新型原料路径，实现规模化量产，产品指标居国际领先水平。2016年公司作为主要单位参与制修订了《六氟磷酸锂产品分析方法》国家标准和《六氟磷酸锂》化工行业标准。截至目前，六氟磷酸锂获得授权专利30余项，在核心期刊发表相关论文16篇。公司独立开发完成“锂离子电池核心材料高纯晶体六氟磷酸锂制造关键技术开发及产业化”荣获国家科技进步二等奖，入选工信部制造业单项冠军产品名录。获得国家重点新产品、河南省名牌产品、中国石油和化学工业知名品牌产品等荣誉。截至目前，公司已经拥有1.5万吨/年六氟磷酸锂产能，产品国内市场占有率达30%、全球市场占有率达20%，产销量居全球第一，出口到日本、韩国等几十个国家和地区。近五年产品销售1.4万吨，销售收入14.5亿元，利税5亿元。

通过攻克六氟磷酸锂技术，有力促进了我国新能源行业的发展，同时，多氟多实现了向精细氟化工的转型，为企业转型新能源打开了通道，也使企业找到了更为准确的发展方向，为企业高质量发展提供了充沛的动力。

之后，公司以六氟磷酸锂为突破口，系统研究了锂电池及其材料体系，成功开发聚合物软包装叠片动力锂电池，掌握锂电池核心技术，实现了从氟化工到新能源的转型发

展，并相继与奇瑞、上汽、韩国现代等整车厂展开合作，荣获2018年度中国动力电池十大品牌、2018年度中国动力电池技术创新奖。2019年，在工信部第一批产品推荐目录中，多氟多锂电池能量密度位居第一。锂电池装机量进入国内前十，软包系列居国内第二。

2020年，受下游新能源汽车行业景气度提升拉动，六氟磷酸锂量价齐升，满产满销，产销量连创新高。新型锂盐“双氟磺酰亚胺锂”“四氟硼酸锂”“二氟草酸硼酸锂”等逐步进入市场，打开了新的发展空间。2GW·h锂电池项目建成投产、夯实基础，完善了市场布局。目前，公司正在积极进行优质项目战略布局，引进战略合作，加大市场开拓力度，进一步提高公司整体竞争力和盈利能力。

三、把握时代机遇，进军半导体助力中国“芯”

氟、硅两个元素的相互作用构成了半导体工业的基础。半导体产业作为一个高风险、高技术含量、高附加值的产业，是国家大力支持发展的战略性新兴产业。

依靠在氟技术方面的突出优势，多氟多瞄准我国新材料领域的“卡脖子”关键核心技术，开始深入介入电子化学品领域。经过长期的开发研究，多氟多在半导体工业用电子化学品方面终于取得了突破性进展，跨入了芯片行业门槛。一方面，在湿电子化学品方面，多氟多加快年产1万吨超净高纯电子级氢氟酸项目的产业化建设。该项目以工业无水氢氟酸为原料，开发电子级氢氟酸生产新工艺，突破国内行业在原材料提纯、工艺过程优化、设备优化等方面的技术瓶颈，解决电子级氢氟酸提纯难的行业共性问题，打破高品质电子级氢氟酸依赖进口局面，并开发出了以电子氢氟酸为代表的系列产品的生产新工艺，有力支撑了国家关键原材料的国产化和供给安全。同时，干电子化学品方面，在研究硅元素的基础上，以氟为媒介，通过“氟硅巧分家”生产高纯度的单晶硅、多晶硅，应用在芯片、光伏行业等。2018年4月，成功并购浙江中宁硅业，利用其原有的电子级多晶硅、电子级硅烷等产品优势，深度布局半导体行业。

2018年，企业生产的电子级氢氟酸品质达到UP-SSS级，产品性能已经优于行业内SEMI-C12的标准，阴离子（各种酸根离子）含量<5微克/千克，阳离子含量<10微克/千克，颗粒（粒径≥0.2微米）≤10毫升，经测试完全达到业界先进水平。

2020年电子级氢氟酸产销量创历史新高，增幅达33.43%，电子级硅烷产销量增长

35%以上，光伏行业市场占有率大幅提高，半导体高端领域市场开发取得重大突破。目前，多氟多已与多家国内半导体客户建立合作关系，并成功进入韩国高端半导体供应链且持续稳定批量供应，出口数量位居国内前列，与日本及欧美半导体企业合作也在积极接洽中。已经成为名副其实的光伏材料龙头供应商，并成为国内唯一一家同时进入光伏、液晶显示、半导体领域的新材料企业。

如今，多氟多已具备年产1万吨超净高纯电子级氢氟酸（半导体级）的生产规模，光伏级电子级氢氟酸产品月销量也位居全国前列；且在此基础上又自主开发了电子级硫酸、电子级氟化铵、电子级双氧水等系列产品，迎着新一轮科技革命和产业革命的机遇之门，闯关夺隘，唱响了“世界级、中国造”的国际歌。

四、主动拥抱数字化，智变新未来

作为无机氟化工行业领跑者，多氟多正在探索氟化工行业的数字化、智能化转型之路。公司以数字化思维为引领，实施了“智才聚集、智能制造、智慧企业”三智工程，以系统多维、互联互通数字化云平台为支撑，融合管理技术、信息技术和产业技术，构建智慧化企业管理架构，充分发挥以董事会、监事会、管理层“两会一层”为核心组织维度的智能化协同功能，为各分子公司经营主体提供战略规划、技术和人才支撑、市场运营等服务；实施以人、财、物为核心管控维度的智能化保障功能，为经营主体精准赋能；建设以供、产、销为核心过程维度的智能化运营，实现供应链、创新链与市场链的三链融合，全面推动企业数字化管理变革。

自2016年开始，多氟多构建的以信息化平台为支撑的智慧化企业管理体系架构逐步完善并发挥作用。数字化、智能化为企业带来了生产和管理流程的优化再造，也为公司向新能源、新材料等高价值链条的跃升奠定了坚实基础。比如，锂电池智能化生产线的应用，价值创造能力正在显现。2017年，新能源锂电池智能制造车间列为“国家智能制造新模式应用专项”，参与了国家锂电池智能制造行业标准制定。数字化转型工程荣膺“2018年度中国数字化转型与创新战略典范”，入选《2018中国数字企业白皮书》，成为北京大学光华学院管理科学与信息系统教学典型案例。2020年，荣获第26届全国企业管理现代化创新成果一等奖。“5G+氟化工行业工业互联网解决方案”在全国第二届工业互联网大赛中晋级百强。

“多氟多组织维度、管控维度、过程维度的九大要素通过数字化表达，正在实现一眼看全、一眼看穿、一眼看透，达到一目了然、一竿子到底的效果。”“管理创新永无止境，管理创新的最终目的在于引领企业发展战略与强国战略同频共振，以更好的产品造福人类，以更好的效益回馈社会。”多氟多数字化蓝图描绘的未来美好前景，让一批智慧的人，在一个智慧的平台上，操作一条条智慧的生产线，为社会提供更多智慧的产品和服务，正在逐步成为现实。

“十四五”时期，是我国由全面建设小康社会向基本实现社会主义现代化迈进的关键时期，“两个一百年”奋斗目标的历史交汇期，也是全面开启社会主义现代化强国建设新征程的重要机遇期。我国发展进入了新的阶段，面临的风险和挑战也前所未有。公司将紧抓国内大循环和国内国际双循环，碳达峰、碳中和发展机遇，坚持“从氟化工向新能源进军”的战略，以现代企业管理的数字化能力为引领，积极发展新材料、有序发展锂电池，推动数字化转型和运营转型，提升价值创造能力，更好地科学推动企业高质量发展，为行业绿色、协同、智能发展贡献力量。

聚“五力” 技术创新加文化创意为企业发展赋能

——润泰新材料股份有限公司

崔茜，卢小松

润泰新材料股份有限公司（以下简称润泰新材）是一家集科研、开发、生产及经营为一体的综合性国家级高新技术企业。十年发展，润泰新材聚“组织力、凝聚力、生产力、文化力、创新力”这五力，深入实施“人才强企、科技兴企、文化助企”战略，积极推进技术创新，坚持弘扬润泰文化，大力引进海内外优秀创业人才、建立科技创业团队，为推进公司持续稳健发展提供了人力和智力支撑。

技术创新和文化创意应当是相互融合、相互促进、协调发展的，科技蕴含的求真、求善和人文精神中对美好事物的追求根本上是一致的。科技需要以人文精神为指引，同时人文也需要以科技为载体增强影响力。

在此背景下，如何更好地以技术创新促进文化创意，走高质量发展道路，成为润泰新材料股份有限公司近年来聚力解决的一项重要管理课题。十多年来，润泰新材在技术创新和文化创意的共同引领下，公司综合管理水平持续提升，产品品质达国内外先进水平，在水性涂料成膜助剂领域，目前国内市场占有率第一，销量与产能中国第一、世界第二。

一、提升“组织力”，保证企业发展正确方向

党组织和工会为企业文化建设和经营发展提供可靠的政治保障，引领企业在正确

道路上前行。提升组织力是实现公司"成为行业内领衔企业及卓越品牌"愿景的根本方法。

虽然润泰股份是一个只有十年发展经历的年轻企业，但是润泰人艰苦创业的经历积淀了优秀的企业文化。公司创始人张世元董事长从一名普通的涂料厂学徒，经过了20多年的艰苦磨炼与蜕变，终成行业隐形冠军，用坚持创新的思想引导企业朝着正确的方向发展。作为一名共产党员，他以"不忘初心，牢记使命"的赤诚之心，锲而不舍，为员工不断植入企业文化的精髓。

他鼓励员工读《孔子》学做人，鼓励中层干部读《孙子》学做将，鼓励高管读《老子》理解顺道逆势，并将国学中的"道天地将法"引入到企业文化发展中去，依靠企业文化发展的落地实施，不断推进"聚五力"工程。

党支部组织实施"党建润沃土 先锋领前行"品牌工程，坚持党组织政治引领的聚合力，党员示范带动的激活力，职工岗位奉献尽全力，大力开展"职工比技能，党干比思想"的比学赶超活动，充分发挥党组织的战斗堡垒作用，实现非公有制企业扩归增效，做大做强的新经济发展势头。按照"强管理、塑文化、促发展"的工作思路，深入探索党建与企业文化深度融合，不断提升核心竞争力，促进企业转型升级、科学发展。紧密结合企业中心工作，给广大党员自觉融入企业发展主战场搭建了有效平台，为迎难而上、逆势发展提供了坚强有力的组织保证。同时彰显公司员工与时俱进、勇攀高峰、引领标杆的奋斗精神。

领路人的决心迅速与全体员工达成共识，党组有号召，工作有目标。在宏伟目标的感召下，全体党员干部积极带头，员工热烈响应，迅速掀起了攥紧拳头再发展的工作热潮。

二、加强"凝聚力"，营造家文化融洽氛围

人才是第一资源，只有专业的人才才能把事情做好，只有团结的队伍才能铸就卓越。打造"家文化"，激发员工潜能，促进员工与公司同步发展是润泰始终坚持的人才培养方针。专业的人才培养机制和温馨的"家文化"组织氛围是公司保持强大凝聚力的两大法宝。

大力引进人才、凝聚才智。通过与国内外顶尖大学的研究机构进行合作，公司创建了业界领先的研发中心。与美国东密西根大学合作成立涂料研究所；与上海华东理工大学共建研究生校外培养基地；成立了江苏省民营科技企业研发中心；在扬州大学成立了研究生工作站；在泰州地区成立了泰州市涂料助剂工程技术研究中心。公司每年投入的人才培养及研发经费达2500万元以上，占总销售的8%。为保证产品市场竞争力和技术领先水平，主要管理技术骨干先后赴美国、德国、意大利、澳大利亚、东西亚等国家和地区学习和考察，引进国外先进技术及管理方法，并与多家培训机构签订长期培训合同。

公司秉承广招天下英才的宗旨，大力挖掘人才并鼓励人才在企业机构内部的稳定发展，对于外省职工，提供优越便利的住宿条件，关心外省员工生活，帮助他们更快地适应环境，更好地效力公司；对于对公司有突出贡献的外省员工，公司鼓励其在本市落户安家，并为购买住房的外省员工支付购房首付金，解决子女上学问题，让员工感到家的温暖。同时注重员工的精神培养，与区党校联办大专、本科学历提升班，47名员工获得免费深造学习的机会。

公司成立由董事长直接领导的企业文化部，构建物质文化、行为文化、精神文化的管理体系，着力打造温馨和谐的“家文化”。润泰家文化是润泰人的骄傲，为了提高员工素质，企业以诚信守法为重点，打造特色润泰家文化，提出了“抱诚守壹、与时俯仰、居安思危、温润而泽、泰而不骄”的“润泰家文化”。在“家文化”的感召下，员工的个人潜能被充分挖掘，有力地促进了企业经济效益的最大化。以人为本、和谐温馨的润泰家文化不仅助员工成长成才，更让企业成为员工内心高度认同的温馨家园。

2020年5月18日是润泰化学成立十周年的日子，董事长张世元果断决策“不做庆典做感恩，百万现金答谢员工父母”，感谢员工多年来对公司的忠诚和贡献，感谢家属的支持和理解，同时倡导员工践行敬老孝亲的传统美德，传承尊老爱老、崇德感恩的优良传统。

公司工会以关心员工生活、为职工办好事办实事为己任，努力为员工排忧解难，做到既维护企业的整体利益，又维护了员工的具体利益。经常深入生产一线，认真了解员工家庭的生活、工作状况；员工婚丧或生病住院，工会及时关心到位，送上最真挚的关怀和祝福，增强了企业的凝聚力；了解公司职工的家庭情况，为家庭困难的职工申请资金帮助，给予员工家庭的温暖。

在员工生日当天，第一时间送上问候和祝福，并将生日蛋糕或鲜花送到职工手中，礼物虽轻，但是却深含着公司领导、工会领导对员工的关怀以及以人为本的管理思想理念，小小礼物，传递的却是中华民族的传统美德。将公司、工会的温暖送到了职工心坎。一声声问候温暖了润泰人的心，使全体职工充满了效力企业、服务企业的愉悦感！

近年来，工会以开展员工喜闻乐见的文化活动为载体，着力营造良好的企业文化氛围，推动企业文化建设，弘扬工会团结的企业精神。为了增进感情、加大经验交流的机会，让员工的业余生活有滋有味，成立了“润泰员工艺术团”“润泰职工书社”“润泰桥牌俱乐部”等社团，汇聚公司热爱文艺和文学的员工，投身公司的文化建设中去，定期组织和开展乒乓球、掼蛋、拔河、桌球、书画摄影展览等员工喜闻乐见的活动，职工利用业余时间自编歌曲、舞蹈等节目，这一系列形式多样、内容丰富、注重实效的文体活动极大地增强了企业的凝聚力和向心力，对内陶冶了员工情操，增强了员工团队合作意识，对外弘扬了企业精神，展现了企业风貌，营造了一种轻松和谐向上的企业文化氛围。

三、提高“生产力”，助推公司发展壮大

抓文化就是抓生产力，将文化企宣优势转化为企业生产和发展优势。随着涂料行业环保要求的不断提高，为积极应对外部市场环境带来的挑战，解决生产中存在的各种难题，公司在营销、成本管控和机组效能挖潜等方面开展了大量创新实践。以习近平新时代中国特色社会主义思想为指导，坚持以人为本，牢固树立安全发展理念，大力弘扬生命至上、安全第一的思想，秉承“安全是父 环保是母”的安全文化，明晰“未来化工企业的竞争是安全、环保、品质的竞争”的发展形式，各部门盯紧安全生产目标，精准发力，抓紧、抓牢、抓实安全工作，全力保证公司安全稳定运营。

以“安康杯”竞赛为载体，以预防生产安全事故和控制职业病危害为重点，积极推进公司全员安全生产责任制的落实，组织开展群众性安全生产活动，扎实推进公司安全文化建设，不断提高公司安全管理水平和职工安全健康素质，实现安全生产无较大以上事故。

党的十九大报告中一直强调绿色环保的话题，作为生产型化工企业，坚决贯彻执行“安全促进和谐，保护碧水蓝天”的核心生产理念。公司被评为“安全生产先进单位”，被江苏省民营科技企业协会评为“江苏省民营科技企业”，被誉为“十二五”全国石油和化工工业环境保护先进单位。

实施以节能调度为中心的运行管理，积极推进多个信息化系统融合应用，开展节能优化试验，降低能耗指标，提升安全环保作业要求，助力公司在市场环境中保持领先的盈利能力。

近年来在守法诚信上，坚持以顾客为中心，推动企业发展；加强生产工艺纪律并坚持持续改进，严格质量监控，确保制造优良品质产品；与越来越多的客户以及大型企业签订了长期的合作协议，实现共赢，并将产品成功推向了国际市场。

四、推动“文化力”，打造书香示范企业

建章立制，找准“书香企业”建设的着力点。蚂蚁书吧是职工书屋的延伸，利用这一精神财富发挥巨大的能量，助力于企业文化建设。目前书吧藏书9000余册，所有书籍均来自于员工捐赠，书吧由董事长张世元命名，旨在为了培养员工爱学习的精神，像只勤劳的蚂蚁一样，做知识的搬运工。员工平时读到好的书籍，就会带到书吧进行分享，共同享受学习的乐趣，通过互动与分享，让企业成为学习延伸的阵地，为员工提供更多服务。推行全民阅读，为打造书香润泰、文化润泰助力。蚂蚁书吧的建设成为丰富职工业余文化生活，提升职业技能，提高综合素质，开阔视野，拓宽员工知识面的良好平台，为广大职工提供学习和交流的机会，营造浓厚的学习氛围，为创建学习型企业的重要阵地奠定了坚实的文化基础。

常态运作，在阅读活动上找准“书香企业”建设切入点。以实施职工教育、提升队伍素质、建设书香企业为抓手，广泛开展“送书下基层”“书香润泰、惠泽后学”“读好一本书、练好一项技能”和撰写读书体会、征集读书感言等丰富多彩的活动。成立读书俱乐部和文化学习小组，公司期刊《润泰化学》定期刊登员工佳作，促使干部员工在博览群书中拓宽视野、在相互交流中分享读书快乐。

浓郁书香，培养了员工爱读书、会读书、读好书、好读书的良好习惯。员工将读书

当作生活中密不可分的一部分，从“思想成长、身心成长、技能成长、自身成长”的各方面提升综合素质，公司荣获“江苏省民营企业文化建设示范单位”、泰州市“三个文化”建设示范点等称号。

五、坚持“创新力”，大力弘扬工匠精神

公司大力弘扬企业家爱国敬业、艰苦奋斗的精神。随着企业规模的扩大，企业间竞争更加激烈。为此，积极推行阿米巴经营管理模式，让利润“增肌”，费用“减脂”，营造人人参与成本管理，人人对经营结果负责的氛围，使投出去的每一分钱都能产生最大的回报，为用户负责、为团队负责、为股东负责、为企业负责、为社会负责。公司从各项制度、流程入手，把“工匠精神”作为追求目标。用“匠心”和“创新”不懈地提升产品质量和营销服务，让工匠精神成为推进润泰发展的精神动力和力量源泉。

一方面与上级政府携手，着力产业发展、企业成长、产品创新指导思想的提升，另一方面在吸纳新精神、新思路的同时，植入资本市场的优势，大力倡导与政府加强经贸联络，广泛参与各类经济合作交流，不断提升公司产品的品牌地位与知名度。

当今社会，信息化已是企业经营管理的常规手段。牢固树立“发展现代产业体系，大力推进信息化与工业化融合”的战略思想，以信息化带动工业化，工业化促进信息化，成立了专门的项目小组并持续推进两化融合管理体系，不断提升企业两化融合管理体系的理论水平，加深企业对两化融合管理体系的认知，主动利用信息技术，通过对流程优化、组织优化、数据的开发和利用来促进企业由大到强的转变，以逐步适应未来工业4.0的生产模式，实现智能化和智慧化。

科技与信息化的发展为企业文化建设提供了更为高效便捷的工具，使企业文化宣传教育等方面开辟了新的途径，为促进公司文化发展提供了强大的驱动力。

如今的润泰新材已经发展成为专业打造民族工业品牌的领衔企业，但公司从不满足现状，润泰股份的领路人张世元与其管理团队正审时度势，规划出了公司未来五年、十年及长期发展战略，以更远的眼光、更高的追求、更快的步伐、更实的举措，努力实现“成为全球化工行业百年百强企业”的润泰梦。

坚持科技创新　粘接引领未来

——湖北回天新材料股份有限公司

汪冬

一、企业发展概况

湖北回天新材料股份有限公司（股票代码300041）（以下简称回天新材）是一家以“科技创新，产业报国”为办企宗旨的民族胶粘剂企业，是国内最早从事胶粘剂研发的科研单位，也是全国第一批科研院所按市场化运作转制的民营科技企业，是中国胶粘剂行业的第一家创业板上市公司。

回天新材始终坚持科学技术是第一生产力、坚持创新是引领发展的第一动力、坚持工程高端胶粘剂研发，生产大飞机、轨道交通、新能源新材料、5G通讯电子等行业用胶粘剂新材料，并为客户提供包括施胶设备、应用工艺在内的全套解决方案；通过持续的创新投入和发展，回天新材先后荣获国家级企业技术中心、国家级博士后科研工作站、国家级单项冠军产品、国家级知识产权优势企业、湖北省工程技术中心、湖北省胶粘剂领域隐形冠军、湖北省技术创新示范、湖北省智能制造试点示范、湖北省专精特新“小巨人”、湖北省上云标杆企业等多项省级以上荣誉，在5G通讯电子、高铁、航空、食品、汽车、新能源等多个领域有所建树。

二、企业经营情况

2020年，受疫情影响，出口贸易通道受阻，公司紧抓国内5G建设、消费电子、轨道交通领域胶粘剂国内空白期，加速进口替代进程，实现营业收入21.64亿元，同比增长15.1%；实现净利润2.2亿元，同比增长37.9%；研发投入1.01亿元，同比增长9.7%；总资产33.4亿元，同比增长24.4%。2021年一季度，公司营业收入增长40%，利润增长36%，盈利能力和成长性较好；月均5个亿的流动资金，有健全的财务管理机制，良好的融资渠道，强大的资金保障能力。

三、科技创新成果

回天新材坚持以"做世界工程胶粘剂及新材料技术领先者和应用专家"的企业愿景为指导，建立健全企业技术创新体系，以产品创新为龙头，形成具有市场竞争力的高性能胶粘剂和新材料产品线为目标；强化技术中心建设，形成胶粘剂细分学科带头人领军的优秀科研团队和科研平台，使其发展成为自主研发、产业化生产、打造自主品牌的研发生产基地。

回天新材形成了以市场和技术研发为导向、以创新管理团队为支撑的经营架构，经营团队保持了良好的稳定性，研发、营销和管理团队具有很强的凝聚力。不断引进行业内优秀科研、营销、管理人才，为公司持续发展注入新鲜活力；目前具有由30多名博士、行业专家及200多名硕士学历为主的研究人员组成的技术研发团队。

（1）在企业创新知识成果建设方面，回天新材先后承担国家火炬计划项目4项，省级科技研究及开发计划4项，2项产品获得国家级重点新产品，27项科技成果通过湖北省科技厅鉴定。获得国家级科技进步三等奖、省级科技进步奖三等奖、省技术发明奖三等奖等13项政府科技奖励，参与起草螺纹紧固件用的预涂型胶粘剂（系统）国际标准并已获发布等22项国家及化工行业标准。截至2020年12月30日，回天新材及子公司拥有149项授权专利，其中发明专利83项。2020年，全资子公司上海回天测试中心实验室获得CNAS（中国合格评定国家认可委员会）国家级实验室认证，子公司常州回天荣获江苏省高性能含氟材料薄膜工程技术研究中心称号。

（2）在企业创新管理制度建设方面，建立9项科研管理制度，主要包括：项目审批管理制度、新产品项目开发管理制度、专业技术职务聘用管理办法、技术文件管理制度、产学研合作管理制度、成果转化与应用管理制度、知识管理制度以及职称补贴等。

（3）在企业创新机制保障方面，回天新材科研经费每年按不低于销售收入4%核算分配使用，主要用于科技创新项目和技术中心建设发展，包括办公费、研发费、专家顾问费、申报费、技术人员培训费等。公司每年研发投入不断加大。近3年企业研发投入不断增加，具体见表1。

表1　回天新材近三年研发经费投入情况表

科目	2018年	2019年	2020年
主营业务收入／万元	169305.52	178000.89	210978.45
研发经费投入／万元	7281.29	9219.6	10116.02
占收入比例／%	4.30	5.18	4.8

（4）在企业创新发展举措方面，对内加大科研投入，坚持自主创新。以高端工程胶粘剂为核心，以市场需求为导向，聚焦新兴产业和战略客户，加大科研投入，内引外联，持续保持在5G通信、电子电器、新能源、高铁、航空、智能驾驶等行业的资源投入，并对产业布局优化调整，重点在上海、武汉等人才集聚地进行研发布局，在襄阳、宜城等资源、成本优势地加强产能布局，在珠三角、长三角分别靠近电子、新能源产业集群进行产能布局。2020年度，回天新材先后投资建设光伏硅胶和太阳能电池背膜的新能源扩产项目、通信电子新材料扩建项目、改性环保型胶粘剂迁建项目及华中新材料研发中心等。

① 对外共建产学研平台，加速进口替代。响应国家创新驱动发展战略深入实施，加速产学研合作助推回天新材高质量发展，同时与多所知名高校院所进行产学研合作。与华中科技大学共建“粘接密封新材料联合研发中心”，与中国科学院宁波材料所、清华大学等建立了联合开发应用合作等，不断加强研发投入和科研成果转换，在部分胶粘剂高端应用领域取得突破，促进回天新材产品优化和客户结构，提升高端产品占比和品牌影响力。

② 参与国家重点项目，解决“卡脖子”工程。回天新材于2019年与中国商用飞机

有限责任公司开始沟通对接商用大飞机用胶粘剂新材料需求，2020年3月获得AS9100航空航天质量管理体系认证，并与中国商飞上海飞机设计研究院进行产品开发合作，目前处于合作开发、产品在研、配方开发与指标测试阶段，预计于2022年年底完成项目任务书各项要求，保障国产大飞机生产线胶粘剂自主供应链安全。

③ 建设智能工厂，过程全面可视化。回天新材通过推进全业务流程信息化、数字化建设，实现产供销信息流程一体化，智能化生产、网络化协同，全面提升供应链效率，显著降低运营成本，增强公司智能制造体系竞争优势。回天新材正分两期实施建设生产制造智能化系统创新建设应用项目和生产制造MES系统项目，在襄阳宜城新增130亩用地，投资3.2亿建设高标准的智能化工厂；在湖北襄阳征地300亩，新建10万平方米科技研发总部及四条自动化生产线，引入动力混合机、双螺杆自动和静混合自动灌装线及现代化智能配套设施，设计产能合计三万吨胶粘剂，打造人才聚集和创新驱动新引擎。

（5）在企业创新管理市场及社会价值方面，2020年度，回天新材在中美贸易战和新冠疫情背景下，紧抓自主替代机遇，在光伏新能源、5G通信、新能源汽车动力电池、高铁城轨用胶等新兴业务市场增长明显，其中在5G通信电子领域，全面进军华为终端、海思芯片、华为车载几大业务，已导入资源池产品80余款，40余款产品上量供货；在新能源动力电池领域，已进入宁德时代（CATL）取得正式供应商资质；BYD高导热灌封胶、导热凝胶等已在新能源汽车行业首家成功应用。

海外市场布局目前主要集中于东南亚、南亚、中东、韩国等国家和地区，产品主要应用于新能源、软包装、电子等领域，应对海外疫情影响，回天新材产品出口业务逆势稳定增长，销售收入同比增长16.35%。

四、企业绿色指标安全管理

随着我国环保要求的日益提高以及环保法规的日趋完善，循环经济和绿色产业的国策逐渐深入人心，绿色环保已成为行业技术发展的主流，对胶粘剂及粘接过程的效率和环境污染防控也提出了越来越高的要求。公司产品转型升级，对产品工艺性能提升改造，研发高性能环保型胶粘剂，水基型、热熔型、无溶剂型、紫外光固化型、高固含量型及生物降解型等环境友好型胶粘剂产品受到市场的青睐和重视，以替代传统的、环境污染严重的溶剂型胶粘剂制品，成为胶粘剂行业技术改造与升级换代的主题和方向。

五、企业履行的社会公益与责任

回天新材将“创造价值，回报社会”确定为企业发展的宗旨和使命，建立了“章锋爱心助学基金”，用于帮助上学有困难的孩子和看病有困难的弱势群体，先后在襄阳捐建了5所山区乡村诊所，帮助两百多名贫困中学生重返校园，支持一百五十多名特困生圆了大学梦。

2020年，面对新冠疫情，回天新材捐赠100万元；捐助雷神山、火神山10吨价值百万高性能胶粘剂，并派出六名工程技术人员指导医院建设用胶；慰问援襄医疗队等。为帮助社会弱势群体，安排残疾员工就业，回天新材专门设立了100多个阳光岗位，虽然生产效率降低了，但这100多名残疾员工可以和正常人一样工作和生活，他们的家庭生活有了保障，社会也就多了一份和谐。过年过节，都会安排工会对襄阳市保康、南漳等山区贫困群众进行捐助，将大批的爱心米、爱心油、爱心肉送到贫苦百姓手上。迄今为止，回天新材累计投入资金和物资3000多万元，成为襄阳市捐款最多的民营企业，并影响带动了一批人参与到社会扶贫公益事业中。公司也先后获得“慈善爱心企业”“十佳慈善企业”等荣誉。

回天新材积极响应国家的“精准扶贫”以及湖北省“千企帮千村”政策号召，多次参加湖北省组织的“精准扶贫、精准脱贫”活动，并具体参与了黄冈、襄阳、英山等多地的贫困帮扶、产业扶贫等一系列活动，真正做到用行动“助力精准扶贫”。

六、企业社会效益情况

回天新材聚焦行业主业、围绕做精做专的战略思想，通过变革与创新，产品性能与服务质量被客户与市场认可，产品中标世界最长的港珠澳大桥用胶，高铁汽车装配生产线上回天产品性能超越国外品牌，在5G通信电子领域，全面进军华为终端，已导入资源池产品60余款；在新能源动力电池领域，已跨入宁德时代（CATL）取得正式供应商资质；回天新材BYD高导热灌封胶、导热凝胶等已在新能源汽车行业首家成功应用。

回天新材以国家“十四五”规划纲要为指引，结合胶粘剂行业变革趋势，确定下一个五年发展目标，即对标国际高端胶粘剂品牌，五年内超越国际竞品。回天新材将聚焦大交通、大电子、新型能源三个主赛道，以高端工程胶粘剂和相关新材料为核心，加大科研投入，加大产学研合作，加大机制体制创新，增强回天新材对重点工程胶粘剂的基础研究和应用能力，并以核心技术为竞争引擎，抢抓行业整合和进口替代机遇，实现五年内经营业绩百亿的发展目标。

注重创新铸就冠军　合作共赢推动发展

——山东尚舜化工有限公司

姚显峰

山东尚舜化工有限公司（以下简称尚舜化工）始建于1977年，1998年成功改制，2007年在新加坡上市，现拥有山东尚舜、潍坊尚舜、广舜热力、永舜环保科技、恒舜新材料、盛陶化工六大生产基地，总资产32亿元，员工2200人，是全球领先的橡胶助剂专业公司。橡胶助剂年生产能力22万吨，主要产品有橡胶促进剂、硫化剂、防老剂、预分散体等。促进剂产销量连续十多年位居全球第一位，并于2017年被工信部授予首批"制造业单项冠军示范企业"，2019年通过复审；硫化剂不溶性硫黄产销量国内领先。产品出口全球40多个国家和地区，与世界前75强轮胎制造商的大部分企业建立了长期供货关系，拥有全球1000多家客户组成的强大客户群。

一、专注助剂主业，奠定综合优势

尚舜化工在四十余年的发展过程中，形成了质量、技术、规模、品种、成本、环保、市场等综合优势。这是尚舜化工长期专注于橡胶助剂这一特定细分产品市场的结果，这也得到了海内外客户的一致认可，使得尚舜化工在橡胶助剂这一细分产品市场中拥有强大的市场地位和很高的市场份额，尤其是促进剂系列产品，连续十几年产销量位居世界第一。

尚舜化工自2017年销售收入突破30亿元，成为行业内首家销售收入过30亿元大关的企业之后，连续4年销售收入一直位居行业第一，并且利润率超过同期同行业企业的总体水平，综合效益指数连续多年一直位居行业第一。

尚舜化工产品从进入21世纪起就开始了国际化实施，出口额占到收入的1/3以上，产品出口到包括世界前10强企业在内的全球40多个国家和地区的1000多家客户，销售收入、产销量屡创新高。

公司坚持以客户为关注焦点，实现客户价值，坚持创新驱动、以人为本，实现了业绩的连年增长，企业快速持续健康的发展。"十三五"期间，尚舜化工共发送商品量77万吨，远超其他同行，累计实现销售收入143亿元，其中出口创汇49亿多元；实现利税超28亿元，其中累计实现税金超13亿元。尚舜化工已经成为全球橡胶助剂行业的冠军企业。"十二五"以来的十年间，助剂产销量达122.9万吨，年均增长11.56%，实现销售收入233.3亿元，年均增长7.36%。

二、推进技术革新、保持行业领先

保持企业生产技术、工艺国际领先，产品持续创新能力强，是尚舜化工立于行业领先地位的秘诀之一。尚舜化工拥有行业领先的生产技术，采用自主创新与产学研结合的方式，拥有持续创新能力。多项技术均为首创。公司围绕质量、环保、节能、降耗、绿色等方面持续创新，开发了绿色助剂TBBS生产新工艺，提高了自动化、连续化水平；并在行业内首家将超级克劳斯技术应用到促进剂尾气回收，实现了硫资源的循环利用，实现了节能减排。

尚舜化工主要加工工艺、技术与国际同行相比，处于领先水平。橡胶促进剂MBT（二巯基苯并噻唑）国际均采用苯胺、硫黄、二硫化碳为原料高压法生产工艺，尚舜化工的产品收率达到国际先进水平，比国内同行业平均收率高2个百分点；其他产品如次磺酰胺类均以MBT为主要原料氧化生成，工艺路线国际国内基本一致，尚舜化工的产品收率比国内同行业平均水平高1～2个百分点。在自动化、智能化改造方面，尚舜化工也走在了前列，其中3万吨促进剂TBBS连续化生产装置是国内首条连续化生产线，目前正在进行的高性能促进剂MBT连续化新工艺项目也是国内溶剂法连续化首创，已经形成了工艺包。

尚舜化工的产品都拥有核心自主知识产权，目前尚舜化工获得国家专利47项，其中发明专利29项、实用新型专利18项。这些创新成果都应用到生产中，转化率100%。公司注重标准引领，牵头和参与制订了橡胶助剂的12项产品标准及检测标准，涵盖国家标准和行业标准；牵头制订行业自律标准1项、团体标准1项。

三、打造世界品牌，产品畅销全球

作为全国同行业中率先通过国际质量管理、环境管理、职业健康安全管理体系认证的企业，尚舜化工严格按标准化指导生产，对原料采购、生产操作到质量检测、产品出厂等实施全程监控，确保产品出厂合格率100%；产品CBS、TBBS、IS、TMQ、6PPD获得了中国橡胶工业协会的质量授信，并作为推荐品牌在橡胶行业推广。

确保产品质量精良，相关关键性能指标处于国际同类产品的领先水平，尚舜化工严把质量关，在橡胶促进剂系列产品关键性能指标上，整体与国际大公司相比基本持平，个别产品优于国际同类水平；在国内同行业企业中处于领先水平，做到了关键性能指标领先。橡胶促进剂系列产品关键性能指标主要是产品初熔点，检测方法国际国内都是一样的。尚舜化工在这方面建立了质量优势，整体与国际大公司（如德国拜耳、美国富莱克斯等公司）相比基本持平，个别产品如M（二巯基苯并噻唑）初熔点较之高1～2℃；比国内同行业企业的产品整体高2～3℃。

内强产品质量，外树品牌形象，尚舜化工致力于打造橡胶工业的世界品牌。自2003年起，尚舜牌助剂就被评为“山东名牌”，尚舜商标被评为“山东省著名商标”。2015年被评为“中国橡胶工业优势品牌奖”，橡胶促进剂CBS、TBBS等产品多次被评为“中国橡胶工业协会推荐品牌产品”。

尚舜牌橡胶助剂已成多家轮胎公司的首选，橡胶助剂产品的绿色化率达到100%，主要助剂产品都符合欧盟REACH法规的要求，为下游企业提供了安全可靠的助剂产品，在保障使用者健康的同时，也使得尚舜品牌形象在客户和助剂行业得到广泛赞誉。

尚舜化工坚持强化质量管理，把尚舜品牌打造成助剂行业的名牌，致力于品种、规格齐全，质量和服务更好，来满足国内外顾客的各项需求；致力于顾客满意率100%，深受客户青睐。目前促进剂系列产品全球市场占有率接近20%，国内市场占有率接近30%。

尚舜化工与主要原材料供应商形成了长期稳定的供货关系，与关键原材料供应商如巴斯夫等建立了战略合作伙伴关系。客户方面，尚舜化工与很多轮胎企业赛轮集团等建立了战略合作伙伴关系，先后被中国橡胶工业协会橡胶制品分会、中国化工橡胶有限公司、中策橡胶、山东丰源、佳通轮胎、双钱集团、双箭橡胶、八亿橡胶、海大集团、红豆集团等评为最优秀供应商。2020年11月，尚舜化工被评为山东省"十强"产业集群领军企业。

四、注重研发创新，增强发展后劲

在大力推行技术革新的同时，尚舜化工建立行业领先的创新平台，坚持自主创新，不断加大技术投入。2005年，企业研发中心就被认定为"山东省企业技术中心"。公司内部现有建筑面积3500平方米的科研楼一座，建筑面积500平方米的中试车间一座。致力于新产品研制、绿色工艺开发及科技成果转化，拥有一支高素质的研发团队，在2014年被中国石油和化学工业联合会认定为石化行业橡胶助剂研发中心；2018年被评为"山东省博士后创新实践基地"。尚舜化工于2010年被山东省科技厅等授予创新型企业荣誉称号，于2016年被中国石油和化学工业联合会授予创新示范企业荣誉称号。

尚舜化工在大力开展自主研发的基础上，注重产学研相结合，与青岛科技大学建立了长期合作共建的关系，还先后与天津大学、上海复旦大学、南京理工大学、齐鲁石化研究院、清华大学、大连理工大学等高校、科研院所建立了长期合作关系。公司技术研发中心在青岛科技大学设立分中心，与青岛科技大学共建实验室面积70平方米。2017年11月与清华大学共建了"院士工作站"，得到了中国科协的认定，吸纳中国工程院院士、高校教授、博士参与到创新研发中来；2018年5月与青岛科技大学共建了"橡胶助剂工程技术研究中心"。

尚舜化工先后承担了国家科技支撑计划、国家火炬计划、山东省重大科技专项、山东省重点研发计划（重大科技创新工程）等项目19项，进行科技成果鉴定8项，累计获得各级奖励十余项，其中省部级科技进步奖5项，"M氨盐的氧气法制备DM新技术"获得山东省科技进步三等奖，"用粗品M制备橡胶促进剂CBS的生产技术"获得中国石油和化学工业联合会科技进步二等奖，"万吨级高热稳定性不溶性硫黄生产技术"获得中国石油和化工联合会科技进步一等奖，"橡胶防老剂6PPD循环加氢新技术"获得中国石油和化学工业联合会科技进步二等奖。2020年，公司“高性能促进剂MBT连续化清洁生产关键技术研究与应用”获批山东省重点研发计划（重大科技创新工程）项目，得到省拨资金2436万元。

五、注重管理效益，创建特色文化

尚舜化工注重发展的质量和效益，注重充分发挥各级管理职能，努力推行目标管理，提高管理团队的判断力、规划力、督导力、纠错力和财务力，促进了管理水平的提升。全员、全方位、全过程贯彻节流方针，努力降低各种消耗，压缩各种费用，杜绝各种浪费，堵塞各种漏洞，确保了各项经济指标的增长，每年都取得较好的经济效益，为国家作出了应有的贡献，为企业发展增强了后劲。

尚舜化工依据相关上市公司的要求建立了公司法人治理结构：设置了董事会、监事会、工会、经理班子等以及相应的完备的公司制度。

尚舜化工行业内最早通过了ISO9001国际质量管理体系认证、ISO14001环境管理体系认证及GB/T 28001职业健康安全管理体系认证的企业之一，公司严格按照现代企业管理规范要求，建立起现代科学的管理手段和完整可靠的管理保证体系。

尚舜化工坚持以人为本，全面提高企业素质，建立了尚舜特色的企业文化。在抓生产经营的同时，公司把坚持以人为本全面提高企业素质贯穿到工作的方方面面，抓各级思想观念的转变、职业化水平的提高，尤其是抓好管理团队的素质提升，反复灌输全身心的投入、不间断的学习、无止境的创新的学习理念，宣讲公司发展的美好愿景，全面推行目标管理，坚持问题导向，提高各级的责任心、事业心、使命感。

公司开展多种形式的学习培训，促进了企业整体素质的提高。公司上下形成了奋发向上良好的发展氛围，造就了一批与企业共命运、艰苦奋斗踏实奉献、有责任心事业心和使命感的骨干队伍，促进了企业快速的发展。

六、牢记责任关怀，履行社会责任

尚舜化工的发展兼顾了各方利益。在实现客户价值的同时，尚舜化工牢记责任关怀，积极主动履行社会责任。公司坚持依法经营、诚信纳税，十年间累计上缴税金超过20.1亿元，入库税金一直名列菏泽市规模以上企业前10名。公司十年间实现了资产的大幅增值，净资产由2011年的8.16亿元，增加到目前的31.5亿元，增长2.86倍；公司坚持每年分红，充分保护投资者的合法权益。

公司坚持以人为本，关爱员工，确保工资收入增长，全方位促进员工成长。及时足额为在岗员工缴纳“五险一金”，每年开展各类培训，组织竞赛比武，开展评优树先活动和文化体育活动，组织集体旅游，进行健康体检，增强了企业的向心力、凝聚力。十年时间，累计增加就业人数753人，其中，大学生391人，下岗再就业303人，退伍军人59人。

公司牢记责任关怀，积极投身于扶贫、捐资助学、助危济困、修桥铺路等各种慈善公益事业，十年间为各种慈善公益活动累计捐助达4500多万元，为构建和谐社会作出了积极贡献，多次被评为“山东省最具爱心企业”“山东民营企业公益之星”“菏泽市最具爱心企业”“菏泽市十大慈善单位”等。

七、狠抓生命工程，减排治污节能

尚舜化工把安全、环保作为企业的生命工程来抓，牢固树立环境友好、资源节约、可持续发展的经营理念，大力开展技术创新、管理创新。累计环保投入4亿多元，占公司固定资产投资的1/3以上，实现了废水、废气达标排放，固废合规处置，消除了环保对公司发展的制约。公司还投资成立了永舜环保科技有限公司，上马了年处置能力3万吨的危险废物焚烧处理装置；在国家新的危废填埋建设标准实施之际，又投资6亿多元新建了危险废物刚性填埋场，这些项目既解决了自身危险废物的处置问题，又可解决菏泽市及周边需要处理的危废，为菏泽市的化工产业发展提供了坚实的保障。

公司认真履行企业安全生产主体责任，增强安全意识，加强安全教育，强力推行各种安全制度，加强安全排查，消除各种安全隐患，建立安全应急管理体系，建立安全生产管理长效机制，确保安全生产无大事故发生，公司为安全生产标准化二级企业，连续六年获得“全省安全生产基层基础工作先进企业”，多次被评为“省级安全文化建设示范企业”“市级应急管理示范点”。

公司践行可持续发展，坚持先进的环保理念，积极推行清洁生产，节能降耗治污减排，是全国石油和化学工业“节能减排先进单位”。橡胶促进剂系列产品能耗指标，根据全国橡胶助剂行业协会统计全国橡胶促进剂系列产品能耗平均在0.892吨标煤，尚舜化工橡胶促进剂系列产品能耗平均在0.8吨标煤左右，2012年就通过了山东省环保厅组织的重点企业清洁生产审核评估验收。为降低能耗和保障企业及单县化工产业园的用能，尚舜化工还投资成立了单县广舜热力有限公司，该热力公司作为整个单县化工产业园的集中供热中心，为本企业及园区内其他企业提供蒸汽，保障了企业的用能。

八、成就业界瞩目，辉煌未来可期

尚舜化工在行业有较大知名度，为中国橡胶工业协会主席团成员单位、中国橡胶助剂专业委员会理事长单位、山东省橡胶行业协会副理事长单位，也是山东省高端化工产业促进会理事单位、中国绿色发展联盟理事单位等。

尚舜化工凭借销售收入、盈利能力和规模指标的快速持续成长，多次入选福布斯中国《200家最具潜力企业排行榜》，多次被有关部门评为“全国石油和化工民营优秀企业”“中国石油和化工优秀民营企业”“中国农业银行AAA信用企业”“中国橡胶工业协会出口创汇先进单位”“中华人民共和国海关诚信管理企业”“青岛海关高级认证企业（AEO）”“中国橡胶行业100强企业”“中国石油和化工民营企业百强”“中国化工企业500强”“山东省橡胶行业综合实力50强”“中国专用化学品制造100强”“山东精细化工十强企业”“山东省橡塑行业十强”“山东省诚信企业”“山东省创新型企业”“省富民兴鲁劳动奖状”“山东省最具爱心企业”“山东省先进基层党组织”等。

尚舜化工的发展得到了行业领导和专家的高度赞扬，中国橡胶工业协会会长徐文英评价：尚舜化工多年来一直专注于橡胶助剂领域，包括促进剂、防老剂、硫化剂和预分散橡胶助剂等，其总规模和总产值在我国助剂行业都处于领先地位，在新产品研发、绿色安全环保可持续发展方面也都走在行业前端。中国橡胶工业协会橡胶助剂专业委员会名誉理事长许春华评价道：尚舜化工橡胶促进剂系列产品多年来产销量连续保持全球领先地位，不溶性硫黄产销量保持国内领先地位，已经成为我国橡胶助剂行业的龙头企业。

汽车、轮胎制造业的高速发展，为尚舜化工提供了更加广阔的市场发展前景。"十四五"期间，尚舜化工将按照徐承秋董事长描绘的宏伟蓝图，抓住橡胶助剂的主业，巩固提升橡胶促进剂全球领先地位；扩大不溶性硫黄市场占有率和生产规模，打造国内领先优势；扩大防老剂、预分散橡胶助剂市场份额，在橡胶助剂领域树立质量、技术、规模、品种、成本、环保、市场等综合优势，进一步把尚舜化工做强、做优、做大，把尚舜品牌打造成助剂行业的世界名牌，争取到2025年形成产值规模超60亿的行业领军企业，更好地为世界橡胶工业服务。

卤代丁基橡胶国产化创新发展之路

——浙江信汇新材料股份有限公司

文川，叶媛园

浙江信汇新材料股份有限公司（以下简称浙江信汇）于2008年7月成立，是一家集研发、生产、销售于一体的化工新材料企业。主要产品丁基橡胶产能超20万吨/年（含盘锦信汇）。国内市场占有率达30%以上，为中国产能最大的丁基橡胶生产企业，也是国内唯一具备生产氯化丁基、溴化丁基、食品级丁基全牌号产品的丁基橡胶生产商。

浙江信汇为国家高新技术企业，浙江省创新型示范企业。2020年度，获得工业和信息化部颁发的第五批“制造业单项冠军示范企业”，中国石油和化工行业评选的“技术创新示范企业”，中国橡胶协会授予的“诚信橡胶产业服务商”等荣誉称号。

浙江信汇一直以技术自主创新和科技开发为企业发展原动力，与清华大学、北京化工大学、北京石油化工学院、浙江工业大学、中国石油研究院等高校院所开展广泛的产学研合作，建成了全球唯一的500吨/年异丁烯基阳离子聚合新材料特种橡胶研发装置平台，以国家特种橡胶研发项目为契机，全面推进在该领域的研发创新工作。拥有发明专利12项，实用新型专利10项。

一、技术创新成效

（一）主要原料异丁烯制取工艺，全球首创

丁基橡胶主要原料为异丁烯，工业上聚合级异丁烯的生产方法主要有2种：甲基叔

丁基醚（MTBE）裂解法和叔丁醇脱水法。MTBE裂解法是目前世界各国普遍采用的工艺，原料来源广泛，缺点是由于醚化法副反应多，为获得聚合级异丁烯产品，分离精制工艺复杂，能耗较大。叔丁醇脱水法可直接获取高纯度异丁烯，该方法流程简单，副反应少，分离精制容易，产品质量高，投资少。浙江信汇自主研发的碳四-PO/MTBE路线副产叔丁醇（95%）脱水制异丁烯新工艺路线，具有原料纯度高、来源广泛、成本低廉的优点。目前该工艺已经在山东滨州建设以碳四为原料的PO/TBA装置，将为浙江信汇、盘锦信汇及异丁烯基相关领域提供更加低廉、质量更加稳定的TBA原料供应。

（二）卤代丁基橡胶生产技术拥有自主知识产权

卤代丁基橡胶由于生产工艺复杂，技术难度大，丁基橡胶的工业化技术多年以来一直被Exxon Mobil、ARLANXEO等少数几家跨国公司所垄断。2010年前除中国石化燕山石化公司拥有有限的3万吨丁基橡胶产能（受协议约束，产能不能扩大）外，卤代丁基橡胶产业化技术一直处于空白状态。面对中国轮胎企业长期依赖进口卤代丁基橡胶的现状，浙江信汇在2013年成功开发出具有自主知识产权的卤代丁基橡胶生产技术，改变了我国溴代丁基橡胶长期依赖进口的卡脖子问题，解决了全球最大的轮胎制造国的轮胎气密层聚合物材料的进口替代。浙江信汇2017年、2018年、2019年卤代丁基橡胶全球的市场占比分别为：7.3%、8.4%、7.7%，位居中国第一、亚洲第一、全球第三，仅次于全球行业最大的两家外国公司（Exxon Mobil、ARLANXEO），在国内同行企业中稳居第一。"高品质卤化丁基橡胶绿色生产工艺的研发及产业化"全套技术成果，于2019年12月通过了来自中国工程院院士在内的专家技术成果鉴定，专家组一致认为该项目技术达到国际先进水平。

（三）产能国内第一、产品牌号最全

浙江信汇作为国内轮胎关键材料卤化丁基生产商，近三年的产量已稳居国内前列，卤化丁基橡胶产品已经完全实现进口替代。中国的轮胎产能占到全球产能的1/3，全球TOP30企业中90%均在中国建立了其轮胎生产基地。浙江信汇的卤代丁基橡胶已经给包括GOODYEAR、普利司通、优科豪马、中策橡胶、赛轮集团、三角轮胎等近百家国内外轮胎企业稳定供货。浙江信汇（包括2019年正式成立的全资子公司盘锦信汇）已经是

国内最大的丁基橡胶材料和解决方案提供商，拥有最大的丁基橡胶及卤代丁基橡胶生产线，国内唯一的氯化丁基橡胶生产线，国内唯一、全球第二的食品级丁基橡胶生产线。

（四）绿色低碳、智能制造

传统丁基橡胶生产技术工艺均采用水凝析溶解法，三废排放多，生产流程复杂。浙江信汇三期扩建的15万吨/年卤代丁基橡胶装置中将工艺优化为近红外在线监测、溶剂置换、超重力聚合反应、三甘醇回收等智能化、高效低能耗、零排放的绿色工艺。扩建项目具有流程简单、固定投资低、能耗少、溶剂损耗小等优点，能够实现氯甲烷溶剂气体的零排放，基本实现固废零产生，废水量排放量相比原工艺能够减少15万吨/年，满足碳减排的绿色发展理念。

二、企业竞争力培育

企业未来三年的战略规划为，以“发挥优势因素，克服弱项因素，利用机会因素，化解威胁因素”的原则，最大限度地利用外部机遇，通过发挥公司特色产品地位优势与产品线宽、创新能力强的特点，进行差异化市场开发和差异化产品研发，以目前优势产品+差异化产品避开同质化竞争。着眼全球化发展格局，加快海外市场开拓，将年出口数量逐步提升至10万吨以上。

公司致力于为全球客户提供先进的异丁烯基阳离子聚合新材料，力争成为全球丁基橡胶单厂产能最大，生产技术最先进，质量和成本最具竞争力的丁基橡胶工厂，建立国内卤化丁基橡胶及产业链共同发展格局，引领国内丁基橡胶产业弯道超车，做大、做强、做精、做细。

（一）技术创新

以省级企业研究院浙江信汇新材料研究院为企业技术创新中心，为企业未来战略发展提供优异的迭代产品、技术储备。

调整产品结构开发高附加值新产品。依托校企合作的发展模式，联合北京石油化工学院、中国石油兰州化学研究院以阳离子共聚新材料为技术合作方向，开发新一代系列创新的产品并实现产业化。包括星型支化丁基/卤化丁基新牌号（国家重点研发计划——高性能合成橡胶产业化关键技术）、液体丁基橡胶、绿色环保充油充炭黑丁基/卤化丁基橡胶和高分子量聚异丁烯等产品。

颠覆性工艺技术创新。技术创新是产品创新的灵魂，浙江信汇围绕卤化丁基橡胶质量和成本结构的优化为技术创新的突破方向，积极展开改变传统生产模式的颠覆式技术创新探索。与北京化工大学陈建峰院士团队合作，设计开发适合于丁基橡胶聚合反应和卤化反应的超重力反应器，实现卤化丁基橡胶绿色、高效、连续生产。

产品应用创新。丁基橡胶以其优良的耐热老化性、能量吸收性、抗腐蚀性、良好的绝缘特性等突出性能，在医药包材、建筑材料、减震材料、电缆工业、防腐涂料、胶黏剂等方面都有极大的应用空间。国外对丁基橡胶在非轮胎方面的其他应用领域已经占到全部产能的40%的，而国内却只有不到20%，无论从产品结构、规模、技术等方面都有很大的发展空间。作为国内最大的丁基橡胶生产商，浙江信汇把丁基橡胶产品创新应用领域的拓展作为未来一个时期内的战略方向之一。

（二）管理创新

推行企业三年、五年战略规划，落实科学、人性化管理，充分调动人员的创造力和团队精神。建立滨化集团、浙江信汇、盘锦信汇的管理人员互动机制，保持管理队伍的年轻化、知识化的良性梯队建设。制定"浙江信汇战略地图"，集中培养全面发展的年轻管理队伍。

以客户为中心，提出"客户价值驱动，应用场景支撑"的发展理念，从"营销、技术、生产、人力资源、财务及质量"等方面全面发展。

搭建全员创新体系，激发全员创新氛围，建立完善的改进与创新机制，最大限度地发挥员工的创造性。

重视"以人为本"的管理核心，实现"用正确的人，在正确的时间，做正确的事情"。引入国际知名管理企业"美世（Mercer）人力资源管理咨询"，构建对标国际发展的人力资源体系；以"三支人才队伍建设""干部上讲台""战略预备队"等管理方式为人才发展战略奠定基础。为有效促进组织全过程、全方位的跨职能、跨层级管理，公司先后建立客户价值委员会、绩效考核委员会、招评标委员会、技术委员会、保密委员会工作小组，有效地提高组织解决重大问题的能力。

（三）企业文化

浙江信汇经历了初创阶段、稳步成长阶段、转型发展阶段、高速发展阶段等几个典型的发展阶段，始终秉承“简单、阳光、坦诚、进取”的企业文化，已形成正能量为主、风清气正的文化生态，优秀的企业文化正逐步体现。提出“宁可在创新的征途中死去，也绝不在存量消耗的道路上苟活”的法则，推动企业管理创新、思维创新、技术创新工作不断前行。杜绝官僚主义、山头主义等制约企业发展的弊病，用最佳的质量、最低的成本、最优的服务，持续为客户创造价值，实现企业和谐、技术进步、环境友好、本质安全的发展格局。

（四）质量品牌

通过质量管理体系认证、环境管理体系认证、职业健康安全管理体系认证、“REACH”认证，通过“IATF16949：2016”认证，推行卓越绩效管理。

质量是企业之根本，以产品质量构建品牌声誉、不断提高顾客感知，作为企业不断发展的核心动力。以全球龙头企业Exxon Mobil为品质标杆，开展全面质量管理活动，加强技术创新、质量管理创新，实现质量增值管理，积极与全球领先的轮胎企业合作，不断提升服务品牌知名度和客户满意度。

（五）产业协同

浙江信汇通过自主开发，打通从碳四至丁基橡胶的新产业链，并与国内外轮胎产业、橡胶应用加工企业共同研发新产品、新应用，全面构建供应链、创新链、产业链的产业协同生态。

国内卤代丁基橡胶售价从2008年国外企业占据垄断地位时的10万元/吨，到浙江信汇稳定向市场提供产品后，持续下跌至2016年9月的约2万元/吨，为国内轮胎企业节约原材料成本近百亿元，产生了良好的社会效益和经济效益。对于亚太轮胎企业而言，北美、加拿大货物的采购周期较长，通常需要45～60天的船期。浙江信汇针对中国客户供货期约为2～7天，其他亚太客户约为7天，为降低客户库存、提高其资金周转、保障生产原料稳定供应等方面带来显著收益。

（六）国际化发展

中国是世界上最大的轮胎生产国和汽车消费国，浙江信汇以立足国内、融入世界的发展模式，进一步深化客户结构转型，与全球TOP30的轮胎企业包括米其林、住友、佳通、固铂、固特异、优科豪马等稳定合作。加快区域结构转型，开拓俄罗斯、南美、土耳其以及欧洲市场，产品出口20个国家和地区，卤化丁基橡胶出口占比由2018年的5.7%提升至2020年的9.35%。

三、经济效率

浙江信汇一个从“临建板房中走出的制造业单项冠军示范企业”，多年来，一直发扬艰苦奋斗、自主创新发展的精神，从2010年5万吨普通丁基橡胶，到2015年的10万吨普通丁基橡胶+卤化丁基橡胶，到2020年的20万吨普通丁基橡胶+卤化丁基橡胶+食品级丁基橡胶，3年一小步，5年一大步，产能5年一翻番，核心新产品品种不断增加。

2018年、2019年、2020年浙江信汇的产品销售收入分别达到19.5亿元、17.2亿元，17.7亿元。通过十年的持续创新和经营规划，浙江信汇已发展为国内产能第一、国内市场第一、技术领先、产品牌号齐全的丁基橡胶生产企业，深耕于异丁烯基阳离子聚合新材料发展领域。

2008年前，由于跨国公司的垄断，国内卤代丁基橡胶售价接近10万元/吨。从2014年后，因为浙江信汇的产品不断投放市场，跨国公司采取低价倾销的策略，使卤代丁基橡胶的价格持续下跌至2016年9月的约2万元/吨。虽然给浙江信汇的发展造成很大障碍，但同时却给中国这个全球最大的轮胎生产基地的各轮胎企业，带来了每年近100亿的原材料成本的下降，使中国的轮胎以优异的制造成本参与国际市场的竞争，带来了非常大的社会价值。

2022年浙江信汇三期工程建成后，将实现总产能35万吨/年的规模，浙江信汇将真正成为全球单一工厂丁基橡胶产能最大的生产企业。浙江信汇始终致力于成为“面向高增长行业的新材料产品和解决方案供应商”，服务于终端客户，忠实履行企业社会责任。

积于硅步　凌于高峰

——合盛硅业股份有限公司

刘诗展

合盛硅业股份有限公司（以下简称合盛硅业）主要从事工业硅及有机硅等硅基新材料产品的研发、生产及销售，是我国硅基新材料行业中业务链最完整、生产规模最大的企业之一。

合盛硅业的主要产品包括工业硅及有机硅产品两大类。工业硅是由硅矿石和碳质还原剂在矿热炉内冶炼成的产品，主要成分为硅元素，是下游光伏材料、有机硅材料、合金材料的主要原料。有机硅是对含硅有机化合物的统称，其产品种类众多，应用领域广泛。由于有机硅材料具备耐温、耐候、电气绝缘等优异的性能，因此在建筑、电子电气、纺织、汽车、机械、皮革造纸、化工轻工、金属和油漆、医药医疗、军工等行业广泛应用，形成了丰富的产品品类，大约有8000多个品种应用在各个行业，有“工业味精”之称。

近年来，合盛硅业获得了“2020中国制造业民营企业500强”“全国石油和化学工业先进集体”“第六届中国制造业上市公司价值创造500强”“嘉兴市十强高新技术企业称号”“嘉兴十大科技创新载体”“嘉兴市院士专家工作站2019年度绩效考核优秀单位”等一系列荣誉。

一、建立并完善适应企业发展的经营管理模式

（一）采购模式

合盛硅业工业硅产品的原材料主要包括硅石、煤炭及石油焦等，均在各生产基地周边地区向供应商采购，以充分利用当地丰富的矿产资源优势。公司采购硅矿石及煤炭时一般与供应商签署长期协议，以保证原材料成本优势。公司有机硅产品的原材料主要包括硅块，以及甲醇、氯甲烷、沉淀法白炭黑等化工原料。其中硅块由子公司直接供应，其他原材料主要是通过化工原料生产厂家直接采购或者从贸易商处采购。

（二）生产模式

工业硅产品生产的关键设备工业硅矿热炉为24小时不间断生产，矿热炉设备生产周期平均为8个月，停炉修炉周期平均为3～4周。公司生产部门联合销售部门根据产能情况、客户已下达订单情况、销售预期情况等综合确定生产计划，并由生产部门组织生产。有机硅产品的整个生产安排围绕合成反应进行规划。合成反应装置每个周期运行45天左右，然后进行一次检修。合成反应的前道工序硅粉车间根据合成需要量进行制粉；后道工序精馏、水裂解等装置则在合成装置检修期间通过消耗中间库存保证系统连续运行，下游副产物综合利用以及硅橡胶车间装置运行以平衡消耗前道装置产品为原则。销售部门根据每月装置的产能安排整体销售计划；涉及具体规格型号的产品时，则由销售部门制定具体销售计划，上报运营管理部，运营管理部根据计划对不同规格型号产品的生产进行柔性调整。

此外，公司结合主要客户的需求预测、市场供需情况、自身生产能力和库存状况进行库存动态调整，以提高交货速度，充分发挥生产能力，提高设备利用率。

（三）销售模式

合盛硅业设置销售一部和销售二部分别负责有机硅及工业硅产品的销售。由于工业硅及有机硅产品属于工业品，因此公司的产品销售主要采用直销模式。公司通常通过行业会议、客户拜访及电话承揽等方式进行产品推广和客户开发。为开拓市场、稳定销售并分散风险，公司采取了大客户和中小客户相结合的客户开拓策略，特别在有机硅

领域，由于下游产业链较长、应用领域广阔、厂商众多，因此公司有机硅下游客户构成较为分散，规避了对单一客户过于依赖的风险。公司在客户维护过程中高度重视客户服务，公司的销售及技术部门，通过多种方式和渠道收集行业和市场信息，紧密跟踪技术和市场发展趋势，及时了解客户新动向和新需求，为客户提供优质的服务，赢得客户的信赖。公司在销售过程中采取了严格的信用管理制度，控制货款风险。

二、发挥优势，增强企业核心竞争力

合盛硅业是我国硅基新材料行业中业务链最完整、生产规模最大的企业之一，也是行业内为数不多的能同时生产工业硅和有机硅，从而形成协同效应的企业之一。合盛硅业的工业硅及有机硅生产技术处于国内领先地位。公司是高新技术企业，也是浙江省创新型试点企业。近年来，公司主导或参与了《有机硅环体单位产品能源消耗限额》《工业硅》《工业硅化学分析方法》等二十余项国家、行业或团体标准的制定或修改；建立了“合盛硅基新材料省级高新技术企业研究开发中心”“浙江合盛硅基新材料研究院”“浙江省合盛硅业硅基新材料重点企业研究院”“浙江省级企业技术中心”“浙江省博士后工作站”“省级院士专家工作站”等研发平台；完成了“年产3000吨化妆品级十甲基环五硅氧烷”国家火炬计划产业化示范项目，“大型有机硅单体合成关键技术研发及应用”等浙江省重大科技专项，“二甲基二氯硅烷催化除杂工艺研究及产业化”等多项嘉兴市科技计划项目；“利用甲基三氯硅烷生产气相法白炭黑产业化技术”“二甲基二氯硅烷”等多个项目被列入浙江省省级工业新产品试制计划项目。公司的核心竞争力主要体现在以下几个方面：

（一）技术优势

合盛硅业在发展壮大的过程中高度重视自主研发和技术积累，完整掌握了工业硅及有机硅全产业链生产的核心技术。

合盛硅业拥有专门的研发团队，并建立了完整的研发流程。截至目前，公司取得授权专利134项，主导或参与各类标准的制定或修改26项，发表科技文章二十余篇。公司不仅高度重视技术积累，还将技术研发转化为生产力落到了实处。公司的技术研发团队贴近生产一线，随时发现问题解决问题。通过多年来对有机硅生产工艺的潜心研究，公司在工业硅用于有机硅生产的应用能力上达到了较高的水平，提高了对原料的包容度，降低了成本。此外，作为有机硅单体生产的核心技术，公司的甲基氯硅烷合成技术结合催化剂复配技术有效地提高了反应稳定性、活性及二甲选择性，延长了反应周期，使装置产能得到有效提升。公司还对高沸、低沸、共沸等副产物实现了综合利用，有效降低了生产过程中污染物的排放，创造了良好的社会、经济和环保效益。通过不懈努力，公司在能耗水平、成本控制、资源利用、柔性生产、产品质量等方面具备了明显的竞争优势，达到了国内领先水平，并在逐步缩小与国际知名企业的差距。

（二）产业链优势

合盛硅业是我国硅基新材料行业中业务链最完整，也是行业内为数不多的能同时生产工业硅和有机硅，从而形成协同效应的企业之一。合盛硅业协同效应首先体现在相互的稳定器作用上，即一方面工业硅业务为有机硅业务提供了充足的原料保障，另一方面有机硅业务的原料需求也起到了稳定工业硅销售的作用，从而为工业硅扩大生产、降低成本、获得规模优势奠定了基础；其次，公司内部工业硅和有机硅生产和研发部门的沟通效率和沟通成本显著优于外部厂商之间的沟通情况，这有利于公司更合理地安排生产计划、协调产品标准、解决技术问题，从而提高生产设备的使用效率，降低成本；同时也有利于公司深入开展工业硅在有机硅生产应用中的机理研究，不断提高研究实力和技术水平。

（三）业务布局优势

合盛硅业的工业硅业务主要集中在新疆，当地具有原材料、能源等资源丰富、价格较低的优势。由于工业硅生产中电力消耗成本占总成本的比重较高，因此能源价格的优势使公司的工业硅生产中具备了明显的成本优势。此外，公司目前的有机硅主要生产基地位于浙江、四川和新疆地区。作为中国东部沿海地区经济最发达的核心省份之一，浙江及其周边省份有机硅产业链较为完整，下游企业数量较多，公司有机硅业务的地理位置发挥了很好的辐射作用，使公司更贴近客户和市场，从而提高了公司拓展客户和服务客户的能力。公司在西部有机硅生产基地的布局，充分利用园区的资源优势，实现了热电联产，有效降低了生产成本；同时提升了公司对西部地区市场的覆盖能力，也可更好满足西部地区近年来经济增速较快省份对有机硅产品日益增长的需求。

（四）内部管理优势

合盛硅业一直重视从内部挖掘发展潜力，不断提高内部管理效率。合盛硅业一方面通过提高设备自动化水平来提升生产效率，另一方面也通过提升人员素质、优化内部管理体制来提高员工工作效率，因此，公司的人员利用效率在同行业中处于较高水平。引入卓越绩效管理，按照《卓越绩效模式准则》要求，对各层级活动的实施进行跟踪和监测，促使企业经营管理科学化、规范化，提升企业运营绩效水平；公司内部实行精细化管理，通过KPI/CPI绩效、5S管理、SAP系统对人、财、信息等实现资源的有效配置。同时，通过ISO9001/14001/45001体系、知识产权管理规范体系、能源管理体系、CNAS实验室认证等提升公司软实力。

（五）品牌和质量优势

合盛硅业凭借着优良的产品质量和稳定的产品性能，已成为行业内知名品牌，多个产品被评为浙江省名牌产品，甲基乙烯基硅橡胶通过浙江制造“品”字标认证。在市场竞争中，公司已成为新疆大全新能源股份有限公司、江西蓝星星火有机硅有限公司、山东东岳有机硅材料股份有限公司、中天东方氟硅材料有限公司、瓦克化学（中国）有限公司、杭州之江新材料有限公司、成都硅宝新材料有限公司等国内外知名企业的重要供应商之一。良好的品牌形象有利于公司进一步拓展客户，也有利于公司未来向产业链下游的快速延伸。

三、持续加大研发投入，完善研发管理体系

合盛硅业在发展壮大的过程中高度重视自主研发和技术积累，完整掌握了工业硅及有机硅全产业链生产的核心技术，使公司在能耗水平、成本控制、资源利用、柔性生产、产品质量等方面具备了明显的竞争优势。公司始终坚持自主创新，通过建立和完善《新品开发/老品优化中新原材料管控制度》《控制配方质量事故考核管理制度》《产品施

工测试反馈流程》《配方更改流程》《新品研发流程》和《研发人员绩效考核制度》等一系列制度，不断探索和完善自主创新投入体系、考核体系和创新激励政策。公司通过不断提高研发能力，努力充实技术积累，对研发工作形成了规范化、系统化管理，建立了快速反应的研发团队和研发体制，缩短了新产品的开发周期，提高了公司的生产效率。

公司还拥有一批由博士、高级工程师等牵头的研发团队，拥有各类专业技术人员400余人，并积极与中国科学院化学研究所、中国科学院过程研究所、华东理工大学、杭州师范大学、石河子大学、新疆大学等一批国内外知名院校开展广泛的产学研合作。先后建成了"合盛硅基新材料省级高新技术企业研究开发中心""浙江合盛硅基新材料研究院""浙江省合盛硅基新材料重点企业研究院""省级企业技术中心""浙江省博士后工作站""省级院士专家工作站"等研发平台。

合盛硅业的科研以"合盛硅业硅基新材料重点企业研究院"为依托，开发以有机硅单体及聚合物材料绿色合成工艺及关键工程技术开发及下游工序为主的技术领域；开展高沸裂解等有机硅单体副产物的工艺优化技术研究；有机硅单体合成关键技术攻关，大幅度提高上下游产品品质，同时达到节能降耗的双重目标；加强"产学研"的合作模式，强化与国内高校的合作，促进公司研发水平的提升。在下游产品方面，在自动化、智能化设备加大投入，达到精准生产、稳定控制，实现生产模式的转变；新性能硅胶、改性产品、特种橡胶的开发弥补公司产品类别的空白，争取在未来的市场竞争中取得一席之地；公司自主研究项目有序进行，实现提升产品品质、节能降耗减排等多重目的，进一步夯实未来产品竞争力。

研发方面坚持"生产技术提升、新产品开发、自动化智能化生产"三个方向同步展开，整体推进公司综合研究开发水平提升。

生产技术提升从原理机理出发，在节能、降耗、减排、提产、提质及安全生产方面深入挖掘，开发新工艺、新技术、新装备，提高生产技术；新产品方面，公司着眼国家重点培养领域、市场需求及未来产业布局，在现有产品的基础上深度开发，做好新产品技术储备，增加公司产品种类，增强市场竞争力；自动化、智能化体现在机器换人等项目的开展，顺应国家倡导及工业化的要求，实现传统生产模式的转变，通过软硬件的双重升级实现生产绿色化、智能化，缩小与国际先进水平的差距。公司自主研发项目浙江省重大专项"大型有机硅单体合成关键技术研发及应用"已完成。

“十三五”期间合盛硅业主导或参与制修订各类标准17项，其中主导制修订国家标准4项，制定行业标准2项，制定团体标准11项；“十三五”期间新申请专利57项，其中发明专利25项，实用新型专利31项，外观设计1项；授权专利42项，其中发明专利16项，实用新型专利25项，外观设计1项。

四、发展目标与路径规划

合盛硅业将继续专注硅基新材料的生产、研发和销售，持续稳健发展公司现有业务，加速传统产业的技术改造和技术升级，进一步提升产能利用率，提高生产效率，巩固和扩大成本优势，增强行业竞争力。

合盛硅业将以云南“水电硅”项目建设为基础，继续扩大工业硅及有机硅产品市场占有率，在巩固国内销售市场的前提下扩大海外销售渠道，保持市场绝对优势。2021年确保石河子20万吨有机硅项目顺利达产，力争云南工业硅项目完成建设，适机启动鄯善有机硅二期建设项目，积极推进有机硅下游深加工项目的延伸；公司将继续注重研发团队建设，提升有机硅下游产品深加工的研发创新能力，保持国内工业硅、有机硅行业的技术领先地位。通过产业链的进一步延伸及技术进步不断提升产品附加值，通过精细化管理提升产品质量和产品盈利能力，将企业在做大的基础上进一步做强，提升国际竞争力，成为全球硅基材料行业的知名企业。

深耕电子化学品领域　推动行业转型升级

——迈奇化学股份有限公司

杨兰兰

迈奇化学股份有限公司（以下简称迈奇化学）成立于2002年，位于国家循环经济改造示范试点园区、国家濮阳经济技术开发区内，是国内早期规模化生产吡咯烷酮系列化学品的生产基地之一，于2014年11月12日在全国中小企业股份转让系统挂牌证券代码831325。

公司深耕化学品新材料领域，立足于化学原料及化学制品制造业，聚焦电子化学品和化工新材料的开发与应用，现拥有52000吨/年*N*–甲基吡咯烷酮/*γ*–丁内酯联合装置、8000吨/年回收*N*–甲基吡咯烷酮循环再利用装置、5000吨/年*N*–乙基吡咯烷酮和1000吨/年*δ*–戊内酯联合装置，拥有完全自主知识产权，具备万吨级工业化连续生产和成熟生产经验的先进技术。公司主要产品*N*–甲基吡咯烷酮广泛应用于锂离子电池、电动汽车动力电池、导电剂等新能源行业，芳纶、聚酰亚胺、聚苯醚腈等高分子材料行业，LCD液晶材料、集成电路、半导体等电子行业，为客户提供优质的化工溶剂及电子化学品，与江苏天奈、哈尔滨万鑫石墨谷、宁德时代新能源、韩国LG、中航锂电等国内外知名企业建立长期战略合作关系，占据国内锂电池行业主要高端市场，成为国内同行业企业中生产规模居前、产品质量过硬、系列品种繁多、商业信誉可靠的*N*–甲基吡咯烷酮（NMP）生产企业，具有良好的市场信誉，在行业内具有高知名度和美誉度。

一、创新自主研究，抢占行业高地

公司拥有先进的自主核心技术，丰富的行业经验，高黏度的下游客户，稳定的研发团队，近年来取得了一系列创新型研究成果，进行了近30项新工艺开发，承担了多项濮阳市重大专项及重点科技攻关项目，十余项科研课题通过河南省科技成果鉴定。其中，“δ-戊内酯合成工艺研究”获濮阳市科技进步一等奖，“高效硅片切割液技术研究”“1.4-丁二醇生产四氢呋喃新工艺”“N、N-二乙基甲酰胺合成工艺研究”“N-乙基吡咯烷酮合成工艺研究”等获濮阳市科技进步二等奖，“二元醇脱氢、烷基吡咯烷酮及其高纯化学品关键技术和规模化生产”获经过十余年技术积累，现拥有发明专利8项和实用新型专利74项，其中专利“一种1，4-丁二醇常压气相脱氢制备γ-丁内酯的催化剂及其制备方法”获得河南省专利奖三等奖。

公司技术中心被认定为河南省企业技术中心、河南省杂环类化工中间体工程技术研究中心、濮阳市化工中间体重点实验室、河南省博士后创新实践基地。公司重视产学研合作及成果转化，与北京石油化工学院、天津大学、南开大学、华中科技大学、郑州大学、河南省化工研究所等科研机构和高校院所开展技术合作，逐渐形成以企业为主体、市场为导向、产学研相结合的自主创新体系，持续助推企业创新发展。

公司参与起草制定了《工业用N-甲基-2-吡咯烷酮》（GB/T 27563—2011）、《工业用2-吡咯烷酮》（GB/T 26602—2011）两项国家标准，《工业用γ-丁内酯》（HG/T 4989—2016）一项行业标准，《显示面板用N-甲基-2-吡咯烷酮》（T/CEMIA 020—2019）一项团体标准，对促进国内NMP行业的发展及产业标准化、规范化具有积极的意义。同时企业发挥在电子化学品领域带头担当作用，2020年6月15日参与制定的中国电子材料协会《缓释蚀刻液》团体标准于2021年上半年颁布实施；2020年9月2日公司参与制定的《绿色采购》《绿色物流》《绿色工厂》三项行业标准，预计2021年完成专家审查，2022年颁布实施；2020年9月18日公司主持制定的中国石油化工联合会《工业用NEP》团体标准将于2021年底颁布实施；2020年11月20日公司向中国半导体协会提交电子级（半导体级）NMP团体标准制定立项报告，预计2021年批复立项，2022年颁布实施。

公司主导产品N-甲基吡咯烷酮，2018年在“起点锂电大数据”中国新能源行业各大细分领域十大品牌评比中，荣获“起点锂电大数据2018中国锂电池辅助材料十大品牌”称号。2019年公司被全国精细化工原料及中间体行业协会和中国化工情报信息协会授予“中国精细化工百强”称号。荣获第三届（2019年）“电子化学材料专业十强企业”“起点锂电大数据全球锂电池领导品牌”“起点锂电大数据中国锂电池最具影响力品牌”。2020年5月，公司获中国半导体行业协会颁发的“中国半导体协会会员证书”。2020年9月，公司入选河南省工信厅“2020年河南省智能工厂”拟定名单。11月，公司荣获中国石油和化学工业联合会2020年度（第二批）石油和化工“专精特新”中小企业及“2020年石油和化工民营企业销售收入百强排序潜力企业”荣誉称号。公司荣获全国精细化工原料及中间体行业协会评选的“2020中国精细化工百强”称号。

二、突破核心技术，优化产品结构

公司落实科技创新战略，抢占行业先机，坚持科技兴企路径，深入推进产学研融合，构建科技成果转化平台，充分发挥科技创新对企业发展的支撑引领作用，提升公司在新能源、新材料、新医药等行业的生产技术、科研水平及成果转化能力。公司对研发工作不吝投入，打造先进科研基地，目前拥有2000余平方米的高端标准化实验室和中试实验大楼，拥有美国安捷伦ICPMS电感耦合等离子光谱质谱仪、气相色谱－质谱联用仪、气相色谱仪，英国米西尔便携式露点仪、瑞士梅特勒卡尔费休水分仪、自动电位滴定仪等数十套进口高精分析仪器，还拥有高低压合成反应釜、精馏设备设施，加氢/脱氢一体化中试装置，高低压胺化系统及精馏装置，科研设备设施齐全、检测手段完善，同时充分发挥大型仪器资源共享作用，面向社会开展广泛的学术交流与合作，为企事业单位提供技术咨询、产品鉴定等服务，以科学、可靠、准确的检测手段，为地方经济建设和科学技术水平的提高贡献力量。

随着全球汽车电动化及国家加速5G建设的发展趋势，对于动力电池和储能电池的需求将呈现明显的增长趋势，对公司主要产品*N*－甲基吡咯烷酮的需求量也在持续增加。同时随着国内芯片产业的发展，对*N*－甲基吡咯烷酮的质量也提出了更高的要求，公司将不断优化技术工艺，调整产品和业务结构，布局全球市场，抓住产业发展机遇，实现产品多元化。

三、提升管理水平，蓄力转型升级

公司着力推进各项工作举措的同时，也注重搭建并完善风险控制管理体系，落实企业主体责任。

一是推进智能化工厂建设。公司建立有风险控制管理体系和智能化大数据管理系统，依托完整的信息采集、分析、指导、决策智能化大数据平台，对公司生产运行、经营管理、综合监测报警和控制系统，安全、环保、能源等政府平台在线监测等相关数据进行集中优化管理，促进公司节能降耗、降本增效和精细化管理。

二是发展绿色环保产业。公司严格落实绿色环保责任，建立环境保护长效机制，坚持按照环保法律法规，不断完善环境保护硬件和软件设施，加强环境保护工作，全面提升环境质量。力行环保善尽社会责任，迈向永续经营。

三是安全生产牢记心中。公司开展各种形式的安全大检查及培训教育活动；生产运行过程中严格按照规范及操作规程操作，加强巡检与维修保养，杜绝违章冒险作业，加强事故演练，不断提高应对风险处置的能力。公司严格按照构建安全风险分级管控和隐患排查治理双重预防机制工作的要求，采取多项措施扎实推进双重预防机制建设工作。安全环保工作的扎实推进保障了公司在“十三五”期间实现零事故、零处罚。

四是坚持合法合规经营。公司注重投资者合法利益的保护，建立有《风险管理制度》，按照公司目标的不同对风险进行分类和管理。财务管理上，公司严格执行国家财务管理制度，按照国家统一的会计制度建账和进行会计核算，会计资料真实完整，无账外账，不弄虚作假，并依法及时缴纳税款，无拖欠税款行为。公司聘请河南百特律师事务所丁代为律师为公司的常年法律顾问，聘请北京海润天睿律师事务所为公司的IPO法律服务机构，通过专业指导，提前规避经营风险，促进公司生产经营健康发展和规范运行，有效维护公司的合法权益。

公司全面推行ISO9001：2015国际质量管理体系、ISO14001：2015国际环境管理体系、IATF16949：2016汽车生产件及相关服务件质量管理体系、GB/T 29490—2013知识产权管理体系，是国内同行业首家获得IATF16949：2016汽车生产件及相关服务件质量管理体系认证、濮阳市首家获得GB/T 29490—2013知识产权管理体系认证的企业，2016年被认定为国家知识产权优势企业。2020年12月4日，公司顺利通过高新技术企业换证复审，取得河南省科学技术厅、河南省财政厅、河南省税务局颁发的“高新技术企业”证书。

公司坚持以客户需求为导向，深入应用领域，为客户提供来料加工、定制化产品以及配套技术和售后服务，满足不同客户的个性化需求，不断完善以企业为主体、市场为导向的自主创新体系。公司具有持续的改进能力，完善的绩效考核机制，完备的组织管理体系，在权责利一致的原则下，建立有科学、公正的绩效考核体系，争取在不断增强的市场竞争中取得发展。

四、肩负社会责任，注重企业形象

公司保障员工身心健康，定期为全体员工进行身体检查，维护员工合法权益，依法维护股东合法权益。及时为公司员工缴纳五险一金，不拖欠员工工资。同时还积极参与社会公益事业，关注社会弱势群体的生存环境，扶贫济困，救助灾害。公司秉承着“客户至上，诚信服务”的营销理念，在产品营销过程中，强化员工的服务意识，提升服务质量，能及时、热情地接受消费者咨询。公司积极参与社会信用体系建设，建立信用管理部门，并设置专门信用管理人员，制定相应的信用管理制度。

回顾2020年以来的工作，特别是年初遭遇新冠疫情的突发困境，公司上下沉着应对，按政府部署和要求，采取相应管控要求，合理安排一线生产人员，确保春节假期和疫情期间正常生产和物流发货，满足重点客户尤其是重点疫区武汉面板的需求。由于一季度疫情带来不利局面，给公司内部经营业绩产生巨大压力，公司及时调整经营策略，按照董事会召开的具体部署决议和战略研讨要求，迎难而上、化危为机。

五、营造高端制造生态，创新探索新优势

公司所处行业是电子化学品和医药新材料领域，横跨新能源与新材料两大国家战略性新兴产业。公司产品的上游行业是基础化工材料行业，下游行业为锂离子动力电池、动力电池、储能电池、导电剂浆料、电解液等新能源行业，液晶显示面板、半导体等高端电子行业，芳纶、聚酰亚胺等高分子及医药新材料行业。根据公司未来发展和战略规

划，公司拟在濮阳经济技术产业开发区内总体规划微电子化学品及烷基吡咯烷酮一体化新材料产业园项目，项目总投资15.2亿元。项目实施后，公司将成为全球最大的吡咯烷酮系列产品专业生产服务商及新材料行业的新军，以满足新能源汽车、民用航空等高端工业对锂电池材料的增长需求，推动我国锂电新能源产业赶超世界先进水平。

面对当前局面，迈奇化学将继续以电子化学品为主导，聚焦电子化学品和化工新材料的开发与应用，遵循科学的、可持续的、自主创新发展理念，在做好安全、环保工作的同时，积极推进新产品的开发和市场开拓，改善主营产品结构，积极开展衍生业务，增加盈利增长点。通过产能驱动和资本驱动“两架马车”的并举战略，在提高现有产品竞争力的基础上，坚持“纵横发展”。立足现有项目，整合行业资源，纵向延伸上下游产业链；利用公司胺化、脱氢/加氢、提纯自有技术，横向开发新产品，实现产品多元化；形成特有的发展格局和循环化经济产业链，实现“员工价值”“企业利益”“社会责任”三者综合效应的最大化，成为令客户、同行、员工、合作伙伴以及社会敬重的业内先导，用专注、专业的产品和优质服务为客户持续创造价值，为投资人和股东带来回报，以海纳百川的胸怀，以行业先行者的傲然之姿引领行业发展，未来的迈奇化学必将沿着这一串串璀璨的足迹，续写更加辉煌灿烂的新化学之路。

心无旁骛攻主业　优化升级争先锋

——江苏德纳化学股份有限公司

秦旭东

江苏德纳化学股份有限公司（以下简称德纳化学）是国内二元醇醚及其酯类溶剂领军企业。经过多年的发展，公司在综合产能、产品品质、生产技术等方面均具有很强的市场地位和竞争力，并得到业内的广泛认可。江苏德纳化学股份有限公司是由德纳（南京）化工有限公司整体改制而成的合资企业。全资控股的子公司有江苏天音化工有限公司、德纳化工滨海有限公司、江苏天音化工上海有限公司、天音化工商贸（天津）有限公司、天纳化工贸易（上海）有限公司、德纳（香港）实业有限公司。

德纳化学以“做绿色，做未来”的环保理念，产品包括环氧乙烷、E系列和P系列二元醇醚及醋酸酯、电子级化学品系列、双封端聚醚系列、水性涂料成膜助剂系列、甲基烯丙醇及聚羧酸混凝土减水剂大单体、晶硅切割液、环保型增塑剂、化纤油剂及表面活性剂系列、高性能汽车制动液硼酸酯系列、有机/医药中间体等，产品广泛用于涂料、油墨、印刷、印染、电子、清洗剂、化纤、纺织、化工、橡胶、炼油、化肥、医药、农药等多个领域，深受国内外用户好评。销售覆盖欧、美、亚等40多个国家和地区。已与国内外知名厂商如巴斯夫、立邦、默克电子、威士伯、阿克苏诺贝尔、PPG、立邦、嘉宝莉、安智等建立了稳定的合作关系。

德纳化学紧跟国家政策前沿，充分把握长江经济带工业绿色发展历史机遇，在环保治理、科技创新、公司治理等方面都取得了突出的成绩。公司2020年主营业务收入为26亿元，同比增长4.3%（2019年为24.7亿元）；研发投入797万元，同比增长115%；毛利率为10.2%，与2019年持平。

“十三五”期间，德纳化学咬定发展不放松，新建项目不停步，累计投资近3亿元，实施了年产4万吨电子工业光刻胶用PM/PMA/DE及配套1.5万吨/年PM/PMA废液回收项目、数字化智能灌装站等多个重大项目，企业进入优化转型升级、高质高效发展的新阶段。同时，公司专注主业不游移，固本强基不懈怠，坚持精强主业、相关多元、稳健经营、持续发展，以市场为导向，以效益为中心，强化创新驱动、成本优先、管理挖潜、运营增效、人才强企、能效提升等支撑，才得以始终保持着较高的盈利水平。近3年，公司年均盈利额5亿元，最高纳税额9400万元。2020年度，公司主要效益指标同比、环比增幅都超过3%。

一、企业创新能力提升

德纳化学是国内最大的醇醚类溶剂生产基地，多个产品填补了中国化学工业的大型优质环保溶剂生产空白，产能达到亚洲最大、世界第二位。公司从创立之初，就始终专注于高端化学产品技术研发、生产和销售，引进研发人才、加大科研资金投入、建立公司自己的研发中心等方面，都投入了大量的人力和资金。自2012年公司建立了省级工程技术研究中心、设立了江苏省创新实践基地分站后，在高层次人才引进、与科研院校进行深度产学研合作、开发新产品等诸多方面都有了长足进步。

（一）研发投入

2018～2020年间，公司根据研发需要，先后投入约1600万元开发经费，陆续为中心更换了洁净室空调，改造了排风系统，新增安捷伦气相色谱仪、尾气临氧裂解深度净化撬装设备、尾气激冷塔等仪器和设备，大大提升了中心的检测条件和研发条件。为适应现代化管理的要求，公司委托第三方对管理人员及操作人员进行专业化培训，包括管理培训和专业培训，以进一步提高其知识和技能。通过相关专业培训指导，中心专业技术人员专业素养得到了进一步的提高，研发水平和检测效率明显提升。

（二）人才培养

为了留住人才、吸引人才，公司加强了人力资源管理，完善了人才选拔、培养和引进机制。

（1）制定了有利于人才培养的激励机制和政策，创造有利于个人发展的平台，使员工工作和生活在和谐人文环境中，既有一定的工作压力，又有激励员工奋发向上的氛围。公司为员工提供良好的工作环境和广阔的发展空间，全力打造出团结、高效、敬业、忠诚、开拓、进取的员工队伍，有效提高团队战斗力和企业凝聚力。

（2）引进具有创新意识、专业知识扎实的科技人才，具有全局观念、综合素质强的管理人才。陆续聘请高级专家和学者，他们和研发人员一起参与中心的技术开发，在引进高层次人才的同时，还长期致力于培养技术骨干和建立稳定的研发队伍，为中心进一步发展奠定基础。2020年5月，公司与江南大学和张洪吉博士签订了三方合作协议书，聘用张博士兼任科技副总（具体职务：研发总监），开展产学研合作，建立了联合研发中心，推动校企资源共建，促进科技成果转化，推进技术需求研发，加强研发机构建设，引进和培养人才团队，完善企业创新体系等工作。张博士负责的“可室温固化的高固低黏/水性聚丙烯酸（酯）树脂的制备及产业化”项目也被列入2020年江苏省产学研项目。

（3）结合工作实践，针对不同岗位的员工制定科学的培训计划，并根据中心的发展要求及员工的具体情况，制定员工的职业生涯规划。每年组织相关理论知识学习，了解有关产业现状及发展情况，提高职工的文化知识水平。2019年8月，公司挑选中心优秀员工参与到安全改善项目，巩固安全意识建设、安全管理能力培养、化工专业技能提升。

（三）制度创新

公司高度重视产品技术开发与创新，并逐渐完善了技术创新机制，包括研发资金保障机制、技术合作机制、人才引进和培训机制、内部竞争激励机制等，充分发挥公司多年的技术储备、开发经验及技术人员的创造热情，为技术人员创造良好的工作条件和环境。

研发中心管理团队和核心技术人员具有较强的责任心和事业心。主要管理人员都具有多年的行业内从业经历，具有较为丰富的从业经验。核心技术人员具备成熟的生产技术运用能力和精细的现场管理水平，在长期生产过程中积累的专业生产经验能够适应紧凑的研发节奏，不仅能敏锐把握行业和产品的技术发展方向，而且拥有较为丰富的工艺改进实践经验，可保证公司产品持续保持市场优势地位，这一优势是保证公司在未来的市场竞争中持续发展的坚实基础，成为公司参与市场竞争的重要优势。

为打造学习型精英团队，帮助员工成长，不断为客户创造更高价值，持续提高员工职业素养和业务水平，为此制订了《学历教育激励管理办法》，完善了《培训管理制度》，全面推进员工技能提升和培训工作，员工学习意识和进取精神有了全面的提高。

（四）创新成果

开发的“电子工业光刻胶用PM/PMA/DE及PM/PMA废液回收项目”已实现成果转化，并被列入“2019年度江苏省绿色化改造项目”。2020年5月开始开发的水性树脂系列样品，6月已提供给客户试用，已部分实现销售，2020年累积销售约16万元。

（五）产学研合作

2018年3月与常州大学签订了“环氧乙烷下游产品（丙内酯及β-羟基丙酸甲酯）合成技术”技术开发合同，合作期限为两年，合作项目经费总计80万元。2018年5月与中国科学院大连化学物理研究所签订了“二乙二醇催化醚化技术及其应用”技术开发合同，合作期两年，研发经费总计100万元。2020年4月与江南大学签订了“可室温固化的高固低黏/水性聚丙烯酸（酯）树脂的制备及产业化”技术开发合同，合作期九年，研发经费总计440万元。

（六）配套仪器升级及研发条件进一步改善

新增十多台套实验仪器设备，2020年公司管理层出于对研发工作的战略规划，8月份又购买了位于南京江北新区天圣路22号的研发中心三期研发楼J幢6层房屋，建筑面积约为1700平方米，建设新的研发中心。

坚持市场引领、创新驱动，进一步加大科技投入，瞄准市场前沿实施产品研发，除了完成电子工业光刻胶用PM/PMA/DE及PM/PMA废液回收项目、数字化智能灌装站项目、环氧乙烷管道输送项目外，公司还将陆续启动新一批高端化工项目，推动公司产品向下游延伸、向价值链高端攀升，壮大化工新材料产品集群。

二、企业竞争力培育

作为综合性较强的技术密集型工业，精细化工已成为全球各国家特别是工业发达国家传统化工产业结构升级调整的重点发展战略之一。"十三五"以来，石化行业高质量发展取得了诸多突出成绩，产业链向高端化、精细化转型的需求越来越强烈。精细化工在石化产业链升级中的重要性不言而喻。

德纳化学较早进入了醇醚及醇醚酯产品生产领域，积累了丰富的研发经验和客户资源，在业内拥有较高的品牌知名度和领先的研发能力，同时公司凭借完善的制造工艺、严格的质量管控，建立了较为全面的产品体系。公司所处的醇醚及其醋酸酯行业对企业生产技术、设备、规模等方面要求较高，一般企业难以在短期内快速增加设备以达到产能扩张的目的，目前公司产能位居国内第一位。公司作为"集成电路材料产业技术创新战略联盟"的会员单位，积极致力于高端电子化学品的研发技术创新。基于公司在二元醇醚酯行业的生产实力，可根据市场需要灵敏调整和增加产品种类，生产产品品种达十几种，多个生产工艺取得了相关的发明专利，2018～2020年，公司新申请发明专利2件，购买发明专利2件。截至2020年12月，公司已授权的发明专利有11件。

此外，德纳化学较早实现丙二醇醚及醇醚酯的规模化生产，装置整个生产过程全部实现自动化、连续化，采用集散型控制系统（DCS），自控水平达到目前国际同类化工行业的先进水平。公司已具备电子级和半导体级系列产品（PM、PMA等）生产纯化技术，产品质量均已达到电子级，可满足液晶面板、LCD等行业的要求，且是国内少数能研制出半导体级产品的企业。公司在高纯、高净专用化学品进行探索，加速了产品向高端领域升级，增强了企业的盈利能力，同时优化了产品结构。

作为国内二元醇醚酯的龙头企业，近几年德纳化学积极参与起草了GB/T 7383—2020《非离子表面活性剂　羟值的测定》国家标准，主导起草了《工业用二丙二醇甲醚》团体标准，参与起草了HG/T 5729—2020《甘油醚油酸酯》、HG/T 5733—2020《月桂酸聚氧乙烯酯》《绿色设计产品评价技术规范醇醚溶剂》3个行业标准和中国电子材料行业协会主导的《湿电子化学品技术成熟度等级划分及定义》，为促进行业发展，尽了绵薄之力。

公司醇醚厂区现有灌装以人工为主，自动化程度低，灌装效率不高。随着德纳化学进入快速发展阶段，为保提高灌装效率，提升环境管理，2020年公司投资2482万元建设了数字化智能灌装站，采用成套厂商的自动化灌装系统，实现空桶出入库作业机械化、仓储管理数字化、存储单元立体化和信息传输网络化。此项技术改造，将全面提升产品技术、工艺装备、能效环保水平，实现工业化与信息化的融合。

“十四五”期间，公司将继续推进智能工厂建设，巩固低成本竞争优势；推动机制、管理和经营模式创新，优化资源、市场和人力资源结构，激发内部活力；构建形成战略明确、决策科学、管控精益、运营高效、竞争有力的运营发展机制，进一步提升企业竞争力。

三、经济效率升级

化学工业的绿色可持续发展，本质在于过程的简化和效率的提高。绿色发展是精细化工发展的关键之一，安全发展是精细化工发展的一条底线。这就要求企业大力进行绿色技术创新，推进清洁生产，做好源头预防、过程控制、综合治理，加大绿色清洁工艺和新技术的创新和推广应用，全面提升各企业和全行业绿色发展的水平；从细微处入手、不放过任何的安全隐患，进一步提升精细化工行业专业化安全管理水平。

德纳化学在生产过程中涉及多个重点监管的化工工艺、化学品和重大危险源（简称“两重点一重大”），提升安全管理水平、实现本质安全成为企业的必修课。为此，公司主动自我加压，斥资1500万元与权威安全咨询公司共同诊断、剖析，从安全管理体系、专业管理能力、人员的综合素质、技术本质安全等方面制订了安全提升3年计划，协同产业升级，打造让政府放心、民众满意、客户满意的环境友好的经济效益和社会效益并举的优秀企业。

（一）在本质安全提升方面

2018年10月与上海拓马企业管理服务有限公司签订三年安全服务协议，结合公司实际情况，经过诊断会商，双方制订了安全提升的阶段目标及方案。公司与第三方管理机构合作，全方位展开安全管理培训全面提高各级管理人员的安全管理水平，分解落实企业主体责任，提升公司安全文化建设。

2019年4月公司通过了ISO45001（2018版），获得职业健康安全管理体系认证证书。

全面提升工厂装备水平，提高工厂的本质安全。2018年12月与第三方签订HAZOP分析咨询项目技术方案及HAZOP的拓展LOPA分析（醇醚工厂4套装置7条生产线和EO工厂2套装置）。2019年与设计院等第三方签订本质化诊断协议，从设计源头到装置运行过程中，全方位查找隐患和不足并加以完善。

全面提高安全标准化管理水平，积极推进一级标准化企业建设。在2019年将按照一级标准化企业的要求，对照规范，提高公司本质安全，提升企业安全管理的水平：全面细化安全生产责任制及安全生产目标、指标的分解；强化风险辨识、评估的培训，全面分解现场每一个工作活动；提高现场直接作业环节的管理；加强突发事件的事前预防和事后应急处置能力培训，通过“智能二道门”建设、管理和完善岗位应急处置卡，提升各类应急系统的实际水平。

2019年MES系统和HSE安全系统上线运行。新实施OA一体化办公平台、智慧仓库管理WMS系统、销售团队的CRM等，包括制造执行系统MES系统、物流管理系统LMS、仓库管理系统WMS、企业资源计划ERP系统、客户关系管理系统CRM、财务系统、OA办公系统等。大力推进信息化和工业化深度融合，进一步提升公司管理水平和核心竞争力。

为进一步提升液体物料作业的安全系数，投资2500万元对灌装系统进行数字化升级改造。2019年醇醚工厂着手调研自动包装和建立立体库，2020年9月成立了“醇醚厂数字化智能灌装站”项目组并组建了由专业人员组成的项目管理班子。

（二）在绿色发展方面

投资4000万元，综合治理无组织气体排放。2020年年初“醇醚厂VOC治理”和“环氧乙烷厂VOC治理”被列入公司重点建设项目，并于9月份组建了相应的项目组。目前公司两厂区的VOC治理项目正按计划实施推进。对污水进行有效收集处理，厂区污水接管口水质达到园区污水处理厂接管标准；最大限度地防止水环境、土壤、大气等风险事故的发生并有效地进行处置，使事故风险处于可接受水平；废气、废水排口符合排污口规范化设置要求，雨水、废水、废气实行有效在线监控，实现固废、危废零排放。

（三）在节能减排环境治理方面

与节能科技公司签订节能技术改造升级协议，采取项目设备由乙方投资建设运维，节能效益分享的模式进行。通过对两厂区循环水冷却系统改造升级，可以显著减少能源消耗，实现节能效益。目前两厂区循环水节能改造工程已完成，正在运行调试。与第三方签订关于初期雨水收集自动切换阀门改造协议，正在实施；余热锅炉尾气低氮改造，正在实施。

四、谋篇布局“十四五”

公司将顺应国家产业政策和行业发展趋势，对接“双循环”，着眼“碳达峰”，坚持“六大发展理念”：一是坚持集约发展，不大幅增加能耗，优化调整下游产品结构，提高资源效率，推动产业链延伸拓展。二是坚持创新发展，逐步加大研发投入，强化产品应用研究，储能蓄势，抓好技术储备，布局化工新材料产业，抢占高端化工制高点。三是坚持安全发展，全面提升工艺、设备、公用工程、体系管理的安全标准，实现本质安全生产。四是坚持绿色发展，完善环保管控措施，继续削减污染物和碳排放，深入研究固碳增值、降碳提效，推进节能降耗和碳资源综合利用，发展循环经济。五是坚持智慧发展，着眼“两化”融合，积极建设智能化工厂，推进信息化管理。六是坚持共享发展，实现企业与投资者、消费者、供应商、员工、其他利益相关者的共建共享，以及企业与社会、环境的和谐发展。

快速发展的“十三五”

——安徽金禾实业股份有限公司

施以军

安徽金禾实业股份有限公司（以下简称金禾实业）总部位于安徽省滁州市，前身为始建于1974年的来安县化肥厂，2006年成立股份制公司，2011年7月7日在深交所中小企业板挂牌上市（股票代码为002597），连续入选“证券时报”主办的第十一届和十二届“中国中小板上市公司价值五十强”名单。目前拥有安徽来安及定远盐化工园两个生产基地，在合肥及南京分别设有研究院、应用研发及运营中心。是一家致力于服务健康生活和先进制造业的企业，主导产品为合成甜味剂安赛蜜、三氯蔗糖、甜菊糖、合成香料麦芽酚/乙基麦芽酚、合成香料甲基环戊烯醇酮。其中，合成甜味剂产品的国内外市场占有率达55%以上，合成香料在全球的市场占有率达60%以上，产品远销欧洲、南北美洲、大洋洲和东南亚86个国家和地区，与可口可乐、百事可乐、雀巢、百利高、卡夫等国际知名大公司以及蒙牛、伊利、养元、娃哈哈等著名公司等建立了良好的供销合作关系。

一、“十三五”经营状况

整个“十三五”期间，创造营业收入173.8亿元，利润44.22亿元，纳税15.35亿元，营业收入和利润在“十三五”前半段呈上升趋势，后半段呈下降趋势，纳税基本实现逐年上升，整体经营情况较好。

“十三五”期间，公司主要丰富循环经济产业链，持续投资具有企业特点的新产品，从而延长产业链，巩固企业在细分领域的领先地位。主要投资项目有年产1500吨三氯蔗糖项目，年产3000吨三氯蔗糖技改项目，年产5000吨三氯蔗糖项目，年产1万吨氯乙烷项目，年产1万吨氧化镁回收项目，年产5000吨氯甲烷项目，金轩科技循环经济产业园一期建设等项目，“十三五”期间累计投资约25亿元。目前，金禾实业形成了基础化工循环经济产业链和食品添加剂循环经济产业链。基础化工产业链主要包括合成氨、硝酸、双氧水、甲醛、季戊四醇、三聚氰胺等项目。食品添加剂产业链主要包括安赛蜜、双乙烯酮、三氧化硫、糠醛、麦芽酚/乙基麦芽酚等项目。目前三氯蔗糖、安赛蜜、麦芽酚/乙基麦芽酚产品在全球市场占有率均处领先位置。

二、创新发展

在创新能力提升方面，金禾实业属于高新技术企业，具有自主知识产权的先进技术，以安徽省企业技术中心、省级合成甜味剂清洁生产工程技术研究中心、省级合成香料绿色工艺工程研究中心、省级博士后科研工作站等为科技创新主体，不断提高技术创新能力。此外公司还荣获国家知识产权示范企业、安徽省技术创新示范企业、省标准化示范企业、安徽省创新型企业等众多技术、创新、知识产权方面的荣誉。截至2020年，金禾实业拥有153项国家授权专利，其中，发明专利86项。这些发明专利的取得，保护了公司现有核心技术，提高了公司产品的市场竞争。2015～2020年，公司连续六年获得安徽省发明专利百强企业。荣获安徽省科技进步奖一、二、三等奖、安徽省专利银奖等。主导制定行业标准HG/T 5713—2020《工业用氯乙烷》，参与制定行业标准HG/T 5149—2017《工业用乙醛》。

公司现有员工3718人，各类专业技术人员1277人。其中，研发人员436人，博士2人，正高级工程师2人，副高5人，省级博士科研工作站在站博士3人，安徽省特支计划人才1人。公司研发团队专业知识、学历层次结构科学合理，涉及化工工艺、机械设备、环境工程、检测分析、电气仪表、机电一体化等多学科领域，是一支素质高、经验丰富、创新能力强的团队。公司技术中心配备了国内领先的试验和检测设备及仪器，保证工艺技术、产品研发能力均处于国内同行业领先水平。金禾实业以一流的省级企业技术中心为平台，以项目建设为载体，全面推进技术进步和科技创新，以科技推动企业健康快速发展，不断增强企业的核心竞争力，走绿色可循环发展的道路。

围绕公司的主导产品，强化技术保障能力，加大产品开发的投入，以敏锐的市场洞察力和反应能力，形成快速开发产业化产品的能力，提高主体技术能力的精度和深度，加强产学研合作，提高技术引进消化吸收能力；规范开发程序和管理规程，加强管理力度，提高管理效率；以人才为根本，实现自我更新和进步，形成充满活力的竞争用人机制；以"效益至上"为原则，建立科学管理的市场型独立经济核算决策体系；适时开拓技术领域和产品范围，在以食品添加剂为主导产品的前提下，适时开拓技术领域，向其他高起点、高附加值的产品扩展，在目前公司具有的规模优势、资金优势的基础上，以高新技术为支撑，建立更高层次的技术优势，努力使公司拥有自主知识产权，形成核心竞争能力，最终确立公司在市场上的主导地位。

三、智能制造

"十三五"期间正式启动了SAP-ERP系统项目的实施工作。SAP-ERP项目实施成功后，金禾实业又相继启动了企业中英文网站、OA办公协同化在线集成服务平台等多个项目。于2018年4月上线SRM系统，并完成与SAP-ERP、OA进行业务集成，同年上线使用BI报表系统，实现ERP与SRM数据的统计分析功能，为公司提供了数据决策支持。2018年3月上线使用钉钉，实现考勤功能、智能统计、即时通信、移动审批等功能；2018年12月上线视频监控系统，实现动态实时监测，确保生产、财产、人员安全等；2019年12月上线了中间件平台，将金禾实业目前所有的信息化系统通过该平台，进行业务集成，实现公司数据资源全面共享。2020年1月上线了SAP PO中间件接口管理系统，全面接管公司系统间的接口，用于接口开发管理建设期对开发进度的全局把控。2020年6月上线了Aspen实时数据库系统，抓取全公司DCS数据，形成报表，为公司管理者做出最优决策提供参考。2020年9月上线了ELN电子实验记录本系统，实现了在线编辑化学分子式，保护数据安全，提高工作效率。2020年11月上线了拜特资金管理系统，对公司的应付应收票据进行全面管控。以食品添加剂的生产与销售为基点，基于公司具有的生产与销售管控优势，通过提升生产、采购、销售、财务业务信息协同管控，优化业务流程，提升订单流程处理和业务流程管控规范性，借助OA、收发货系统、地磅系统、银联系统、金税系统、SAP-ERP、CRM及SRM系统业务集成，提升“产供销与财务业务一体化管控能力”的生产效率和成本的降低，能够极大提高客户的满意度，从而形成稳定的客户群体。所涉及的主要活动有生产流程、设备管理、质量管理流程、物料管理流程、销售管理流程、财务业务管理流程。

“十三五”期间公司在智能制造方面，获得了安徽省数字化车间认定、滁州市智能工厂认定、安徽省制造业与互联网融合发展试点企业认定等荣誉。

四、安全管理

根据国家安全监管总局《关于印发企业安全生产标准化评审工作管理办法（试行）的通知》（安监总管办〔2014〕49号）和安徽省安全监管局《关于贯彻落实国家安全监管总局企业安全生产标准化评审工作管理办法（试行）的通知》（皖安监规〔2014〕133号）等规定，经评审组织单位组织评审合格，公司被核准为危险化学品行业三级安全生产标准化企业。

（一）安全生产组织建设，建立安全文化

安全是企业发展的保障，公司始终坚持“安全第一、预防为主、综合治理”的安全生产方针，设立安全环保部，主要负责公司安全生产、环境保护、职业健康、消防及特种设备管理等安全管理工作。

公司严格落实各级安全责任，层层签订安全生产责任书，强力推进安全生产责任追究制，明确岗位安全职责，按照各种票证制度，大力开展安全警示教育、隐患排查、应急救援演练、安全演讲比赛、安全宣传等活动，有力推进了公司的安全文化建设，全面提升了公司安全文明生产水平。通过多种活动的开展，及时发现并整改生产中存在的隐患，纠正人的不安全行为，消除物的不安全状态，把事故苗头消灭在萌芽状态，有效地避免了各类事故的发生，实现了公司生产装置长周期稳定运行，创建了公司安全文化。

（二）加强安全生产基础，建立安全生产管理制度

根据国家安全生产相关法律法规的最新要求，公司安全环保部补充完善了《领导干部带班管理制度》《安全隐患排查治理制度》《重大危险源管理制度》等相关安全制度。

公司安委会各成员始终严格监督，并依据《安全生产奖责任状》对公司各部门实施考核，将其落实到安全生产过程各管控环节。

（三）加强安全生产风险管控，提升安全生产保障能力

为了进一步加大对公司各生产现场安全生产日常的监督管理工作，及时排查发现违章行为和安全隐患，做好规范管理，公司坚持以自查、互查和集中检查的方式，并聘请安全专家，对公司各生产现场进行全面的安全隐患和风险排查，深入生产一线查处各类违章违规现象，及时消除各类安全隐患，扎实地开展隐患排查治理活动，开展贯穿于全年的"高质量发展竞赛活动"中，对查出的隐患全部建立台账并落实整改方案。针对每个季度活动开展存在的问题整改情况及时组织回头看复查活动，促进安全生产持续稳定。

（四）加强应急管理，完善应急救援组织，提高应急处理能力

公司加强安全应急管理，提高预防与处理突发事故的能力。公司以生产班组为单位组织对突发事故的应急演练，如消防火灾应急疏散演练、危化品火灾（泄漏）等专项应急演练，有效提升了全员应对安全生产事故的前期隐患排查和抢险过程的应急处置能力。并且根据演练的成果和反馈，及时修订和完善公司应急预案管理制度。

（五）加大安全设施投入，提升安全技术水平

每年公司都会根据国家相关法律法规制定安全生产专项设备投入用于加快生产装置改造升级，采用新工艺、新技术和新设备，提高装置自动化程度，建立了应急救援消防队，在重大危险品库区、重大危险源、关键装置以及关键控制点，设置了泄漏报警系统和远程液位控制仪及摄像视频监控，加大硬件设施建设，提高装置安全系数。2020年公司实施实时数据库项目，建立覆盖全公司的生产实时数据库及生产制造执行系统，为生产运行提供统一集中的数据监控、分析、展示平台，有效提升了企业生产技术水平。

五、绿色制造

在绿色制造方面，绿色化是实现工业化的重要标志，工业绿色发展已成为国际社会

的大势所趋、潮流所向，是我国建设生态文明的必由之路，是建设制造强国的内在要求。金禾实业建有能源管控中心、光伏电站、生物质热电联产项目，使用清洁能源太阳能、生物质能等。企业连续多年开展系统优化工艺及节能减排综合改造工程，不断加强产品设计开发能力，降低能耗等生产成本，减少环境影响，延伸产业链。在充分考虑下游产业需求与市场对接，不断提升产品绿色品质和附加值的前提下，形成了一套完整的绿色产品设计研发体系。“十三五”期间，金禾实业高度重视绿色发展，进行了多项清洁生产技术改造项目，通过清洁生产审核。为了加强能源管理，做好节能降耗工作，公司于2018年导入能源管理体系，并通过第三方审核，2019年公司获得安徽省绿色工厂认定，2020年通过国家级绿色工厂认定。

六、社会责任

在社会责任方面，金禾实业将秉承“让生活更健康，让员工更幸福，让社会更和谐”的社会责任理念，建立社会责任战略规划。以安全生产、绿色发展为主要抓手，不断改善安全生产环境，生产满足社会和客户需求的经营方针，进一步促进公司社会责任体系的完善。金禾实业自2016年以来，每年发布社会责任报告，均获得安徽省最佳社会责任报告，并于2020年获得安徽省脱贫攻坚先进集体荣誉称号。

2020年年初，在得知湖北严重紧缺消毒液的信息后，公司立即组织成立了“支援湖北过氧化氢消毒液调度指挥部”，全公司上下联动，迅速组织人员配置、充装双氧水消毒液支援湖北武汉疫区。在8天时间里，金禾实业捐赠消毒用双氧水送达到武汉市内近10个区，覆盖湖北省除神农架林区以外的全部地级市，湖北各地区也致信表达了感谢。直到湖北疫情结束，公司已累计向湖北武汉及周边疫区捐赠双氧水2200余吨，向湖北及本地相关单位捐赠防护服5300套，N95口罩3500只，护目镜1500副，并通过“红十字”会捐款50万元支持抗击疫情工作。

七、未来展望

未来，金禾实业争取将拳头产品和产业集群增加到五个，成功开拓一到两个新业务版块，市场资源、技术储备、运营管理和人才队伍更上一个台阶，使金禾实业在“十四五”阶段具备冲刺百亿产值和第一方阵的实力。

金禾实业将不忘初心，砥砺前行，继续在公司党委和董事会的坚强领导下，秉承“成为基于化学和生物技术，为食品饮料、日用消费、医药健康、农业环保及高端制造领域的客户持续提供最优解决方案的，具有产研一体化和综合经营能力的企业”的长远愿景，不断提升公司经营业绩和治理水平，全力维护好投资者的利益；贯彻循环经济和绿色发展的理念，推动公司安全、环保生产经营；继续落实“以人文本”的人才理念，进一步提升员工的幸福感和归属感。公司将不断完善企业社会责任监督管理体系，进一步深化企业社会责任理念。持续强化社会责任意识，不断完善社会责任机制，将履行社会责任的工作融入公司经营、生产、管理等各项活动中，提高公司社会责任的透明度，促进公司健康稳定发展的同时回报社会！

砥砺奋进谋发展　蓄势扬帆再启程

——江苏美思德化学股份有限公司

孙宇，陈汝为

江苏美思德化学股份有限公司（以下简称美恩德）成立于2000年11月，2017年3月在上交所A股主板上市，主要从事聚氨酯泡沫稳定剂的研发、生产和销售，是国内技术领先的聚氨酯泡沫稳定剂生产企业。美思德坚持以创新驱动转型升级，建成万吨级自动化生产线，产品遍及世界五大洲各地区，广泛应用于家电、家具、建筑、汽车等行业，经营业绩屡创新高，产品质量和市场占有率稳居国内前列。先后获得“中国石油和化工优秀民营企业”“十三五”中国石油和化工行业创新典范、国家级专精特新“小巨人”企业、中国石油和化工民营企业——销售收入百强排序潜力企业等多项荣誉称号。

“十三五”以来，美思德紧跟时代发展步伐，牢牢牵住市场开发这个“牛鼻子”，抢抓国家战略叠加机遇，因时而动，顺势而上，坚持“技术领先、市场领先”的业务发展战略，努力打造国内领先、国际一流的中高端功能化学品生产供应商。

一、技术创新：掌握核心技术，引领行业发展

美思德公司坚持走科技兴企之路，不断加大科技投入，建立了完善的技术创新体系，建有“江苏省有机硅表面活性剂工程技术中心”“江苏省认定企业技术中心”“国家博士后工作站分站”“江苏省博士后创新实践基地”等创新平台。公司从事研究和开发

的人员占职工总数的1/3以上，研发团队先后承担过国家、省部级科技项目8项，具有较强的创新和组织协调能力，并荣获"聚氨酯行业可持续发展创新奖"。截至目前，共申请国家发明专利54项，其中16项获得授权。

美思德连续多年综合实力的快速发展，是不断积淀创新实力的结果。2017年3月30日，美思德成功在上交所主板挂牌上市，市场影响力和盈利能力进一步提升，在新项目布局和新技术研发方面更是得心应手。

"十三五"期间，美思德着力创新平台建设，形成了集基础研究、结构及配方设计、应用技术开发和技术产业化于一体的核心技术体系，在原有的基础上不断提高产品的关键性能指标，提升产品生产工艺水平。在一些关键性能指标上，公司产品已达到国际先进水平。2017年公司承担的"新一代聚氨酯泡沫稳定剂的研发及产业化"项目被列入"十三五"中国聚氨酯行业重点科技计划，并被列为江苏省科技成果转化项目。于2020年建成200吨/年工程化装置、6000吨/年泡沫稳定剂生产线，项目的实施为聚氨酯深加工作出较大贡献，推动了聚氨酯泡沫稳定剂的国产化进程。先后开发出了适用于冷藏保温、建筑节能、热水器、家具、汽车等领域的硬质泡沫稳定剂、软质泡沫稳定剂、高回弹泡沫稳定剂、开孔剂等四大系列产品，逐渐成长为国内产品品种最多、规模最大、专业化程度最高的聚氨酯泡沫稳定剂供应商。凭借一流的技术和过硬的质量，打破国外技术垄断，产品得到国内外市场的普遍认可。

美思德始终注重可持续发展和技术创新，掌握了聚氨酯泡沫稳定剂产品的分子结构设计、化学合成和配方组合等核心技术，公司"万吨级聚氨酯匀泡剂生产技术开发"重点科技攻关项目，获2018年度江苏省科学技术奖三等奖和2019年度中国石油和化学工业联合会科技进步二等奖。在生产规模、产品品种、研发技术及自动化生产等方面，发展成为国内聚氨酯泡沫稳定剂行业的领军企业。

二、管理创新：科学布局，精准发力，屡创佳绩

美思德坚持"精细化、产业化、国际化"的发展战略，持续推出适应市场需求的聚氨酯泡沫稳定剂新产品，不断巩固和发展行业的领先地位。

经过多年的发展，公司建立了较为成熟和完善的管理团队。孙宇担任公司总经理、

董事长，这位技术型管理人才，作为公司研发中心负责人，为美思德组建了一支由资深专家、经验丰富的工程技术人员组成的专业技术队伍。团队以有博士和硕士学历的人员为带头人，以中青年技术人才为骨干，结构均衡，业务精湛，带动公司研发能力提高和创新性持续发展。在他的带领下，美思德已具备年产2.2万吨有机硅表面活性剂生产能力，全面实现了生产过程的自动化和远程可控化，成为国内生产规模大、品种全、科技含量高的聚氨酯泡沫稳定剂生产企业。

孙宇力推的管理创新战略收到了丰厚的回报，2020年营业收入3.9亿元，同比增长15%；归属于上市公司股东的净利润1.1亿元，同比增长54%，实现营业收入、净利润双增长，创公司历史最好水平。在聚氨酯硬泡匀泡剂市场领域，美思德打破了跨国企业对国内市场的垄断，凭借优质的产品和技术服务，产品成为国内市场上的主流。2016年以来，公司经济实力逐年递增，产品在国际市场上的占有率不断提升，在国内市场上的占有率稳居行业前列。

目前，美思德已经拥有优质而稳定的客户群，与陶氏化学、赢创、巴斯夫、科思创、亨斯迈、红宝丽、万华化学等国内外800多家企业建立了稳定的长期战略合作关系。在国内市场，美思德产品销售区域已基本覆盖全国各个省份，在各聚氨酯产业聚集区设立有分公司或办事处。在欧洲成立了美思德国际公司，贴近高端国际市场，不断拓展海外业务。目前产品已远销欧洲、中东、东南亚、非洲、北美和南美等地区，与多个国家信誉良好、实力较强的经销商建立起了长期稳定的业务合作关系，出口业务收入占公司主营业务收入的比例达到30%以上。

美思德拥有丰富的行业经验及广泛的行业资源，在管理与经营上最为看重的是产业协同蕴藏的巨大潜力。首次涉足并投资聚氨酯有机胺催化剂项目，有机胺催化剂与美思德的主导产品有机硅匀泡剂是聚氨酯制品生产中两大关键助剂，二者销售渠道相同、客户相同，具有很强的协同效应。2020年6月，美思德与吉林化学工业循环经济示范园区签署投资协议，计划在园区投资建设年产4.5万吨/年有机胺系列产品项目，总投资额约5.56亿元。美思德将实现从聚氨酯有机硅表面活性剂生产商向助剂技术服务+解决方案提供商的华丽转身，进而从国内助剂龙头企业发展为国际化企业。

三、绿色发展：勇挑重担，践行绿色发展理念

美思德始终将产品质量视为生存和发展的基础，通过了ISO9001质量管理体系、ISO14001环境管理体系、ISO45001职业安全健康管理体系的认证，建立了完善的质量管理体系，在产品质量、环境保护、企业安全生产、员工持续健康监护等方面建立了相关的制度，制定了应对各类风险和机遇的机制。

绿色升级是行业高质量发展的重要方向，也是美思德创新的出发点和推动力。公司一直践行绿色发展理念，为世界环境保护和可持续发展提供中国方案。在有机硅表面活性剂制备工艺中，美思德注重遵循绿色、环保、节能的设计原则。在聚硅氧烷的制备中，创新采用负载型固体酸催化剂、无溶剂生产工艺等技术路线，解决了传统液体酸与产品分离难、成本高、污染严重等问题，简化了工艺流程，实现了高效率、低排放生产，目标产物收率超过97%，催化剂循环使用次数达30次以上。通过清洁生产，公司连续多年综合能耗下降10%以上，节能降耗年均创效显著。"十三五"期间，多次被地方政府评为安全生产先进单位、环境友好型先进企业。

在聚氨酯硬泡生产中，目前主流的物理发泡剂对大气臭氧层破坏作用明显，其削减替代工作已经全面铺开。公司承担并完成了环保部"聚氨酯泡沫行业HCFC-141B替代配套用有机硅泡沫稳定剂开发和催化剂优化"项目，成功地推出了141B替代所需的匀泡剂和催化剂技术解决方案。

为了构建我国聚氨酯行业绿色环保的未来，2019年中国聚氨酯工业协会联合行业内多方骨干力量，共同发布了《聚氨酯行业可持续发展白皮书》，美思德等20家单位联合签署《中国聚氨酯行业绿色可持续发展宣言》。

四、企业文化：文化赋能，引领价值，助力发展

美思德把企业文化建设放在重要位置，始终坚持"共创、共享、共成长""开心工作，愉快生活"的文化理念，每年都在企业效益改善的同时，持续提高员工的收入，为员工创造良好的成长环境，使员工能够安心工作和生活。在公司上市前后，对高管和核心员工实施股权激励，建立起了长期有效的激励机制，有效提高了企业的凝聚力。

公司注重品牌建设、品牌保护和品牌管理，大力实施品牌战略，运用正确的商标战略和措施不断提高公司的知名度和美誉度，公司产品被评为江苏省名牌产品，商标被评为江苏省著名商标。在此基础上，公司还及时把握市场动态，深度挖掘市场机会，通过网站建设、广告宣传、客户互动和市场调研等方式，多渠道、立体化实施了“美思德”品牌战略。公司组织参加UTECH ASIA、PU CHINA、UTECH EUROPE、巴西聚氨酯材料展览会、土耳其聚氨酯展览会、PU INDIA等极具影响力的行业展会，积极参加国内外行业重大技术会议，常年在《聚氨酯工业》等有影响力的刊物上刊登广告，充分利用国内外各种媒体平台展示公司及产品形象，有力推动了公司产品品牌的树立，提高了公司的知名度。公司还积极参与中国聚氨酯工业协会工作，并担任协会理事，通过行业协会平台提高在行业内的影响力。

2020年11月，美思德铸梦20周年庆典活动在南京举行，公司用20年的时光，打通了聚氨酯关键助剂自主创新的发展脉络。在成立庆典同期举行的中国聚氨酯行业创新发展论坛上，中国聚氨酯工业协会、美思德等18家聚氨酯相关机构代表共同发布《聚氨酯行业创新发展金陵倡议书》。作为倡议书发起单位代表，美思德将秉承《聚氨酯行业创新发展金陵倡议书》精神，加强高质量创新体系建设，加快创新人才培养，不断增强企业的创新能力，汇集创新要素，继续推行科学的管理方法和同创共享的企业文化，为公司健康发展、行业创新发展而不懈努力。

五、社会责任：投身公益，奉献社会，增强社会责任感

作为行业领军企业和上市公司，美思德牢记企业使命，积极履行社会责任，严守安全环保底线，以创新解决方案应对气候变化，成为我国化工行业践行责任关怀不可或缺的关键力量。美思德具有较为完善的生产安全保障制度及应对各类风险机制，并定期组织员工开展安全生产、突发事故应急演练等主题活动，大力普及安全知识，弘扬安全文化，强化安全意识。公司自成立以来，未发生重大安全和环保事故，生产经营保持稳定、有序。

面对新冠肺炎疫情的冲击，迅速成立疫情防控领导小组，全面部署防控工作和开工前安全排查，成为南京市首批获准恢复生产的化工企业。大疫当前，任何人都无法独善

其身，公司在努力做好自身生产经营工作的同时，还主动地承担社会责任，通过南京经济技术开发区栖霞慈善协会向疫情防控指挥部捐款100万元，为抗击疫情贡献一份力量。

公司具备很强的社会责任感。经历20年发展，公司经济实力雄厚，致富思源，竭诚回馈社会，积极参与社会公益事业。2020年6月，在“巨匠引航，民娃飞扬”正新小学&紫砂文化研究协会六一联谊活动上，美思德向江苏宜兴农民工子弟小学捐赠百台护眼灯，为孩子们的健康成长传递关怀，保驾护航。

美思德将继续肩负社会责任，进行产业、文化、生态等多方面的社会责任实践，凝聚各方力量，服务社会民生，回馈奉献大众。

回首“十三五”，充满了挑战与奋斗，取得成效得益于创新战略的引领。“十四五”期间，美思德将主动融入新发展格局，以催化剂项目投产为契机，发挥匀泡剂和催化剂的协同效应，拓宽企业的产品线和发展空间，进一步完善公司的战略布局。同时，公司还将在企业管理、产品研发、制造、销售和技术服务等方面全方位提高创新水平，提升行业影响力、国际知名度，力争打造成为国内领先、国际一流的中高端功能化学品生产供应商。

做世界农化行业的一面旗帜

——江苏中旗科技股份有限公司

江苏中旗科技股份有限公司（以下简称中旗）是专业从事高效、低毒、对环境友好的绿色农药等精细化工产品的研发、生产和销售的国家级重点高新技术企业。公司成立于2003年，位于南京江北新区新材料科技园，2016年12月在深交所创业板上市（股票代码300575）。

中旗主营农药除草剂氯氟吡氧乙酸异辛酯、氰氟草酯，杀虫剂噻虫胺、虱螨脲等，其中氯氟吡氧乙酸异辛酯、氰氟草酯全球市场占有率第一。公司通过技术创新，不断推出新产品，开拓新市场，产品市场竞争力较强，市场需求旺盛。公司产品畅销四十多个国家和地区。目前，公司已成为跨国农药公司科迪华（陶氏杜邦农化）、拜耳、先正达、巴斯夫农化的战略供应商，凭借可靠的品质、良好的药效、安全环保的性能，公司获得海内外客户广泛的认可。与主要竞争对手相比，公司的主要产品关键性能指标、能耗指标、产品主要加工工艺、技术均处于国际先进水平。

一、创新能力提升

（一）技术创新

中旗设有省级工程技术研究中心、省级企业技术中心、省级重点研发机构、省博士后创新实践基地。近三年公司新增研发场所4679.18平方米，新建室内生测实验室、公厅级实验室、工艺安全实验室等，配置核磁共振仪（400MHz AVANCEIII HD）、液质联用仪（LCMS-SQD2）、气质联用仪（GCMS）、METTLER差示扫描量热仪（DSC）、低热惰性绝热加速量热系统、实时在线颗粒分析系统（FBRM G400）和微通道反应试验系统等。

中旗始终重视对工程技术研究中心科研经费的投入，近三年，研发机构开展了企业内部自立课题研发项目共计44项，研发经费投入超过1.4亿元。

在公司领导的大力支持和推动下，公司建立了完善的研发管理体系。为进一步提升公司研发实力和管理水平，公司配备了高素质、高技术的科研人员，并与国内知名高校开展产学研合作：

（1）2018年1月30日，公司与南京大学合作成立南京中澳转化医学研究院有限公司，并构建新型研发机构，该新型研发机构综合绩效评估为优秀；

（2）2019年5月12日，与南京理工大学合作开展《微通道硝化反应新技术开发》项目的研究，项目研究进展顺利，并与2020年5月完成工艺技术研究，正在进行产业化放大开发；

（3）2019年5月22日，与华中师范大学联合组建中旗产业技术创新研究院，目前该项目已经合成超过1000个新化合物，申请了专利3件，已有数个候选化合物达到较高活性水平，正在开展田间小区实验；

（4）2019年7月10日，与深圳大学合作开展《高性能低维材料结构设计、合成及工程化研究》项目，目前已进入小试阶段，材料方面已筛选出性能较好的新材料分子，正在进行性能的确认以及工艺的改进；

（5）2019年12月18日，与中国药科大学合作开展《PD-L1小分子抑制剂的药效学及作用机制研究》项目，该项目已进入小试阶段，目前已有候选分子，已完成动物模型药效学实验，具有较好的肿瘤抑制作用，正在进一步改善分子的理化性质。

（二）管理创新

作为农化制造企业，中旗始终把产品质量、环境保护、员工职业健康以及安全生产视为企业赖以生存发展的基石。中旗早在2006年起就在行业内较早引入ISO9001（质量）/ISO14001（环境保护）/ISO45001（安全和员工职业健康）三标管理体系，于2007

年获得全球领先的专业风险管理服务机构DNV-GL（挪威船级社-德劳）认证，并持续维护和不断改善至今。在产品质量、环境保护、员工职业健康以及安全生产等方面建立完善的管理体系，具有较高的管理水平，公司凭借在这些方面的良好表现，成为跨国企业的优秀供应商，获得了与他们开展长期战略合作的机会。

（三）智能制造

近年来，中旗在智能化建设方面，持续投入资金，包括硬件的组建以及软件开发等。截至目前，公司在智能化建设方面投入金额超过5000万元。

智能化主要涵盖生产现场优化，智能安全管控，生产管控一体化，库存管理和工厂资产故障预测等四个方面，主要建设内容包括生产过程自动控制系统、车间安全仪表系统、全自动立体仓库和U8 Cloud财务系统。针对化工行业的连续大规模生产、流程复杂、情况多变、信息反馈迟缓等特点，建设生产过程自动化控制系统；同时车间通过接入安全仪表系统，实现对生产数据实时的采集，设备的实时监测，参数模型的在线优化；建设全自动立体仓库，提高库存决策信息的透明性、可靠性和实时性，增强企业供应链管理能力，为企业内部管理调控和企业与上下游的协同打下基础；通过U8 Cloud实现业务财务流程一体化，财务系统与其他经营管理系统的高效协同，优化财务流程。

二、企业竞争力培育

（一）技术优势培育

中旗是国家级高新技术企业，设有省级企业技术中心，并被评定为江苏省重点企业研发机构和省博士后创新实践基地。截至2020年年底，企业共有国内有效专利51项，其中，发明专利29项，是国内较早自主掌握氟化、不对称合成和手性技术、相转移催化、氨化等关键性技术的企业。公司拥有一支以博士、硕士为主力军的研发队伍，拥有良好的技术创新及研发机制，经过十余年的研发，公司自主开发了多种合成技术，在此基础上开展了多个产品的小试、中试和大生产，形成了完整的产业化能力。公司业已储备了大量新产品的生产技术，并且随着研发团队规模的扩大和技术水平的提高，公司能够开发出更多的具有良好市场前景的新产品。

（二）品种选择优势培育

农药品种繁多，目前已开发并使用的农药原药已达600余个，各个产品的生命周期、市场前景、技术特点均有不同，因此农药生产企业对产品品种的选择至关重要。

中旗对产品品种的选择建立在对市场的持续跟踪和深入研究的基础之上。公司密切关注全球领先的农药公司的生产动态，综合市场供求信息，对客户或潜在客户产能置换、产品升级换代等可能导致其将产能转出的机会予以预先研判，提前准备。公司依托长期的市场经验、紧密的客户关系、强大的研发能力、灵活的生产机制和丰富的许可证资源，可以做到密切跟踪市场信息，及时把握市场机会，开发出市场前景较好的产品。

（三）丰富的许可证资源

凭借丰富的技术储备、前瞻性的产品规划和持续的资金投入，公司及子公司在境内共计取得100余项农药登记证书、50余项生产许可证书、批准证书；在境外主要市场与客户联合登记取得了多个登记证书，许可证资源丰富。

取得上述许可证书所需进行的毒理、药效、残留等试验耗时较长，成本较高。公司丰富的许可证资源，使公司能够抓住稍纵即逝的市场机会，加上公司具备在不同产品之间机动灵活地进行切换生产的能力，使得公司具备很强的即时供应能力，可以及时满足客户的需求。

（四）拥有紧密的客户关系

目前，中旗已成为跨国农药公司科迪华、拜耳、先正达、巴斯夫农化的战略供应商，该关系有如下特点：

1.供应关系稳定

在战略供应商模式下，跨国公司通常将其生产环节中的某个或某几个中间体或原药交给为数不多的几个厂家生产，因此在确定战略供应关系前，跨国公司会对生产厂家的生产设备、研发能力、生产管理、安全环保和产品质量控制能力进行长达数年的严格考察和遴选。一旦建立起战略供应业务关系，就会在相当长的时间内保持稳定。

2.双方合作不断延伸和深入

战略供应商模式下，双方一旦形成合作关系，一般会通过不断增加其他新产品的合作来保持、强化这种合作关系。同时，战略供应厂家与客户的合作不仅包括现有产品的生产，还会根据客户要求，在产品的改进、后续产品的开发方面保持密切的合作关系。比如公司与科迪华的合作就从中间体扩展到了原药、制剂，并扩展到其他新品种。

此外，自2006年起，随着公司先后与科迪华、拜耳、先正达、巴斯夫农化等跨国企业建立业务合作关系，这些跨国企业带来了在产品质量、环境保护、员工职业健康以及安全生产等方面全球行业领先的管理理念和管理经验，在开展商务合作的同时，通过持续不断的培训、专项审计等方式，帮助公司建立了完善的综合生产管理体系，从而不断提升公司的管理水平。

（五）灵活的生产机制

中旗建立了适应“多品种、适批量”的生产体系，能够在较短时间内为市场提供质优的产品。中旗建立了多个标准化的原药生产车间，采用先进的计算机控制DCS生产线，不但保证了安全生产，而且提高了收率和设备利用率，减少了原料的消耗。公司主要产品原药合成收率均已达到或接近国际著名农药公司的水平，在国内处于领先地位。公司可以根据需要，合理安排各产品的生产能力，尽可能地提高设备利用率，从而在保证产品质量的前提下，合理控制成本，提升公司的竞争能力。

三、社会责任

中旗近年来先后参加了汶川地震、青海地震、阜宁龙卷风等灾难事故的救灾捐献活动，连续多年向南京市慈善总会捐赠。

为了对贫困地区、贫困人群、残疾人、低保困难家庭等伸出友爱之手，帮助弱势贫困人员走出困境，在新区管委会和江北新区新材料科技园总工会爱心募捐倡议书的倡议下，中旗积极响应号召，每年定期参与“慈善一日捐、救济送温暖”活动。2019年公司参加“慈善一日捐、救济送温暖”活动，捐款165万元，参加江北新区光彩事业公益捐款5000元；2019年公司向南京大学教育发展基金会、华中师范大学等捐赠252万元；2020年公司向南京大学教育发展基金会、华中师范大学、深圳大学等捐赠503万元，用于资助学校基金会建设；2020年公司参加“慈善一日捐、救济送温暖”活动，捐款58万元。此外，2020年董事长吴耀军先生还以校友名义向南京大学捐赠300万元。

此外，自2020年新冠肺炎疫情发生以来，公司全面贯彻落实市委、市政府关于疫情防控的各项工作部署，全力推进复工复产，排除各类风险隐患，确保防疫工作和公司发展两手抓、两不误、两促进。建立健全防控机制，做好日常监测。公司高度重视疫情防控工作，落实专人做好疫情信息的统计、上报和员工日常体温检测。确保排查防控全覆盖工作落实到位，做到全员参与，不落一人。自疫情发生以来，公司迅速启动采购计划，千方百计筹集防疫物资。2020年1月22日，公司采购了专业防护N95口罩共计6000只，为每位员工送去了春节假期出行的必要安全保障。同时，也为回湖北老家的员工及家人寄去了防护用品。

未来，公司将紧紧抓住全球农化行业的供应链向中国转移以及中国农药产业结构调整的历史机遇，加快新产品的开发步伐，拓宽公司产品线，在进一步做大做强国际市场的同时，加强国内市场拓展力度，做到国际国内市场并举发展，致力成为世界植保、医药新材料行业的一面旗帜。

实践绿色智能制造　引领水处理剂行业发展

——山东泰和水处理科技股份有限公司

华艳飞

一、企业经营管理概况

（一）企业概况

山东泰和水处理科技股份有限公司（以下简称泰和）成立于2006年3月，注册资本2.16亿元，主营业务为水处理剂的研发、生产和销售。产品包括阻垢缓蚀剂、螯合剂、分散剂、杀菌剂等，广泛应用于石油、电力、化工、日化等众多领域，致力于水资源节约和生态环境保护。

公司以持续创新打造企业的科技力、产品力、市场力，铸就企业领先于行业的核心竞争力，已快速发展成为全球最重要的水处理剂专业生产商之一，50%以上产品出口欧美、中东、亚太等国家和地区。公司连续多年国际、国内市场占有率第一，国际市场地位逐步提升，先后荣获中国制造业单项冠军培育企业、国家知识产权优势企业、山东省瞪羚标杆企业、山东省新材料领军企业50强等称号。公司在树立行业榜样地位的同时，也为枣庄经济发展作出了积极贡献，2019年实现销售收入12.5亿元、利税2.6亿元，并成功在深圳证券交易所创业板挂牌上市，股票代码300801。

公司注重科技创新，每年投入数千万元用于新品开发、工艺革新和技术改造，取得了丰硕成果。现拥有国家企业技术中心1个，包括山东省工程实验室、山东省示范工程技术研究中心在内的省级创新平台4个，包括枣庄市技术创新中心、枣庄市科技协同创新中心在内的市级创新平台7个。累计申请专利200余件，获得有效授权专利64件，其中发明专利37件；主持或参与制修订国家标准10项，行业标准18项；取得80余项核心关键技术，其中30余项技术成果达到国际先进、国内领先水平，10项填补国内空白；获得各类科技奖励20余项，逐步成为行业创新的引领者。

近年来，公司持续开展智能制造新模式创新，在水处理剂智能制造领域进行了一系列卓有成效的实践探索，将以自动化、信息化、智能化为特点的数字化智能工厂逐渐变为现实。公司目前HEDP、PBTCA等主产品车间实现了生产控制一键开、停车，现场无人化。自主设计的“水处理剂连续化、智能化生产系统”上榜2019年度山东省首台（套）技术装备名单，先后被认定为山东省首批智能制造试点示范企业、山东省首批“现代优势产业集群+人工智能”试点示范企业、山东省两化融合优秀企业。

（二）从事领域及市场地位

泰和自2006年成立以来，瞄准水处理剂这一细分领域，专注做好水处理剂的研发、制造，凭借雄厚的研发实力、领先的工艺技术、超前的安全环保管理、卓越的质量控制水平、创新的智能化生产模式等优势，实现了企业高质量、可持续健康发展，目前企业生产规模国内最大、产品种类国内最全、工艺技术国际先进，成为水处理剂行业领先企业。

泰和以质取胜、规范经营、勇于创新，走出了独具特色的“专精特新”发展之路，于2017年被国家工信部认定为中国制造业单项冠军培育企业，并荣获国家知识产权优势企业、山东省瞪羚标杆企业、山东省技术创新示范企业等称号。经中国石油和化学工业联合会论证，公司国内市场占有率由2017年的38.84%提升到2019年的43.49%。

（三）企业经营战略

公司结合自身优势方向、发展重心和战略思路，把握有利时机，清晰定位，将自身定位为水处理剂专业生产商，以工艺技术、生产规模、持续创新和质量控制等方面的优势引领水处理剂产业发展，助力节能环保产业转型升级。

1. 企业愿景

专注于做好水处理药剂的研发与生产，持续地为全行业提供优质的产品，最大限度地满足客户的需求，成为国内外最有影响、最有价值的水处理生产药剂及专用精细化学品生产商。

2. 企业核心价值观

诚信务实、合作共赢、追求卓越、奉献环保。

3. 企业品牌规划

提升“泰和”这一工业品牌核心竞争力，塑造名企形象，逐步将泰和做大、做强、做精、做优，成为国内水处理行业中的领先者，做国际水处理行业的领跑者。

4. 企业发展目标

整体发展目标：以我国对环保行业提供战略支持和国内外水处理剂市场需求持续增长为契机，以现有核心工艺技术为基础，进一步扩大技术优势，保持公司在水处理剂行业的领先地位，成为能够满足世界水处理剂整体需求的生产商。

现阶段企业发展规划：以上市为契机，借助资本市场助推企业跨越式发展，聚焦科技创新引领行业发展。在科技创新方面，借助在青岛设立的研发分中心丰益泰和公司，更多聚焦于前沿新材料等领域，对外提供成果孵化。在产业发展方面，推动年产28万吨水处理剂项目、水处理剂系列产品项目和水处理剂产业链扩展项目等产品项目建设，围绕上下游产业链延伸和联副产品综合利用，构建水处理剂全产业链。在智能制造方面，借助成立的山东泰和智能科技有限公司，以泰和为示范，把公司多年来在安全环保性提升、智能化改进等方面的先进经验复制到相关产业，提供智能制造整体解决方案，充分发挥“1+*N*”带动支持作用。未来，公司将全面布局，纵横向发展，多板块业务齐头并进，经济效益再上新台阶。

二、企业技能水平情况

（一）企业工艺技术水平情况

公司工艺装备水平处于行业领先地位。自主开发了水处理剂连续化生产工艺，可替代行业传统单釜式间接性生产工艺，中国石油和化学工业联合会对公司2膦酸基−1,2,4−三羧酸丁烷连续化生产工艺、羟基亚乙基二膦酸连续化生产工艺、十二烷基二甲基苄基氯化铵管式反应生产技术等工艺技术进行了鉴定，鉴定结论为工艺技术填补了国内空白。该工艺在环保性、安全性、产品质量稳定性、生产效率、单位产能投资、投入产出比等方面优势突出，解决了工业水处理剂技术领域传统的间歇性釜式合成生产工艺的设备利用率低、能耗大、副产品利用率低、资源浪费、吨成本投资高、产能受限等关键性、共性难题的问题。依靠水处理剂连续化生产工艺，公司用极小的投资和占地面积，实现了水处理剂的大规模稳定生产，单位产品人工、能耗、物耗等经济指标得到了大幅度降低，单套装置年产能由几百吨跃升至数万吨，单套装置规模达到全球最大，在行业中获得了绝对的竞争优势。

公司工艺装备技术达到行业一流水平。公司实施智能化改造，自主设计了智能控制系统和智能化设备装置，实现了生产的规模化、信息化、自动化、智能化，经中国石油和化学工业联合会鉴定整体技术达到国内领先、国际先进水平。

截至目前，公司取得了80余项核心关键技术成果，其中24项成果达到“国际先进”水平，11项达到“国内领先”水平，4项达到为“国内先进”水平，10项成果填补国内空白。

（二）知识产权及应用情况

公司注重核心自主知识产权的创造和应用，通过了GB/T 29490—2013知识产权管理体系认证，于2015年被认定为山东省知识产权示范企业，2016年被认定为国家知识产权优势企业。累计申请专利200余件，获得有效授权专利64件，其中发明专利37件，实用新型专利27件。申请中专利100余件，其中发明专利80余件。

公司坚持产业化导向原则。遵循行业发展趋势，以市场为导向，注重成果转化，将基础应用研究和产业化研究相结合，避免科技研发成为无源之水，推动技术和经济综合最优结合。2017~2019年实施企业内部研发项目114项，已结题项目71项，实现成果转化项目39项，占结题项目比例达55%。其中，2019年高新技术产品收入10.5亿元，占当年总收入比例为89.7%。

（三）积极关注行业的发展动向

参与行业标准的制定工作，以此加强与业内企业近距离的技术交流，更好地提升企业的研发能力，开发出符合行业要求、市场要求的产品。作为国家和行业标准化委员会委员及标准起草单位之一，累计主持、参与制定国家标准10项、行业标准18项，制定企业标准34项。

三、企业智能化建设情况

泰和以产品项目建设为抓手，从智能设备选型、自动化工艺布局、质量控制等方面入手，贯穿产品研发、原料检验和入库、生产制造、成品检验与入库、销售物流与反馈等环节，进行智能制造工艺设计，通过对HEDP车间、PBTCA车间、有机膦车间、聚合物车间、杀菌剂车间、精细化学品车间、晶体车间等生产车间进行智能化改造，形成以客户需求→原料采购→生产排产→品质控制→产品入库→物流发货→客户反馈为一体的供应链管理模式，将以自动化、信息化、智能化为特点的数字化智能工厂逐步变为了现实。

与此同时，集成各要素系统，开发了“水处理剂连续化、智能化生产装置系统”，上榜2019年度山东省首台（套）技术装备名单。该套系统的生产技术实现了连续进料、连续出料生产水处理剂产品，大幅度提升了单套装置及企业的产能，产品质量稳定可控，而且实现了各种资源的循环利用，降低了能耗和物耗，对环境更加友好。并且该套系统集成了生产执行控制集成MES、安全仪表系统SIS、消防应急系统、现场监控系统、环保检测及风险预警系统、质量控制系统、供应链管理系统、智能手机终端设备及安全巡检、仓储条码系统(WMS)、自动道闸控制集成、自动地磅称量集成等，涉及产品研发、排产调度、生产过程监测、故障诊断、预测预警、工艺优化、仓储物流、质量控制、节能减排等解决方案，实现了产品的快速供给、快速切换、快速接单、快速出货。

目前，公司HEDP、PBTCA等主产品车间实现了生产控制一键开、停车，现场无人化，能耗、物耗等关键指标实现了最优化。公司被认定为山东省水处理剂智能制造试点示范企业，并获得了山东省“现代优势产业集群+人工智能”试点示范企业、山东省两化融合优秀企业等荣誉。与此同时，公司借助新成立的山东泰和智能科技有限公司，以自身水处理剂智能制造新模式应用为示范，把公司多年来在工艺创新、安全环保性提升、智能化改进等方面的先进经验复制、拓展应用到相关产业，提供易实现的智能制造整体解决方案，推动整个行业朝着高效、环保、安全、信息化、智能化的方向发展，发挥智能制造“1+*N*”带动支持作用。

创新企业篇

服务，不止于检测

——上海微谱化工技术服务有限公司

张春，李炎炎

上海微谱化工技术服务有限公司（以下简称微谱）是国内大型研究型检测机构，始建于2008年，总部位于上海，在广州、深圳、苏州、南京、杭州、宁波、武汉、长沙、成都、西安、北京、天津、青岛、济南和亳州等地设立有分、子公司，拥有超过1700名专业人员，7万平方米以上实验室及办公场地。微谱拥有化学、材料、机械物理、可靠性、生物医药、环境、食品、微生物、动物安评、化妆品功效评价等多个专业实验室。

微谱具备市场监督管理局授权的CMA资质和中国合格评定认可委员会认可的CNAS资质，被认定为国家中小企业公共服务示范平台、高新技术企业、院士专家工作站等。基于十多年的专业技术积累和遍布全国的服务网络，微谱每年出具近十万份技术报告，累计服务户八万多家用户，其中包括众多世界五百强公司客户，高端技术水准和高质量技术服务深获客户好评。

"十三五"以来，微谱坚持以习近平新时代中国特色社会主义思想为引领，主动适应经济发展新常态，积极应对市场风险挑战，砥砺奋进，创新前行，实现了企业的高质量发展。

一、微谱的服务内容

微谱自2008年成立以来，主推微谱分析、微谱检测、微谱测试、委托开发及药学研究等技术服务，此外还可提供科技咨询服务，客户可根据自身需求，选择适合自己的服务，或一步到位，进行一站式用户体验。同时为了更好地发挥本机构在行业内的服务资源聚集优势，还为各类中小企业提供产学研合作、设备共享等服务，打造创新型企业服务模式。

经过多年发展，微谱服务领域逐步拓展至新材料及化学品、电子通信、（新能源）汽车、轨道交通、航空船舶、生物医药、医疗器械、中药、生态环境、食品及农产品、化妆品及消毒产品等十大领域；服务内容也从微谱分析逐步拓展至分析测试、产品检测、环境健康安全、产品注册备案、产品质量鉴定、计量校准与验证测试、体系及产品审核与认证、药物研发与临床研究服务等技术服务。

2020年度，微谱营业收入达到4.02亿元，近三年营业收入增长率超40%，发展势头强劲。

二、微谱的服务能力

目前，微谱主要的服务领域为材料化学、环境保护、生物医药、化妆品及日化、食品及农产品等领域，在服务企业技术创新和质量管理方面具有丰富的经验，提供的服务包括分析、检测测试、开发、科技咨询等。全年累计提供服务52723次，服务收入24644.90万元，服务用户16000余家；其中低收费服务中小企业46753次，低收费服务用户14940家，解决了超万个技术问题，为客户创造了数亿的经济效益。

（一）实验室实力

目前微谱全国共有办公区及实验室70000余平方米，其中2/3为专业实验室，拥有化学、材料、机械物理、可靠性、生物医药、环境、食品、微生物、动物安评、化妆品功效评价等多个专业实验室。

目前共有大型精密检测仪器600余套，如NMR、GC-QTOF、LC-QTOF、ICP-MS、SEM-EDX、XRF等，大型仪器均经过取得CMA&CNAS资质的计量机构计量，确保仪器状态的合格，保证数据的准确可靠。

实验室严格按照ISO17025质量管理体系（医药领域按照ISO/GMP双质量管理体

系）进行建设和管理，已获得CMA和CNAS认证认可。

（二）技术实力

微谱注重技术人才，目前在全国共拥有1700余名专业人员。其中，上海地区有近800人，人员中80%以上为本科及以上学历，人员专业主要有材料化学、生物医药、生态环境、食品、化妆品等，为公司技术发展打下夯实的基础。

微谱注重微观谱图数据和仪器分析方法积累，目前拥有微观谱图数据100万余条、非标仪器分析方法资源超1000种，并从各领域客户的需求出发，研究开发了众多的分析检测方法，获得分析检测方法类国家授权发明专利近60项。

（三）设备共享

微谱积极投身设备共享和创新创业服务。自2012年起，微谱加盟上海市研发公共服务平台，平台上备案大型仪器设备41台，总价值达到4110.15万元，通过此平台为数百家上海市中小企业提供公益性服务，解决的技术问题有上千项，间接为客户带来上千万的经济效益。2014年微谱成为上海市杨浦区实训基地，可为广大创业者提供创业试验、试制等技术服务和创业指导，助力创新创业，并在近几年的运维评估中得到创业者和政府主管部门的一致认可。

三、微谱的服务特色

微谱以“服务，不止于检测！”为理念，为新材料、先进制造、汽车工业、生物医药、生态环境、化妆品及消毒产品、食品及农产品、农用化学品及畜牧等领域客户，提供专业的分析、检测、测试、研究开发、法规咨询等技术服务。从各领域客户的需求出发，微谱研究开发了众多的分析检测方法和标准，获得检测方法类国家授权发明专利近60项，系统化构建检测数据库，为社会提供科学、公正、准确的检测数据。

凭借十余年技术服务的经验积累，微谱不仅能为客户提供检测标准推荐，检测方案设计，快速的检测周期响应和精准的检测数据解读，还能满足客户在研发创新、产品注册、质量升级、节能减排、工艺改善、数据整合、调查分析、质量鉴定、体系或产品认证等多层面的个性化综合性需求，省去企业自主开发、摸索和验证未知成分的时间，可为企业节省30%~40%的研发成本和时间成本，加快研发进程，缩短产品上市周期，提高产品质量，帮助企业提升市场竞争力。

（一）微谱分析助力制造业企业技术创新研发和转型升级

常规检测是采用标准对物质进行检测，但随着科技的飞速发展，标准的发展远跟不上科技的发展，导致现有标准不适用于新兴科技产物的测试。目前市场上的检测机构仅提供标准检测，对于标准以外的服务几乎不提供。而微谱以“服务，不止于检测！”为理念，定位为大型研究型检测平台，除了为客户提供检测标准推荐、检测方案设计、快速的检测周期响应和精准的检测数据解读，还能满足客户在研发创新、产品注册、质量升级、节能减排、工艺改善、数据整合、调查分析、质量鉴定、体系或产品认证等多层面的个性化综合性需求，提供的服务贯穿了产品研发、上市、生产、质控等全生命周期，为客户提供更为高效、便捷的技术服务，助力制造业企业技术创新研发和转型升级。

（二）全国服务网络布局，多地联动，连接行业产业链

微谱除了上海总部外，在苏州、广州、深圳、济南、成都、武汉等地设有分公司和子公司，构建全国服务网；同时多地联动，聚集大量服务资源和行业资源，连接行业产业链上下游企业，促进不同地区企业间技术交流，带动产业发展。

（三）研究开发助力传统产业技术升级，促进产业技术开发

微谱的研究开发服务可为客户提供完整的产业链服务，包括原材料选型购买方案、生产工艺方案、生产质控方案、生产设备选型购买方案、生产人员培训等全面专业技术服务方案。无论从小试、中试以及量产测试跟踪指导，还是原材料、设备供应商的提供，乃至售后技术服务，平台提供一站式技术服务，助力传统产业技术升级。

（四）综合型技术解决方案，便捷、高效服务制造业企业

基于各领域分、子公司和行业协作，微谱全面满足制造业企业在研发、产品上市、

生产制造、质量控制等过程中的分析、测试、检测、认证等需求；还可以提供制造业生产过程中衍生的环境健康安全、计量校准验证、体系认证、法规咨询、知识产权保护服务等，可提供综合型技术解决方案，全面服务制造业企业。

（五）数字化管理，提高服务水平和效率

微谱注重企业数字化管理。一方面，微谱从成立之初即非常重视谱图数据的积累和应用，目前微谱自建的微观谱图数据库拥有百万余条数据，将数据分析从依靠人工解谱的模式转变为依靠科技手段的模式，分析效率与精度远高于同行。同时微谱还收集大量行业零散的分析测试方法、材料配方工艺性能、供应商等数据，构建行业数据资源库，衔接行业上下游企业，更好服务制造业企业。

另一方面，微谱对业务流程和工作采用数字化工具进行管理，自行研发企业管理ERP软件，采用实验室LIMS系统，并将两者有机结合，实现服务过程线上管理，简化服务流程、加快服务速度、提高服务质量。此外，微谱逐步建设微谱TicLink互联网化系统，利用PC和手机端应用，快速链接检测需求用户和第三方检测机构，满足检测需求用户足不出户实现检测的需求。

四、微谱的社会责任

（一）加入疫情防控阻击战，为抗击疫情贡献力量

微谱积极参与社会公益活动，特别是新冠肺炎疫情期间，微谱作为检测机构，在全国各行转产抗疫产品时，公司紧急调拨人手为相关企业开展检测工作，通过优化流程等方式在保障技术服务质量的基础上缩短检测周期，保障抗疫产品的顺利生产，缓解市面上抗疫产品紧张的局面。微谱还组织了抗疫爱心捐赠活动，公司捐款10万元，341名员工参与捐赠、捐赠金额7万余元，帮助有需要的地方和人员，共同抗疫。

（二）深化校企产学研合作，积极履行社会责任

近年来，微谱不断深化校企产学研合作，与多家院校开展了一系列校企人才合作，推动科研、教学和生产的紧密结合，为社会人才培养、公司技术研发、行业升级提供服

务和支持。

（三）组织义务献血活动，投身志愿者服务

微谱依据上海市人民政府办公厅发布的无偿献血工作意见，每年组织义务献血活动，为伤病患者的康复奉献出自己的一份力量。同时，微谱还积极参与志愿者服务活动，员工参与各类志愿服务累计达410人次。

（四）创造残疾人就业机会，助力残疾人就业

微谱积极创造残疾人就业机会，吸纳残疾人就业，为残疾人平等参与社会生活贡献一份自己的力量。

五、微谱的未来展望

微谱经过十余年的努力，已发展成为技术实力雄厚，在行业内具有一定知名度的科技型服务商。在未来的发展中，微谱将继续注重科研创新来提高自身能力，并注重知识产权保护，从而能更加高效、全面地为更多的中小微企业解决技术难题，促进中小微企业的发展壮大，促进国民经济的发展。

未来微谱将坚持“大型研究型检测机构”的定位，以“让科技进步更快！让产品质量更好！让人类生活更安全、更健康！”为使命，以“服务，不止于检测！”为服务理念，加强行业人才引进，持续提升自身技术服务能力，推动先进制造业集群发展，为客户提供专业的分析、测试、检测、研究开发、科技咨询等技术服务，致力于成为全球领先的科技服务集团。

以工匠精神铸公众品牌

——安徽省公众检验研究院有限公司

杨春燕

2021年是我国"十四五"规划开局之年，也是向第二个百年奋斗目标进军的开局之年。回首八载成长路，安徽省公众检验研究院有限公司（以下简称安徽公众）全面贯彻落实党的十八大、十九大及习近平总书记系列重要讲话精神，按照省、市、区各级市场监管部门的工作部署，秉承"科学、公正、准确、诚信"的质量方针，以"守护舌尖安全，共享绿色生活"为使命，以"三专、三化、四字决"的工匠精神为引领，公司上下同心协力、与时俱进，凭借专业的检验检测技术、先进的检验检测设备和规范化、标准化、精细化的经营管理，在食品检验、药品检验和环境监测等领域取得了卓越成就。安徽公众已成为省内乃至全国检验检测行业的一块金字招牌，获得了各级行政主管部门、客户和消费者的高度认可和广泛赞誉。

一、励精图治，从无到有

党的十九大提出"我国经济转向高质量发展"，"十三五"规划更是将食品安全问题提到国家战略高度，以习近平同志为核心的党中央高度重视食品安全工作，我国食品安全监管体系逐步完善。

随着全社会对食品质量、生活健康水平等方面的要求不断提高，检验检测已成为市场主体鉴定产品品质和相关政府机构评定产品合格与否的重要手段，在食品安全保障过程中的重要作用日益突现。

公司创始人俞成英女士敏锐地察觉到这一市场需求，于2013年创立了安徽省公众检验研究院有限公司。安徽公众从初创时只有几间办公室、不到10人的小检测公司，发展到现在拥有8000平方米检验检测实验室、150名专业技术人才的行业领先的检验检测机构。自2014年以来，公司连续承担国家级和省级食品安全监督抽检任务，年承检食品样品超过35000批次，在助力政府机构做好食品安全监督工作的同时，公司得到了快速发展。

安徽公众已成为一家拥有完善组织机构、优质基础设施、先进检验检测设备、专业技术人才和严格质量管理体系的检验检测服务平台，公司下设食品检验研究院、药品检验研究院及亳州分公司三个分支机构；内设行政综合部、财务部、市场拓展部、业务管理部、质量保证部5个部门；设有液相、气相、元素、微生物、理化、环境、药品7个专业实验室。

其中，实验室设置业务受理室、样品制备室、备样仓储冷库及阴凉库、理化分析室、仪器分析室、生物安全实验室等功能分区，配备通风净化设施和集中供气系统；引入规范化的实验室信息管理系统，实现检验业务全程数字化管理，确保数据精确可追溯；并拥有液质联用仪、气质联用仪、电感耦合等离子体质谱仪、电感耦合等离子体发射光谱仪、高效液相色谱仪、高效毛细管气相色谱仪、离子色谱仪以及其他各类高精尖分析仪器800多套，资产总值达5000余万元。

岁月不居，天道酬勤。近年来，安徽公众已取得CMA、CNAS、CATL、ISO9001、ISO14001、OHSAS18001等多项认证认可资质，检验能力覆盖5000多项参数，检验范围涉及食品、药品、化妆品、肥料、饲料、农产品、保健食品、环境监测、公共卫生、一次性消毒卫生用品等检测领域。

安徽公众凭借在行业内的突出业绩和良好口碑，成为安徽省第一家通过实验室资质认定的第三方食品检测机构；安徽省唯一一家同时承担国家农业农村部绿色食品、无公害农产品、地理标志产品、有机食品及产地环境检测的第三方检测机构；安徽省第一家承担国家级食品安全监督抽检与风险监测任务的第三方检测机构。

公司先后获评国家级高新技术企业、国家中小企业公共服务示范平台、全国科技型中小企业、省级服务业标准化试点企业、省级服务型制造示范平台、安徽省级创新企业

100强、合肥科技创新服务平台、合肥市“庐州产业创新团队”和“合肥市首届质量标杆”等众多荣誉。

二、精益求精，从有到优

问渠那得清如许，为有源头活水来。安徽公众之所以在短时间内能取得如此骄人的成绩，是源于始终不忘修炼“内功”、不断加强自身建设、不断提升核心竞争力。

经过多年来的探索和实践，安徽公众逐渐摸索出了一条以“工匠精神”为精神引领，一手抓人才建设、一手抓科研创新的发展道路，并取得了卓有成效的进展。

（一）以“工匠精神”为精神引领

多年来，公司坚持以客户为关注焦点，业务上一直精益求精，追求卓越。由于检验检测行业的特殊性，工作人员除了需要具备过硬的专业知识外，敬业、严谨的工作态度也极为重要。安徽公众成立之初，公司内部就以“精、准、细、严”为工作要求，力求把每一项工作、每一个环节做到最精、最准、最细、最严。

2016年，李克强总理在政府工作报告中首次提出“工匠精神”，这一精神内核为安徽公众的快速发展提供了精神引领。公司在“精、准、细、严”的基础上，进一步延伸和升级，归纳总结出了安徽公众独特的企业文化——以三专（专注、专心、专业）、三化（精细化、标准化、极致化）、四字诀（精、准、细、严）为内容的“工匠精神”。

公司自始至终将工匠精神运用于服务的每一个环节。从接到客户委托那一刻起，就运用国际化实验室质量管理模式，从采样、接样、制备、检测，直至报告编制、打印、审批、发放，每个环节无一不尽职尽责，尽善尽美，每一个流程无一不精心梳理、严格控制。公司创造性地构建了具有安徽公众特色的“三检三核三优”检测服务模式，对检测服务的过程和结果不断进行评价、分析、优化，使服务质量持续改进，客户满意度不断提升。

经过数年的积累和沉淀，“工匠精神”已经渗透到安徽公众每一个角落，植根于每一位员工内心深处。公司上下“比、学、赶、超”，用实际行动践行工匠精神，加速了服务品质提升和创新成果转化，锻炼出一批优秀的工匠精神先行者。在合肥市包河经济开发区总工会“包河工匠”评选中，公司多位职工被授予“品质之星”“敬业之星”“创新之星”和“科技之星”等荣誉称号。

（二）加强人才队伍建设

人才是企业发展的第一生产力，人才培养是公司第一要务，安徽公众始终注重人才培养，注重人才队伍建设。根据公司战略规划，坚持“以品德论去留、以能力定岗位、以贡献论报酬”的人才观，建立了员工岗位评定、教育培训、薪酬激励、绩效考核评价等人力资源开发与管理系统四大体系，营造卓越的阶梯式人才培养与管理模式，创造多渠道的职业发展空间，充分发挥和调动员工潜能，为员工提供良好的工作环境和发展平台，促进企业与员工共同发展。

截至目前，公司已拥有高级工程师14名，博士2名，硕士及中级职称以上人员共50余名。大学本科及以上学历人员占员工总数的88%，平均年龄在33周岁。公司核心管理人员和技术人员均有5年以上从业经验，熟悉国家法律法规要求和标准规定，均具备丰富的管理经验和过硬的技术能力。

1.人才引进与培养

采用校园招聘、网络招聘、猎头招聘等多种形式，大力引进各类检验检测专业技术人才和管理人才，通过综合测评，对人员招聘录用进行把关。通过实施“筛选—培训—考核—监督—授权”五个环节，确保人员符合任职要求，不断优化更新专业队伍的人才结构。

引导员工做好职业生涯规划，针对员工个人技能和职业诉求，同时结合战略规划需求，针对不同类别员工采取不同的培养方式。帮助员工共同制定职业生涯发展目标与行动计划，明确技术或管理发展方向，为员工成长提供通道。坚持自主培养为主，引进外培为辅的人才培养路径，培养一批技术带头人以及专业技术和管理团队。

2.构建学习型组织

以安徽公众企业文化为基础，以提高管理人员管理水平和员工工作绩效为重点，建立具有公众特色的培训机制。

组建内部讲师和外聘讲师结合的讲师团队。发挥公司现有人力资源优势，着力培养和造就一支稳定的内部讲师队伍。同时，外聘一批资历丰富、能力突出的学者专家，不定期开展培训，为安徽公众建设学习型组织助力增效。

针对不同岗位的不同培训需求，提供不同形式的培训，如参加公共培训（专家集中授课、专题讲座或分组讨论等）、外出学术交流会议、实地参观调研等。通过“师徒制”学习、实操技能培训、业务知识培训、岗位轮换等措施，完成岗位培训、专业技能培训、继续教育等，整体提升现有人员的业务与技能水平。

3.建立人员考核评价机制

根据公司发展战略规划，明确年度目标任务，根据目标任务制定公司年度绩效考核指标，并按照组织职责划分分解为部门指标，再通过部门月度计划任务分解方式落实到个人。各部门根据员工绩效考评办法，对普通员工岗位指标及岗位过程管理工作完成情况进行季度和年度考评。考核结果直接与薪酬及晋升挂钩，并作为部门评优评先的依据。

4.建立科学的人才激励机制

建立公平公正的人才激励机制，制定了与绩效考核结果挂钩的一系列激励政策，包括薪酬激励、职业发展激励、精神物质激励等。其中精神物质激励包括：先进集体和先进个人奖、突出贡献奖、勤俭节约奖、检验效率奖、质量管理奖等9项激励项目，有效激励员工创优争先、争当明星，塑造个人品牌，实现自我价值。

（三）注重科研技术创新

科技创新是引领企业发展的第一动力，是企业可持续发展的重要条件，也是提升企业核心竞争力的必由之路。安徽公众多年来一直注重科研技术创新工作，着力技术人员培养，加大科研经费的投入，坚定走产学研合作的道路，在自主知识产权开发、科技成果转化方面成果显著。

1.注重产学研技术合作

安徽公众建立了企业研发中心，与安徽农业大学、安徽大学、合肥工业大学等知名院校建立了紧密的科研合作关系，采取优势互补、自主创新、重点突破的方式，利用双方的技术优势，提升检验检测服务质量，开发检验检测方法，在基础研究、新产品、新工艺、新方法等方面取得了突破性进展，并收到良好的经济效益和社会效益。

2.科技成果质与量齐升

近年来，安徽公众致力于自主研发和科技成果转化，科研水平不断增强。目前，拥有多项核心自主知识产权，申报项目和参与课题数量逐年增多，在项目承担、课题研究、科技成果转化、标准制定、专利申报、能力验证等方面均有突出表现。

安徽公众已承担国家中医药管理局国家中药标准化项目、安徽省重点研究与开发计划项目和安徽省科技重大专项等多项科研项目。

自主开发或与科研院所进行合作的科研项目，已形成多项科技成果，转化科技成果29项，被授予“高新技术企业”的称号。

注重标准引领，积极参与标准制修订，主持和参与起草多项国家标准、团体标准、行业标准和地方标准，截至目前，参与制定行业标准5项、地方标准9项、团体标准2项，申报发明专利14项，获得实用新型专利13项、软件著作权21项。

3.加强信息化建设

为提升检验检测工作的效率与质量，构建检验检测全流程信息化管理平台，通过自主研发，建立了样品前处理、检测、结果处理一体化质量检测信息化管理系统。建成后，将通过对信息的分析、识别应用途径，确保信息的有效收集与合理应用，消除信息孤岛，实现数据和信息的互联互通。

三、追求卓越，从优到精

时代的发展给检验检测行业的发展带来了新的机遇，安徽省的检验检测服务行业从无到有，快速发展，如今迎来了百花齐放的局面，省内各类检验检测机构数量已达1500多家，市场竞争日趋激烈。保住优势地位，在激烈的市场竞争中立于不败之地，提高企业知名度和强化竞争力成为公司现阶段迫在眉睫的工作。鉴于此，安徽公众做出了内抓质量，外塑品牌的战略规划。

（一）实施质量管理

开展质量提升行动。制定《公众检验质量提升行动计划》并贯彻执行，优化质量体系文件，细化作业指导书和记录表格，实行清单动态管理。

每年对质量体系文件适宜性、充分性和有效性进行检查并改进；每年组织开展质量管理专项培训；为保证质量结果，采取比对考核，加标回收、留样复测等有效的质量控制方法；每年开展内部质量控制活动50余次；开展质量专项监督、质量分析会、内部质量管理评选等活动。

进行卓越绩效管理。卓越绩效管理知识培训由管理层向全员培训递进，由理论介绍向专项培训递进，推动绩效管理全面实施；各管理部门、各检验室组建卓越绩效管理活动小组，每年制定活动计划，并对活动成果组织开展评价。

（二）实施品牌建设

（1）开展品牌建设。通过系列主题活动不断加深政府、企业、群众对公司的品牌认知度。利用安徽公众检验在省内食品检验检测领域的领先地位，举办安徽食品检验检测机构学术交流论坛，采用"检测+互联网"的模式对应互联网+，依托现有资源，提供检测保障与品牌培育服务。

参加各类行业展会，宣传推介品牌形象和检测能力。丰富品牌元素，让单一的检测品牌变成集检测、认证、科普传播、社会公益活动为一体的行业优质品牌，形成品牌规模效应。

（2）实现品牌延伸。加强机构合作，实施以能力换资质战略，通过主动走出去的方式与国外知名检测机构建立合作伙伴关系，与安捷伦合作实验室、赛默飞共建实验室，提高了安徽公众在国际检验认证领域的参与度，逐步提高了品牌知名度。在省内外一些产业集聚检测需求旺盛的地方设置分支结构，如在亳州新设的亳州药品检测研究院。

加强与国内知名院校的合作，借高校智力资源，资源共享，提升自身的科研水平。推进行业协会合作，与安徽省环境检测行业协会、安徽省分析测试协会、合肥市质量与技术创新协会加强合作，利用行业协会的行业影响力，对品牌进行延伸。

内抓质量，外塑品牌，让安徽公众拥有可持续发展能力，在国内检验检测行业中，不断提升行业影响力与美誉度，品牌效应日渐突显。

四、踏上新征程，扬帆再启航

抚今追昔，任重道远，展望未来，安徽公众将继续依托自身技术优势和管理优势，继续推进科研创新与人才战略、品牌战略、信息化战略，以工匠精神铸民族品牌，为检验检测行业高质量发展贡献力量。

技术创新实现油田化学品产业化发展的典范

——荆州嘉华科技有限公司

由福昌，侯珊珊

荆州嘉华科技有限公司（以下简称嘉华科技）成立于2006年，是一家以长江大学、西南石油大学为依托，从事钻完井液技术、固井水泥浆技术、油田化学和精细化工产品研发、技术转让和技术服务的国家级高新技术企业。嘉华科技以“加强技术创新，推动成果产业化，助力国家能源大开发”为发展战略，坚持“科研创新，诚信服务，真诚回报”的经营理念，通过加大科研投入，不断提升公司创新能力；通过创新公司管理理念，不断提高企业管理水平；通过加强人才队伍建设，不断缓解和消除公司发展的“瓶颈”；通过大力推进企业文化建设，积极培育企业精神；通过技术创新，不断扩大国内市场占有率，来实现跨越式的快速发展，努力将嘉华科技打造成为国际一流油田用化学品的研发与制造商。

一、突破国际垄断，率先实现油基钻井液国产化

嘉华科技的创业初心就是为了打破国外垄断技术，研发出替代进口的钻井液技术，希望通过可靠和国产化的技术将科研成果转化为产品。我国海上油气开发多年来一直受制于国外钻井液技术的影响，每每进行作业时，大多选择国外公司技术，但国外公司对我国实行技术封锁，且价格高昂。因此，我国业界一直渴望国内能够研发出相关领域的技术及产品。为了改变现状，荆州嘉华科技有限公司技术带头人兼长江大学教授许明

标、王昌军两位教授对油基钻井液技术开展了深入研究。早在2000年，他们参与研究的早期油基钻井液体系在南海西部高温井中得到应用，虽然该井成功完钻，但是他们并不满意，因为，该技术与国际油服公司相比差距明显。

从2005年开始，许明标教授把办公室搬进了实验室，这一干就是3年。从查阅资料、结构设计到化学合成，他都亲力亲为。功夫不负有心人，经过团队多年攻关，2007年底，具有现代意义的油基钻井液初具雏形，并在南海东部开发大位移井群气田得以应用，油基钻井液连续使用6口井，一举获得成功，受到甲方一致好评。从此，我国自己研发的油基钻井液开始与国际油服公司的产品同台竞技，并逐步占据优势。

二、破解“卡脖子”难题，助力我国页岩气规模开发

2011年，页岩气革命在我国掀起，传统油基钻井液很难满足页岩气开发钻井的要求。当时，我国尚无用于页岩气开发的油基钻井液技术，而欧美等国家已开展页岩气商业开发。因此，中国石化建页HF-1井页岩气开发钻井采用了国外哈里伯顿的油基钻井液技术。但在作业中出现了许多问题，尤其是国外油基钻井液与国内页岩地层现状的不适应性，钻井液的维护处理性能，井壁稳定性以及长水平段施工的井眼清洁和摩阻扭矩问题。同时，该井钻井施工后的固井作业过程极为困难，固井质量差。不仅如此，国外公司钻井液关键技术对我国实施了封锁，钻井液材料及技术服务价格一直居高不下，显著拉高了页岩气开发成本，严重制约着我国页岩气开发的进程。

许明标带领团队在原有各种油基钻井液的基础上，通过理论论证及多次实验得出一种新的组配方式的油基钻井液，与业内已使用过的油基钻井液配方相比，其形成的油基钻井液乳滴粒径小、稳定性好、内摩擦力小、黏度小、切力高、流变性好，在低温和高温下都具有较好的稳定性、抑制性和润滑性，具有动塑比高、塑性黏度低、适用范围广、经济效益好等特点。

2014年，嘉华科技扩大生产规模，建设了全套的油基钻井液技术专利所涉及的配套产品生产线，年生产能力达到20000吨，进一步推动了该技术在整个页岩气开发中的使用，并推广延展到海上油气的规模开发，当年市场占有率达到80%以上。截至目前，该项技术应用服务井次达到900多口，创造了巨大的社会效益及经济效益。

截至目前，公司的油基钻井液在常规开发井、大位移井、高温高压深井、深水钻井、塔里木盐膏层钻井、盐间页岩油钻井、碳酸盐地层钻井等石油钻井工程中均获得应用。与此同时，该技术已在海上大位移井中工程应用中突破新的纪录，成为国内海洋自营油田钻探最深、水平位移最长的油基泥浆应用者。嘉华科技的油基钻井液技术不断发展，不断创新，不断地解决新的难题，始终引领中国的油基钻井液市场。

嘉华科技研究的油基钻井液技术满足了我国页岩气地质条件和井身结构设计对钻井液的特殊要求，突破了国内企业零应用，并打破国际垄断，取代了国际公司哈里伯顿在国家页岩气开发中的市场份额，促进了我国相关领域的科学技术进步。该技术成果经湖北省科技厅成果鉴定，整体技术达到国际领先水平，真正破解了我国页岩气钻井开发油基钻井液“卡脖子”关键技术。

三、夯实技术创新，科研成果转化快速实现产业化

嘉华科技近年来不断加强以自主知识产权为主导的企业核心竞争力，董事长亲自担任技术带头人，积极带领研发成员不断创新改进，在钻井液、完井液、固井水泥浆、腐蚀与缓蚀、油气层保护、钻井堵漏、套管堵漏等领域开展了广泛的研究，所研发的产品及技术已贯穿了油田化学的各个领域，且多数产品已获得国家专利，大大提高了公司竞争力。截至目前，共申请专利52项，已拥有核心自主知识产权31项，对多项专利技术积极开展了成果转化。其中，“一种页岩气开发油基钻井液及配套固井技术”在国内各页岩气示范区及中国海油大位移水平井中应用达900口井，市场占有率达到60%以上。“无固相快速弱凝胶钻开液技术及非破胶钻开液技术”在中国海油及中国石油新疆油田应用超过1000口井。微孔高效套管承压堵漏技术属国内首创，不需要找漏和钻塞，且成本远低于国外技术，市场占有率100%。漏失控制技术为油基钻井液漏失创造了新的解决方法，推广应用到100多口井，广受好评。另外，公司的技术还有化学方法修复套管密封性技术，高效环保减磨润滑技术，超高温高密度水基钻井液、超级硅酸盐钻井液、深水平板流钻井液技术，高温超高密度油基钻井液、聚胺钻井液，以及防气窜弹韧性水泥浆、高温超高密度水泥浆、水合物固井水泥浆等，均在各大油田市场取得广泛应用。

经过多年的潜心研究和发展，嘉华科技在国内油田化学领域已具有较高的市场影响

力，特别是在油基钻井液及固井水泥浆领域市场，从业已达15年，近5年来国内市场占有率一直保持在60%以上，在国内同行业中一直居于领先地位。目前嘉华科技已成为中国石化、中国海油、中国海油服入网供应商，中石化江汉石油工程有限公司页岩气油基钻井液及配套固井技术服务、钻井液优化及微孔承压堵漏技术服务准入服务商，是湖北省油田化学和非常规油气产业技术服务的主要力量。

截至2020年年底，嘉华科技共销售油基钻井液相关产品46147吨，新增产值48214万元，新增利润6247万元，新增税收3798万元，节省现场钻井作业费用12.6亿元，取得的经济和社会效益巨大。相关技术成果获得“重庆市科技进步一等奖”“湖北省人民政府技术发明二等奖”“中国石油和化学工业联合会科技进步三等奖”“2019年湖北省高价值专利大赛金奖”和“2020年第一届湖北专利奖金奖”等多项荣誉。经湖北省科技厅成果鉴定，该技术整体达到国际领先水平，优势显著。

同时，为了促进公司的科研创新之路，荆州嘉华科技有限公司与长江大学非常规油气湖北省协同创新中心签订了共建“非常规油气开发化学流体研发中心”协议，同时签订了多项技术研究合同，开展了长期不间断的产学研活动，有效地保证了企业产品技术水平的领先性、创新性和企业的可持续发展性。

四、坚持人才强企，为持续技术创新保驾护航

嘉华科技现有技术研发人员96人，学历为本科及以上的占90%，其中博士占6%，硕士占20%。外聘专家教授3人、副教授2人、博士以上6人。近几年，公司科技研发经费一直保持在5%左右，激励和保障了广大科研人员的积极性和创造性。2020年尽管受到新冠肺炎疫情冲击，公司仍然坚持增加研究开发的资金投入，充实科研人员开发储备技术，年度研发经费投入达8%以上，为公司未来几年的大爆发和市场竞争力提升奠定了夯实的技术基础。

在嘉华科技研发创新带头人许明标教授的带领下，公司创新团队为石油企业解决了多项生产难题，完成各类科研项目100多项。其中，国家863项目1项，国家重大专项8项，省部级项目3项，累计使用科研经费8000多万元。在许明标团队的带领下，公司在国内油田化学领域具有较高的市场影响力，特别是在油基钻井液及固井水泥浆这一细分

领域，市场占有率达60%。

2015～2017年，随着国际油价的大幅下滑并长期处于较低水平，国际国内同类型的公司出现了倒闭潮和裁员潮，公司总产值连续三年出现10%以上的下滑，公司克服经营困难，逆市引进了一批高素质人才，加大研发力度，努力开拓市场，在公司常规产品销量出现50%以上的下滑时，公司的油基钻井液及固井水泥浆的产值出现逆市增长。2018～2019年，随着国家能源大开发战略的实施，在油基钻井液及固井水泥浆产品爆发式增长的带动下，嘉华科技连续两年的营业收入增长率达70%以上，净利润增长率达100%以上，2018年产值达1.5亿元。2019年公司产值更是突破2.5亿元，获得飞速增长。公司在许明标团队的带领下，不断促进企业技术升级，以成果转移转化方式在企业内形成强劲的生产力。

2020年年初面对突如其来的新冠肺炎疫情，嘉华科技复工复产后没有一丝松懈，坚持一手抓疫情防控，一手抓生产建设，未裁减一人，反而是加大技术创新力度、科技人才引进力度、技术服务力度，努力开拓市场。在全公司员工的共同努力下，2020年度产值虽有下降，但依然盈利，取得了产值2亿元、净利润3000余万元的好成绩，保障了企业的正常运行和稳步发展。

五、创新企业文化，打造现代化油田化学企业

嘉华科技紧紧围绕“打造国际一流油田用化学品研发与制造商”的企业发展愿景，坚持走“专精特新”发展道路，以钻完井液、固井水泥浆等油田化学品为主营核心，探索和实施产业和产品多元化发展战略，积极拓展科技创新思路，加快科技成果转化。

（1）扩大建设规模。为巩固和提升钻完井液、固井水泥浆等油田化学品研发和生产核心竞争力，继续保持市场占有率，嘉华科技2020年新增建设用土地180亩，并于2021年4月正式开工，计划投资5亿元用于新厂区建设，力争打造国内最大、国际上有影响力的油田化学品研究和生产企业。

（2）加强人才队伍建设。人才是企业发展的血液，公司全面实施人才强企战略，着力打造符合市场发展要求的高素质人才队伍。从增强企业核心竞争力的需求出发，选拔培育具有科学决策能力、驾驭全局能力、开拓创新能力的管理人才队伍；引进专业知识

精通、科研能力强、创新能力强、执行能力强的专业性人才，强化企业的科技创新实力；培养对市场需求具有快速反应能力、对市场动向具有敏锐观察力的市场营销人才队伍。另外，为了激励员工的积极性，公司实行了职工全员持股制度，让员工获得了股东的身份，激发员工为了公司的发展共同努力。

（3）坚持“培训是给员工最大的福利”的理念，技术中心每年坚持开展各项技术培训工作，提高员工的专业水平，在各科室中选拔年度优秀员工，每月给予岗位补贴，还开展了“技术交流大赛”“实验技能大赛”等活动，近年来企业先后评出优秀研发人员68名、优秀管理者35名、突出贡献奖8名，并给予每人每月不同的等级津贴。

（4）推动成果产业化。加大与长江大学的全方面合作，按照共同发展的原则，与长江大学签订产学研项目合作协议、科技成果转化协议，将科技成果与市场实现无缝对接。通过合作共赢，充分利用高校科研、教育、人才等方面的优势，解决企业科研和生产中的技术问题，推动科研成果的产业化，不断提高企业核心竞争力和经济效益。

未来，公司将继续遵循“加强科研创新、推动成果产业化、助力国家能源大开发”的发展方略，力争打造国内最大、国际上有影响力的油田化学品研究和生产企业。

“崇德·匠心·创新”铸就华特之路

——厦门华特集团股份有限公司

周金枝，王骁

厦门华特集团股份有限公司（以下简称华特集团）是以公路建材为核心产业的高度专业化企业，发端于1988年的一家小微型外贸企业，三十多年来坚持只在有限的业务领域，投入近乎无限的劳动热情和创造激情，致力于将自己的产品和服务做到极致，逐渐成长为国内最核心的道路沥青材料供应企业之一，年营业额超过50亿元，在就业、税收等方面为社会做出贡献。2020年，华特集团实现营业收入约23亿元，为国家及地方贡献税收合计约7800万元。

“做极致的沥青产业链”是华特的愿景，“让世界上更多的人享受到公路出行的便捷、舒适和安全”是华特的产业发展使命。“专业化、实业化、高新化、国际化、品牌化”是华特坚守的产业发展之路，“崇德·匠心·创新”是华特推崇的企业精神。

一、专注沥青主业，奠定四大优势

经过三十多年的努力，华特集团目前在“产业链规模、渠道、技术研发和品牌影响力”等四个方面享有较为明显的竞争优势。这是华特长期专注于沥青产品这一特定细分领域的结果，也得到了业内客户的一致认可，使得华特在沥青行业拥有强大的市场地位和很高的市场份额。

在产业链及产业规模方面，华特集团拥有国内同行中沥青厂数量最多、分布区域最广、产业链最为完善的热力散装沥青仓储加工体系，在沿海码头、沿江码头、沿铁专线累计拥有18个热力散装沥青仓储加工厂，18条改性沥青生产线，9条改性乳化沥青、彩色沥青、特种沥青生产线，仓储总库容三十多万吨。每个沥青厂均配置专门实验室，提供配方工艺支持和品控管理。同时，华特集团的国际化发展道路已经正式起步，2021年起，一条位于非洲赞比亚的全新沥青生产线将投入使用。

在渠道方面，华特集团拥有SK、中国石化、中国石油、埃索、壳牌等国际石化巨头的战略合作和强大稳定的资源支持，年生产经营能力超百万吨级。

在技术研发方面，华特集团旗下的全资子公司——厦门华特公路沥青技术有限公司（以下简称华特技术中心）是华特集团的核心研发机构，自2010年成立以来，先后被认定为高新技术企业、三高企业、创新型企业、科技小巨人企业及火炬高新区纳税大户，并通过ISO质量管理体系和环境管理体系认证、CNAS国际认可，技术实力毋庸置疑。

在品牌影响力方面，华特集团曾获多项市级、省级、国家级荣誉称号。华特标识荣获“中国驰名商标”，华特集团2020年获得厦门市龙头股干民营企业、福建省民营企业100强第66位、福建省民营企业制造业前50强第37位、2019年度思明区“超5000万元纳税特大户”等荣誉称号。目前，“华特沥青”已成为中国道路沥青行业专业供应商的主要品牌之一，近年已稳步进入非洲和澳洲市场，迈开国际化的步伐。

二、推进技术创新，保持技术优势

面对严峻的国内外经济形势和激烈的市场竞争，华特集团以“十三五”规划纲要为指导方针，重视专业技术的研究与开发，通过领先的技术为客户带来专业的优质解决方案、响应不同的市场需求、提高产品质量，并且通过超前的技术储备为公司建立未来发展的技术基础与壁垒。

华特集团于2010年成立了全资子公司——厦门华特公路沥青技术有限公司，以提供高技术附加值的公路沥青类产品和高新技术服务为主，产品主要包括高等级路面用高模量改性沥青、乳化沥青、脱色沥青、温拌沥青等高技术附加值公路沥青类产品，技术服务主要包括公路类沥青产品的配方、工艺、品控、售后等高新技术服务，产品在公路沥青行业内拥有很高的知名度。

华特技术中心位于翔安火炬高新产业园，拥有建筑面积超过3000平方米的专用沥青研发试验楼，每年投入数百万元用于研发，拥有大量进口的先进仪器设备和一支汇集了材料、化学、路桥等相关专业、本科以上学历占80%以上的研发队伍。公司科研机构的主要负责人、高级工程师、原国家建设部技术研究员马云容，1986年毕业于华东理工大学高分子材料专业，自20世纪90年代开始从事与沥青应用技术相关的道路养护技术的研究开发工作，获得了多项部级奖，参与起草了我国第一个稀浆封层的技术规范，其后长期工作在乳化沥青研究及其应用领域至今，是我国最早参与和引进乳化沥青相关方面的技术专家。2018年相继入选为“厦门市重点产业和重点项目紧缺人才”，“海纳百川”人才计划。作为技术负责人，积极推进新材料、新产品的开发，科技成果的申报，促进科研与生产的紧密结合，加快高技术的产业化。

华特技术中心在沥青材料技术、沥青混合料技术与实验改进方面拥有深厚的研究功底，并获得了24个专利，其中包括15个发明专利和9个实用新型专利。专利覆盖乳化沥青冷再生、温拌沥青、冷补沥青、改性乳化沥青、高性能复合改性沥青、岩沥青、自融雪沥青路面、超薄磨耗层、极寒地区温拌沥青、乳化沥青水泥砂浆、不粘轮乳化沥青、利用SHRP仪器进行精密实验测定等行业尖端前沿技术。同时，华特技术中心也对部分产品的生产工艺进行了改进，提高了产品质量、改善了操作难度、并降低了对于专用设备的依赖，进而降低了生产难度，提高了产品市场覆盖率，并节约了成本。

通过对行业技术进行深入地研究，经过多年的积累，华特集团的相应产品正在逐步走入市场，为道路养护、特殊气候、特殊地形、特殊交通状况等市场需求提供了优质解决方案。同时，也为全国各地的客户提供了专业的定制化解决方案，处理了技术难题。

三、深耕沥青市场，带动行业发展

三十多年来，在中国的广大市场，以及遥远的非洲大地，有上千个新建道路工程项目和道路养护工程项目使用了华特集团提供的产品和服务。这些工程项目包括为数众多的高速公路、国省道公路、城市主干道、机场跑道以及旅游区、工业区、文教区、CBD、生活区专用道路等。截至2020年，产品销售量累计超一千万吨，“十三五”期间销售量累计超三百万吨，市场占有率达10%以上。

华特集团迅速增长的销售业绩，离不开放眼全国的战略布局。自2002年建成第一个沥青仓储加工厂——漳州厂区后，陆续已在全国建成了18条沥青生产线，覆盖华南、华北、华中乃至西北、青藏等地区。同时，华特集团在福建、南昌、武汉、广州、南宁、昆明、贵阳、重庆、成都、天津、银川、西宁、拉萨等地设有办事处，负责华特集团广大沥青市场的销售业务。

同时，华特集团在深耕沥青产业，致力于沥青国产化和散装化的过程中，极大地带动了产业链上下游的发展。以福建省为例，对于上游产业，福建泉州的两个地方炼油厂原本均不出产沥青，随着产业的发展、需求的变化以及华特集团大力推动客户端的国产化需求，使得目前两个炼油厂的沥青产量均达到了百万吨规模，不但占据了全省绝大部分的市场，还远销省外。对于下游产业，自2003年福州机场一期工程起，福建省内各项工程对散装沥青的需求量逐步增加，进一步推动了沥青产品的散装化，也带动了下游的沥青油库和散装沥青专业运输公司的发展。目前福建省内油库已由最初的1个增加到了8个，已注册的专业沥青运输罐车达150辆以上，其中就有8个车队、101辆运输罐车与华特集团保持长期的合作关系。

三十多年来，华特集团始终大力推动产品升级与技术创新，作为国内拥有最多改性沥青与乳化沥青生产线的沥青供应商，为我国沥青生产技术的发展和提升起到了推进作用。针对行业内多种施工需求，华特集团提供了完善的解决方案，并持续进行深入研发，例如在特种路面施工方面，提供排水降噪路面、永久性沥青路面、沥青路面冷再生等多套解决方案；在特殊环境路面铺装方面，提供温拌铺装技术、彩色沥青技术、海绵城市道路铺装等方案；在道路养护方面，提供超薄磨耗层体系、超级微表处体系、稀浆封层体系、全天候沥青常温混合料等方案，为国内沥青行业技术进步起到实质性的推动作用。

通过对沥青技术与应用的不断积累与改进，华特集团持续奋进，带动下游的施工与公路产业。21世纪初，国产沥青品质尚未达到良好的路用要求，华特集团通过建设漳州港厂区，实现进口沥青品牌（如壳牌、埃索等）的散装进口，大幅降低了沥青进口成本，推动了高等级沥青在福建省公路领域的大规模使用，助力福建公路从水泥路向沥青路的提升。同时，华特集团在国内率先引进吸收消化了国际先进的聚合物类改性沥青生产工艺和技术，为福建省在高速公路等高等级公路上大范围使用改性沥青奠定了基础，并且以过硬的产品质量和保供能力确保了高速公路、一级公路、城市干道等高等级路面的性能，保障了公路出行的舒适性以及公路运输的安全性，间接推动了公路运输产业的蓬勃发展。华特集团依托其自身的技术实力，除了提供道路沥青材料外，还为施工企业和业主单位提供现场技术服务，协助解决施工现场技术问题，指导施工企业对新材料、新技术应用，帮助提升了施工企业在高等级公路方面施工的能力。

在近几年，随着早年修建的高速公路、一级公路、市政干道逐步进入了养护期，华特集团依托其强大的省级企业技术中心以及先进的生产设备和优质的原材料，为道路养护产业提供了从路面病害诊断、技术方案设计与开发、试验、产品生产、应用到后续跟踪维护的定制化一条龙服务，对下游的公路养护产业提供了强大的赋能作用，带动了整体养护技术的提升，推动公路资产保值增值理念在行业中的落地。

四、构建管理体系，塑造企业文化

在“十三五”规划的引领下，华特集团注重发展的质量和效益，充分发挥各级管理职能，努力推行目标管理，确保了各项经济指标的增长，每年都取得较好的经济效益，为国家作出了应有的贡献，为企业发展增强了后劲。自2016年起，华特集团及其下属两家公司、华特技术中心都通过了ISO9001国际质量管理体系认证、ISO14001环境管理体系认证及ISO45001职业健康安全管理体系认证，严格按照现代企业管理规范要求，建立起现代科学的管理手段和完整可靠的管理保证体系。

华特集团将公司自主IPO作为一项长期重要的发展战略，经过多年的梳理和整改，公司在法务、财务、业务等方面已具备较高的合规化水平。2020年度引入漳州市交通发展集团的战略投资，并于2020年12月完成了股份改制。当前，各IPO中介机构已进场开展全面尽职调查工作，公司正逐步向IPO目标的实现靠近。

华特集团坚持以人为本，建立华特经营哲学与企业文化，倡导“尊重个人、集体奋斗，共谋发展、共享幸福”的经营理念，创建并维护一个能够发挥员工的潜能，实现员工的价值，接受员工多样性、新理念，尊重个人、机会均等的工作环境；公司把坚持以人为本、全面提高企业素质落实到工作的方方面面，致力于提升管理团队的综合素质，不断追求最高职业规范及行业标准，坚守“诚信为人、勤奋做事、严谨至善”的价值理念，提倡开放有效的沟通，鼓励团队合作和相互支持；明确角色与职责，通过理解客户的个性化需求和将客户永远放在第一位，为客户提供始终如一、值得信赖的服务；在抓生产经营的同时，在安全管理、合法纳税等方面采取负责任的态度，尊重环境，尊重客户，尊重员工健康，尊重所处社区。

公司重视员工的个人发展，开展多种形式的线上、线下学习培训。自2020年起，公司建立了“华特学院”线上学习平台，利用互联网新技术促进企业整体素质的提高。公司上下形成了奋发向上良好的发展氛围，造就了一批与企业共命运、艰苦奋斗、踏实奉献、有责任心和使命感的骨干队伍，促进了企业快速的发展。

五、坚定党的领导，承担社会责任

华特集团在发展过程中“坚定不移听党话，矢志不渝跟党走”，多次被评为“厦门市先进基层党组织”，是厦门市非公党建的模范标杆企业。为了让党的精神贯彻落实到工作当中，华特创设“匠心筑路”党建工作品牌，通过深植红色基因、加速党企融合、发扬创新精神，引领企业走出一条中国实业发展的特色道路。

华特实行经营领导班子和党组织领导班子交叉任职。集团党委委员全部进入董事会、监事会或经理层，中高层管理人员中党员占比达36%。华特着力把党员培养成企业骨干，把生产一线职工、专业技术骨干和管理人员培养成党员。近年来，共有8名一线优秀员工被培养成党员，43名优秀党员晋升到管理岗位，党员在技术人才中占比达35%。目前，由党员团队承担的技术项目已获得专利18项，含发明专利9项、实用新型专利9项。由党员队伍为骨干的技术研发中心，凭借其先进的实验设备和出色的实验能力，获得了国家CNAS实验室认可证书，具备对外承接业务的水平和资质。

华特集团的发展兼顾了各方利益，在实现客户价值的同时，牢记责任关怀，积极主动履行社会责任。公司坚持依法经营、诚信纳税，“十三五”期间累计上缴税金超过4亿元。公司坚持以人为本，关爱员工，确保职工工资收入增长，全方位促进员工成长。及时足额为在岗员工缴纳“五险一金”，每年开展各类培训，组织竞赛比武，开展评优树先活动和文化体育活动，组织职工进行集体旅游和健康体检，增强了企业的向心力、凝聚力。

公司牢记责任关怀，积极投身于扶贫、捐资助学、助危济困、修桥铺路等各种慈善公益事业，累计为各种慈善公益活动捐赠达400多万元，为构建和谐社会作出了积极贡献，多次被评为“最具爱心企业”。

六、奉行可持续发展理念，狠抓安全环保生命工程

华特集团认真履行企业安全生产主体责任，增强安全意识，加强安全教育，强力推行各种安全制度，加强安全排查，消除各种安全隐患，建立安全应急管理体系，建立安全生产管理长效机制，确保安全生产无大事故发生.

华特集团积极响应党和政府关于生态文明建设的战略目标和“发展循环经济、建设资源节约型和环境友好型社会”的要求，以产值、纳税、生态环保、产业升级等方面回馈社会，实现多方共赢的目标；把环保作为企业的生命工程来抓，牢固树立环境友好、资源节约、可持续发展的经营理念，大力开展技术创新、管理创新，践行可持续发展，坚持先进的环保理念，积极推行清洁生产，节能降耗治污减排。

七、忆往昔成就瞩目，擘蓝图未来可期

华特集团凭借出色的实力、在沥青行业的高度影响力以及对社会作出的贡献，多次被有关部门评为“中国驰名商标”“中国民营企业制造业500强”“全国工商联上规模民营企业”“中国石油和化工民营企业100强”“中国沥青行业十佳诚信企业”“中国五大沥青进口商”“中国三大沥青贸易商”“行业领先特别贡献奖”“福建省著名商标”“福建名牌产品”“福建省企业知名字号”“福建省工业龙头企业”“福建省民营企业100强”“福建民营企业制造业50强”“2019福建服务企业100强”“守合同重信用企业”等荣誉称号。

华特集团将继续深耕沥青主业，向成为行业龙头的目标靠拢；扩大改性沥青的市场占有率和生产规模，打造国内领先优势，树立质量、技术、规模、品种、成本、环保、市场等综合优势，进一步把华特沥青产品做大、做优、做强。

“有能力为客户提供优秀的产品和服务；有能力为社会提供较好较多的就业机会；

有能力为国家和地方政府创造较多的税源；有能力为投资人创造合理的回报；有能力为企业的优秀人才提供一个实现自我价值的平台；有能力在企业发展的同时不断提高员工的生活福利水平是华特现阶段的经营使命。

“华特，与路结缘；因为路，我们历尽劳顿与艰辛，我们挥洒汗水与激情；因为路，我们分享幸福与希望，我们锻造光荣与梦想。”华特数十年来持续稳健的发展得益于公司对“小胜靠谋，大胜靠德”这一价值理念的信奉和践行。“崇德·匠心·创新”，再加上“主动、合作、敏捷、担责”，华特团队长期以来对这些普普通通的价值理念的重视和坚守，成就了华特在客户、政府和社会各界的口碑。

与时俱进发挥特色 不断开创汉地阳光工作新局面

——海南汉地阳光石油化工有限公司

海南汉地阳光石油化工有限公司（以下简称汉地阳光）成立于2006年4月，注册资本157000万元，现有员工101名，年总营业收入26.55亿元，是国内专业从事基础油和白油等特种油品研发生产及应用服务为一体的高新技术企业。公司目前拥有特种油品生产的完整产业链，主要产品为Ⅱ类和Ⅲ类润滑油基础油、绝缘类油、工业用白油、化妆用白油等各类特种油，广泛运用于汽车、能源、冶金、电力电器、化工、船舶、纺织、金属加工等各工业制造类行业。所有产品均无色、无味、透明，具有氧化安定性高、黏温性能好、芳烃含量低、倾点低等特点，各项指标均达到或超过国内外同行业水平。汉地阳光综合实力在全国同行业中位居前列，是海南省企业技术中心、海南省百强企业、国家高新技术企业和2020中国石油和化工民营企业百强。

生产制造与技术水平国内外先进。公司项目采用了埃克森美孚加氢异构－补充精制等国际领先技术，选用了安全环保、低耗能、高效率的生产设备以及先进的集散控制系统和安全联锁保护控制系统。科研技术开发队伍共有核心技术人员28人，其中具有大学以上学历或中高级职称的共有28人，每年研发投入比不低于营业收入的3.0%。企业成立了专门的技术评估小组，建立了《技术评估制度》，实时跟踪国内外行业先进技术和市场动态，对公司拥有的技术定期进行评估，并与同行业先进水平进行比较分析，为研发队伍提供科研基础。

科学经营管理与生态环境保护双重保障。公司建立了以制度、标准、流程为核心的管理制度体系，全面系统修订环保过程指标体系，以推进汉地阳光的绿色低碳持续发展。已先后通过了ISO9001质量管理体系、ISO14001环境管理体系、ISO45001职业健康安全管理体系、ISO50001能源管理体系、GB/T 29490知识产权等管理体系认证，确保了安全生产和产品质量。

目前采用先进的信息管理系统，主要包括NC-ERP系统、OA系统、集散控制系统DCS、自主装车管理系统、高压加氢联锁控制系统、快速切换系统、运程电子监控系统等。

绿色发展和清洁生产精细化管理模式推动了节能降耗、清洁生产、综合利用、供应链管理、品牌培育等工作全面提升。采取工艺改进设计，使用清洁的原料，采用先进的工艺技术与设备，实施技术升级、清洁生产改造项目共计20多项，改善管理、削减污染，提高资源利用效率，大幅降低了加工过程中的电、蒸汽、燃气以及水的消耗。2017年公司实现了生产系统和控制系统的整合，解决了生产过程管控的数据支持和分析问题，实现了工艺标准化管理、生产效率精细化分析、消耗精细化分析等生产方面的持续改进，提升了生产过程清洁化、自动化水平。汉地阳光将被授权专利在生产加工、设备改造、新产品开发以及新工艺技术开发等各方面都进行了实际的转化应用，使产品品质得到了较大程度的提升。

一、创新能力情况

公司十分重视创新研发工作，作为国家高新技术企业和海南省省级企业技术中心，目前持有授权专利75件，其中发明专利24件，实用新型专利51件，软件著作权6件。"白油的生产方法"专利技术荣获第十八届中国专利奖优秀奖，"一种高压固定床循环氢干法脱硫装置及方法"专利技术荣获海南省发明专利金奖。

公司致力于高端产品研发，每年开发多种高新技术产品，并积极推向国内外市场，高新产品的销售收入占年销售总额的60%以上，产品设计开发能力不断提升。公司自主研发的"纸张表面改性新型专用精细白油""新型液压传动油精制白油""新型橡胶塑料专用精细白油”“轻工业纺织染整专用精细白油”等多项产品被省科技厅认定为海南省高新技术产品。

公司生产的基础油（商标：HDS）被评为海南省名牌产品。2015年公司的“一种高压固定床循环氢干法脱硫装置及方法”项目荣获海南省科技进步一等奖，同年，“纸张表面改性专用精细白油”项目被评为国家火炬计划产业化示范项目。2014年，“高效生产低凝清洁石油产品的FDI双重异构加氢组合技术”获得中国石油和化学工业联合会科技进步一等奖。

公司的综合实力在全国同行业中居前列，公司先后获得国家知识产权优势企业、首批国家工业产品绿色设计示范企业、国家级绿色工厂、中国石油和化工企业五百强、中国石油和化工民营企业百强、海南省第二批节水型企业、海南省企业百强、省级环境保护重点监控单位、海南省循环经济试点示范企业、海南省厂务公开民主管理示范单位、海南省模范劳动关系和谐企业、海南省“十三五”创新发展领军企业等荣誉称号。

2018年，公司获得全国市场质量信用AA等级证书、企业信用AAA等级证书和海南省第六届优秀民营企业称号，“特种油及食品级白油生产绿色设计平台建设”项目为海南省内首个入选的国家绿色制造系统集成项目。

二、绿色发展情况

（一）生态（绿色）设计

（1）构建企业绿色发展战略与管理体系。完善汉地阳光的绿色发展管理体系建设，制定公司绿色发展战略，结合绿色产品和绿色设计战略的需要，制定围绕绿色产品设计的战略目标，设立绿色发展管理机构并加强企业及上下游利益相关方绿色设计能力建设。汉地阳光作为生产工业基础油和白油等特种油品的龙头企业，通过绿色发展战略及管理体系的构建，助力企业转型升级，并引领行业绿色发展。

（2）开展全生命周期管理，提升产品绿色设计能力。汉地阳光通过对各个环节的分析和研究，建立产品全生命周期信息数据库，直观了解产品从设计开发、原料选择、用户使用、回收利用等阶段的能源消耗、资源消耗、环境影响，从而对产品全生命周期的各个环节进行把控，制定能源、资源使用策略，制定节能技改措施和方向，最大程度降低对环境的影响，同时也带动上下游企业自觉践行环保义务，真正形成节能、减排、低碳的生产方式，带动整个行业的绿色发展转型升级，提升行业绿色生产能力，为整个行业的绿色发展提供参考和借鉴。

（二）绿色制造

绿色制造的关键在于在产品的整个生产过程中持续不断地融入先进的生态绿色设计理念，注重应用先进的资源节约和环境保护技术，实现节能、降耗、减排及资源综合利用的目的，同时对生产过程的改进方向进行指导，推动相关技术创新。

（1）实现生产数字化管理，树立行业品牌。公司自成立以来就严格按照先进企业管理理念建立了科学、规范、健全的治理结构和管理体系，并在发展和管理实践中不断完善，循序渐进，精益求精，达到了行业领先水平。在此基础上，建立了完善的企业决策系统，实行分散型和层级制相结合的决策机制，确保决策科学、高效。严格按照公司制定的管理制度，从原材料采购、研发、生产到销售各环节应用数字化平台管理技术，减少劳动用工、降低劳动强度，保证产品质量、提高成品率，促进产品生产过程更加流程化、标准化、自动化，改善生产环境，实现清洁、安全、高效的生产方式，树立汉地阳光从原料到产品再到使用环节的"绿色高端"品牌形象。

（2）推进绿色工艺和材料的创新集成，生产绿色产品。公司依托自身研发实力，不断转化国际先进技术工艺，采用先进的加氢精制工艺，采购低硫、低氮、黏度指数高的绿色环保加氢尾油为原料，改变催化剂的使用方式，选取环保高品质的原料油，在整个流程中物料的投入、产出环节，遵循绿色、环保、循环经济的理念，力求将物料的绿色与产品生产流程的绿色融为一体，实现绿色产品的产出。

（3）实施绿色生产工艺的一体化，建设绿色化示范生产线。汉地阳光积极开发生产技术及设备关键工艺技术的创新，通过在产品研发中增加对原料改进、性能提升和更高的绿色环保要求等方面的考虑，改变原本粗放的生产工艺，进而实现技术工艺、装备的改进和升级或者先进生产工艺和装备的集成应用。集成先进的高压加氢技术和自主研发技术，在生产工艺技术中融入生态化、绿色化、环保化设计考虑，生产低硫低氮的产品，使之具有更高的稳定性、更好的环保性，实施绿色工艺技术创新集成应用，建设绿色化示范生产线，逐步实现国内油品企业向"全球油品标杆"目标迈进，带动产品绿色发展。引进设备和国内设备选型时，在满足工艺要求和技术先进实用的前提下，选择节能效果好的设备。

三、社会责任情况

汉地阳光坚持绿色发展，实行绿色生产，严格遵守环境保护相关法规，认真贯彻实施公司各项制度、体系，坚持发展与环保并行，走自主创新和“产学研”相结合的技术研发之路，以“安全、和谐、高效、创新”为企业目标，创建“资源节约型、环境友好型”企业，切实履行社会责任。

2020年是“十三五”的收官之年，也是为“十四五”发展打牢基础、做好准备的关键之年。站在新的起点上，汉地阳光根据国际、国内发展形势及公司发展实际，重新审视汉地阳光的发展目标，公司结合自身特点制定了绿色转型中长期发展规划。以绿色低碳发展作为发展目标和竞争力培育的重点，将绿色设计与绿色发展理念融入到企业长期发展战略中。同时在战略发展规划中明确，要依靠技术创新实现产品节能、节材、减排，梳理智能化设计、短流程制造工艺、绿色节能生产线装备、循环利用等绿色技术。

公司积极响应“中国制造2025”，深入实施绿色制造工程，同时结合自身产业发展目标及优势，在生态（绿色）设计试点工作基础上，通过信息化、智能化、品牌化、生态化、共享化建设，走出一条企业绿色发展的新路。

创业十数载来，公司始终践行“团结拼搏、务实创新、和谐共赢”的核心价值观，以“做好油，为中国制造助力，为世界创造价值”为使命，为实现“做全球特种油品标杆，成为行业最具竞争力企业”的愿景而不懈奋斗。

绿色环保可持续　创新驱动促发展

——河北建新化工股份有限公司

左玉杰

河北建新化工股份有限公司（以下简称建新股份）是一家高科技精细化工企业，集研发、生产、销售于一体，具有强大的科技创新实力和规模化生产水平，是经11位自然人作为发起人，由沧州天一化工有限公司于2007年12月28日以整体变更设立方式设立的股份有限公司，生产基地位于国家级产业园沧州临港经济技术开发区，2010年8月20日在深圳证券交易所创业板上市。多年来，尤其是上市后，以朱守琛董事长为核心的管理团队砥砺前行、踏实做好主业，确保企业持续盈利能力、回报投资者、反哺社会等方面得到投资者及社会的认可。

一、品质优先，行业地位突出

公司以"科技先导，品质求胜"为企业理念，公司主营业务为苯系中间体产品的生产与销售，产品涵盖染料中间体、纤维中间体和医药中间体三个系列，目前已形成了以"间氨基"产品为母核"一链三体"的业务格局。旗下5个产品占据全球市场份额领先地位，其中苯胺-2，5-双磺酸单钠盐、间氨基苯磺酸、间羟基-*N*，*N*-二乙基苯胺各项技术指标均达到行业领先水平。公司生产的航空复合材料已进入高端应用领域，如预浸料中的固化剂（3，3'-二氨基二苯砜和4，4'-二氨基二苯砜）和增韧剂获得波音和空客公司认可，为其持续供货达6年。

公司主营业务为苯系中间体产品的生产与销售，产品涵盖复合材料中间体、医药及农药中间体、染料中间体、纸张化学品四个系列，广泛应用于医药、复合材料、染料、造纸等诸多领域。公司以“间氨基苯磺酸”产品为母核，向下延伸生产“苯胺-2，5-双磺酸单钠盐、间羟基-*N*，*N*-二乙基苯胺、间氨基苯酚、ODB-2”等染料中间体和医药中间体，并生产“4，4二氨基二苯砜、4，4二氯二苯砜、3，3二氨基二苯砜”等复合材料中间体，实现了产品的延伸循环，形成了“一链三体”的业务格局。

公司主要产品的各项技术指标均达到行业领先水平，是产品标准的制定者和引领者。公司与世界500强化工企业建立了长期稳定的合作关系，产品畅销欧、美、亚等二十多个国家和地区。公司生产的航空复合材料，进入高端应用领域，预浸料中的固化剂（3，3'-二氨基二苯砜和4，4'-二氨基二苯砜）和增韧剂获得多家国际知名飞机制造商的供货资格认证。

二、科技创新，优化人才激励战略

公司拥有一支经验丰富的专业研发团队，具有独立的设计和开发能力，凭借长期的技术积累，在异构体控制、产品提纯等核心工艺上达到了较高的水准，产品质量始终处于行业领先水平。为激励和吸引研发人才创造有利条件，公司制定了较为完善的薪酬激励机制。公司在提高自身研发能力的同时，加强与清华大学、中国科学院大连化学物理研究所等外部高校及科研机构的合作，在公司现有的生产工艺优化、新产品开发、环境工程等方面实现了根本性的突破。公司副总经理朱秀全参与完成的“取代芳胺系列产品绿色催化合成关键技术与工业应用”项目荣获2018年度国家技术发明奖二等奖，该技术在间氨基苯磺酸加氢还原工艺的应用，大幅提高了生产效率，降低了生产成本，实现了“固废”零排放，进一步提高了公司的核心竞争力。目前公司拥有12项发明专利、19项实用新型、35项专有技术，已形成拥有自主知识产权的核心技术体系。公司的研发中心被认定为省级技术中心，公司被河北省认定为高新技术企业。公司自成立以来吸引了大量的高端人才，始终把吸引人才、培养人才放在首要地位，通过体制、机制、管理等各个方面为科技人才创造良好发展环境，从股权、期权、薪酬、住房等多方面对科技人才给予资源倾斜和支持等。

公司在完善内部激励机制调动科研人员积极性、创造性的同时，不断加强与外部高校及科研机构的研发合作，目前已与清华大学、中国科学院大连化学物理研究所等外部高校及科研机构建立了"产、学、研"的交流合作关系，进一步充实了公司科技研发实力。

企业竞争的核心是人才的竞争，建新股份现在集聚了大量的行业高端人才，储备了多项科技专利和科技发明，将为建新股份中长远的发展打下良好基础。

三、绿色生产，环保先行

近年来国家环保政策密集出台，环保督查不断加码，而建新股份所属的苯系中间体生产行业属于典型的高能耗、高污染行业，废水量大且难以处理，环保能力成为制约企业产能的关键指标。

针对环保政策不断收紧的影响，公司在环保领域进行了大量的研发投入，早在2009年环保投入就累计超过3000万元，2018年环保投入达5000多万元，近年来已经对环保设施累计进行了3次工艺改造。经过多年研发，成功开发的发明专利——废水系统化处理设施"多效蒸发+除盐+微电解+催化氧化+生化+浓水焚烧"，使80%的工业废水实现了资源化再利用，实现了绿色生产，并确保了未来发展的环保领先优势。

公司拥有自主知识产权的环保技术，通过规模治理和分项治理，不仅提高了环保治理的标准，还降低了环境治理成本，昔日制约企业产能发展的"枷锁"，目前已经成为企业的核心竞争力。

公司以超前的环保意识，从源头做起，自主开发了成套能达到符合国家相关规定的废水系统化处理设施并获得了发明专利，该设施通过"多效蒸发+除盐+微电解+催化氧化+生化+浓水焚烧"的处理过程，使80%的工业废水实现了资源化再利用，其余的20%实现了达标排放。通过环保工艺的创新，确保了公司的可持续发展及行业领先地位。

环保管理方面，公司始终秉承"环保先行"的经营理念，严格执行国家相关环保政策、法律法规，按环保预警等级安排生产。完善了各项环保手续，依法依规规范了"三废"排放、危废处置管理，积极配合国家和地方环保部门的检查工作；持续对重点项目投入资金，有力保障了10吨/天焚烧炉升级改造工程等有序推进。超前的环保理念以及领先的技术优势已成为公司核心竞争力，稳固了公司的行业地位，为打造环境友好型企业奠定了坚实基础

四、物联网自动化，安全生产树标杆

安全生产是企业生存永恒的主题，公司建立健全了完备的安全生产保障系统并对设备进行了自动化升级改造，利用物联网技术和安全联锁装置，基本上实现了生产车间集中DSC控制生产管理，使公司成为渤海新区的示范标杆单位。

公司通过自主创新和引进吸收相结合，在环保和工艺安全方面取得了一系列技术成果：低温等离子技术、电解提取有色金属技术、等离子炬技术、湿式催化氧化技术、大孔树脂吸附技术、膜分离技术、连续流微反应器等。与高校合作开发的间氨基苯酚连续蒸馏工艺经过试验基本达到预期的要求，自主研发的间氨基苯酚连续碱熔工艺也进行了大量的实验取得了进展。更重要的是微反应器技术在间氨基磺化工艺的应用已经步入实质性进展，方案设计等前期工作已经完成，2020年将进入实施阶段，为实现间氨基工艺全流程连续化迈进了一步，未来经过3~5年的时间将在生产工艺满足要求的情况下全部实现大通量、小型化、连续化的生产工艺，真正实现化工操作的本质安全，为实现智能化、信息化奠定基础。

五、优化业务结构，打造循环经济新模式

公司紧跟国家政策前沿，充分把握京津冀协同发展这一历史叠加机遇。一方面，享受国家重视环保的政策红利，拓展现有产业；另一方面，利用生产基地位于国家级产业园沧州临港经济技术开发区，产业互补性强、上下游一体化、环保容量大的优势，为公司带来重大发展机遇和发展空间。

为了落实创新驱动经济增长新引擎战略规划及进一步完善公司产业布局，更好地推动化工、医药及新型复合材料等高尖端科技的研发与创新，促进公司快速发展，2019年，公司与中国科学院知识产权运营管理中心签署了《战略合作协议》，计划在原有省级实

验室基础上共建“先进复合材料国家级实验室”，投资建设研发大楼，为开展低成本碳纤维、高性能碳纤维等先进复合材料应用研究和大规模产业化推广的可行性创造了先决条件，为公司优化业务结构、拓展产业链积蓄力量。

公司董事长朱守琛已为公司未来的发展路径，描绘出清晰的蓝图：一是围绕循环经济大做文章，继续加大环保投入，提高企业自动化和智能化水平，也让建新股份未来有更大发展空间；二是围绕“一链三体”业务板块，持续拓展产业链条向外延伸和优化升级；三是加大科技研发投入，建立国家一流的研发平台，研发更多的专利技术，进一步提高产品的附加值和功能。

为用户提供“绿色、安全、循环、精细”的产品，实现社会、股东、员工的利益最大化是建新股份的核心价值观。创造安全适宜的工作和生活环境，实现公司与环境和谐统一是建新股份的永恒追求。近年来，公司连续获得“中国化工行业500强企业”“中国石油化工民营企业百强”“中国精细化工百强”等荣誉称号；2018年，建新股份获得中国资本市场最高奖项“金牛奖领袖奖”；2019年公司董事长朱守琛荣获证券时报主办的第十三届中国上市公司价值论坛“上市公司十大创业领袖人物”奖，建新股份荣获论坛评选的“主板、中小板、创业板十佳管理团队”“创业板价值五十强”“中小板、创业板成长性十强”奖项。未来，建新股份将充分利用资本平台全力打造精细化工、医药、新材料三大业务板块，为人类健康及美好生活作出贡献。

六、公司企业文化建设

企业文化是企业的灵魂，是凝聚员工的向心力，公司一直以来高度重视企业文化建设，已形成具有建新特色的企业文化。报告期内，公司开展了以“工作作风、生活作风、单位作风”为核心的“三风”建设活动，从思想上、行动上深入诠释了“诚信务实、勤奋节约、科学创新、团结进取”的内涵。新冠肺炎疫情暴发后，公司在做好疫情防控的同时向沧州市红十字会捐款，向化工园区捐献物资用于防疫、抗疫，以实际行动践行了反哺社会的企业责任和家国情怀。公司以“前瞻、创新、共赢、和谐、可持续”的经营理念引领企业发展，从战略高度推进企业文化建设并融入日常工作中。

七、完善内部治理和人力资源管理体系

公司继续严格按照上市公司的要求规范运作，进一步加强内部控制，完善治理结构，提高治理水平。强化预算管理和成本控制，提升全员节约意识，通过内部自我控制体系和管控流程，严格落实各项制度，降低公司运行各环节的风险因素。公司持续完善的规范治理、踏实做好主业的良好形象，也获得丰厚的回报和褒奖，公司被评为“2020年度中国精细化工百强”企业、中国证券报评选的“2019年度金牛最具投资价值奖”等一系列荣誉。

公司目前已建立了相对完善的人力资源管理体系：一是公司加大高素质人员引进力度，不断优化公司基层员工知识结构和年龄结构，并通过有效的岗位培训和考核，提高企业员工个人综合素质、岗位技能及综合工作能力；二是积极完善公司内部绩效考核制度，通过核心管理和技术人员的薪酬体系的调整，进一步完善了以绩效为核心的短期报酬获取机制；三是在通过实施股权激励方案，把核心管理和技术人员的个人目标实现与公司的长期发展紧密地结合在一起，使员工能在企业的发展中受益，实现股东利益和员工利益的协调发展。

公司为了激发员工的工作效能，为员工打造了更加便捷的学习平台，以聘请外部专业讲师和内部培训相结合的方式使员工集中学习，有针对性地开展培训项目，创造多样化的培训资源，帮助不同层级的员工提升职业素养和业务能力，进一步增强了公司的凝聚力和向心力。

八、经济效益

公司在发展历程中，高度重视科研、环保、安全等各方面的投入，确保企业均衡、稳定、前瞻性发展。仅环保投入一项，2016～2020年就达到4亿多元人民币。连续多年成为沧州市纳税大户，获得纳税功臣称号。

九、社会贡献

公司以“埋头实干、实业兴邦”为发展理念，通过努力发展壮大企业，吸纳了周边

地区，特别是贫困县海兴县的劳动力就业。在2020年突发新冠肺炎疫情期间，企业经营面临巨大困难，公司通过多种举措，保生产、保就业，自身承担了巨大的成本支出，没有主动辞退一名员工，保证了员工家庭收入稳定，为社会稳定作出了自己的贡献。

公司通过选举成立了工会，通过工会的工作，维护员工的切身利益，解决困难职工的家庭困难。公司工会在2019年被沧州渤海新区临港经济技术开发区评为先进基层工会组织。

公司在大力发展经济的同时，不忘参与社会公益事业，在2018年和2019年为辛庄子修路分两次捐赠3万元、5万元，为小朱庄村供水改造工程和修井分别捐赠10万元、3万元。2020年年初，向沧州市红十字一次性捐赠80万元用于沧州市疫情防控，同时向渤海新区、临港化工园区捐赠价值3.8万元的防疫物资，还组织公司全体党员举行了为武汉一线捐献特殊党费的活动。

弘扬工匠精神
为中华民族伟大复兴贡献力量

——江苏克胜集团股份有限公司

吴重言

江苏克胜集团股份有限公司（以下简称克胜）位于东方湿地之都——盐城，1993年2月注册，是国家农药定点生产企业。公司集生物农药和绿色化学农药研发、智能制造及精准应用于一体，是中国农药发展与应用协会副会长单位、国家重点高新技术企业、江苏省首批地标型企业，主要从事吡虫啉等高效、低毒、低残留、环境友好农药的研发、制造和贸易。产品涵盖杀虫剂、杀菌剂、植物生长调节剂、除草剂四大系列10多个原药和100多个制剂，30余套作物病、虫、草害的解决方案。主产品吡虫啉、吡蚜酮的产能和市场份额全国领先。拥有国家博士后科研工作站、省研究生工作站、省企业技术中心、江苏蜻蜓农服产业研究院，承担国家863、科技支撑、重点研发、火炬、星火等项目，获中国农药创新贡献奖，获新中国成立60周年全国农药行业突出贡献奖、全国五一劳动奖、全国工商联科技进步奖、中国农药技术创新贡献奖。荣膺省“自主工业品牌五十强”。

一、注重质量

遵循“质量是企业生命”的方针，坚持质量立企，遵守产品质量法，健全质量诚信自律机制，按照ISO9001标准建立质量管理体系，实施标准化管理，实施质量否决权，严格原材料、生产过程、产品销售全过程控制，把质量诚信放在首位，围绕新农业新需求，以全球化视野进行布局，以高品质产品打造农药强势品牌。

克胜是全国质量管理先进企业和AAA级信用企业，质量控制设施健全，与国内许多科研院所有着长期合作关系，承担了吡虫啉等多项农药产品国家标准制定和修订。克胜不断深化与德国拜耳等跨国公司的合作，建设了农药GMP标准车间，跻身于世界OEM优秀供应商行列。质量诚信管理实行总经理负责制，设置首席质量官，以国家标准为基础，制定内控标准。

克胜拥有中国石油和化学工业A级质量检验机构，为农药产品关键指标检测提供保障。按照国家标准进行产品质量控制，设立售后服务机构。在产品、宣传样本等醒目位置标注质量投诉电话，方便用户反馈质量问题。经20余年发展，已形成了独具特色的克胜质量诚信文化体系。先后获江苏省名牌、江苏省重点培育和发展的国际知名品牌、国家重点培育和发展的出口品牌等荣誉。

克胜拥有先进的合成、加工、包装生产线，安全、环保等设施，在我国农化行业率先通过ISO14001、OHSAS18001认证和环保型乳油认证。通过持续开展清洁生产活动，从源头管理、过程控制、末端治理，全过程控制污染物产生和排放；采用自主研发的清洁生产工艺和DCS分散控制系统等先进技术，进行主要生产装置复杂化学反应过程控制，提高生产本质安全水平，是江苏省环保先进企业、全国质量管理先进企业。

二、注重品牌战略

先后获江苏省名牌、江苏省重点培育和发展的国际知名品牌、国家重点培育和发展的出口品牌等荣誉。克胜牌新烟碱类农药获中国石油和化学工业知名品牌荣誉。2014年~2018年连续五年入选中国石油和化工民营百强企业、全国农药行业植保科技服务下乡十佳企业。2018年入选"中国石油和化学工业500强企业"。大批农药产品被农业农村部列为高毒农药替代产品或无公害推荐农药品种，产品国内畅销，并远销海外。"克胜商标"是新商标法颁布后，农药行业第一枚驰名商标。"克胜牌吡虫啉"是我国农化行业首次进入中国名牌的产品，并被列为全国农技推广中心重点推广产品。

三、注重产学研合作

加强基础研究，强化原始创新、集成创新和引进消化吸收再创新，始终保持在农化行业领先地位。与华东理工大学联合创制新烟碱农药杀虫剂哌虫啶，拥有自主知识产权。呋虫胺、哌虫啶等产品工艺技术为国际首创，申请多项发明专利。是江苏省企业知识产权管理标准化示范单位、中国专利十佳企业。克胜不断深化与多家跨国公司合作，接受其HSE评价，提升HSE水平，国际化经营水平显著提升，跻身于世界OEM优秀供应商行列。

四、注重“互联网+农业”战略

建立集农技研发、农资销售、植保诊断等于一体的网络平台，促进新型农药产品推广应用，推动增产增效。农资连锁销售网点遍布全国大江南北，主营农药业务的产值、利税等主要经济指标稳定增长，已迈入持续、快速、健康发展的轨道。多次入列中国农药行业销售百强。蚜虱净、神约、又胜、已足、美谐、美胜等农药产品多次获中国植保市场畅销品牌荣誉。

五、注重农业服务全程解决方案

紧跟新农业经济时代，坚持服务立企，围绕新农业新需求，以全球化视野布局，组建“智能喷洒”分队，服务统防统治，以高品质产品打造农药强势品牌，不断创新发展。成立了中农网购（江苏）电子商务公司，建设蜻蜓农服电商平台，大数据思维，为现代农业的许多方面提供线上线下专业化服务。积极响应国家农业农村部提出的农药、化肥零增长号召，以农药减量增效为核心、涉及无人机植保、农业物联网、土壤修复、遥感测报、农药溯源等服务项目，推动由单一农药生产向“产品+技术+服务”模式转型，2017年被农业部评为全国“互联网+现代农业百佳实践案例”，列入江苏省发改委互联网平台经济“百千万”工程首批培育企业，成为江苏省农委互联网+现代农业科技综合示范基地。

六、注重环境保护

坚持绿色农化，将环境保护贯穿于生产经营活动全过程。建立了环保管理制度和管理网络，健全了环保设施，制定了包含环保设施维护清理等工作内容的相关操作规程。设立了环保管理部门，每月组织检查，对不足处提出批评意见和改进建议。设立三废研究实验室，改进三废处理工艺，加强产品开发、生产、销售服务等过程的环保管理和环境影响评价。通过持续开展清洁生产活动，落实环保责任，全过程控制污染物产生和排放，防范环境风险，不断优化企业生产经营活动中的环境条件。

近年来，克胜加强环保投入，增加环保装置设施。废水处理车间占地面积5000平方米，日处理污水500吨，按工艺废水、雨水、生活废水、紧急消防废水分别处理。利用COD在线检测仪传送检测数据到环保监控中心。新建日处理吡虫啉废水30吨膜分离装置取代传统蒸发浓缩工艺，将含吡虫啉有效成分0.5%左右母液提浓至5%以上，反渗透透过液中吡虫啉浓度在0.1%以下。严格执行国家相关污染物排放标准，将污染物总量列为考核指标，在农药行业环境保护实施规范考核中，污染物排放量低，在行业中技术领先。将生产过程中产生的废气进行吸收、回用。各废气排放口设吸收装置，通过酸雾塔、吸收塔去除废气中有害物，并按照《环保应急管理制度》要求，注重环保设施维护，及时更换"活性炭"等吸附或吸收介质。相关环境监测站对企业3个排气筒进行抽查检测，全部达标。

七、注重安全生产

安全是企业发展的基础。多年来，企业坚持"安全第一，预防为主"方针，通过增加安全设施，采用先进技术和强化安全管理等措施防范风险，保障安全。2020年，投入800万元，采用具有开放式结构和良好硬件兼容性和软件可扩展性的DCS分散控制系统，进行车间主要生产装置复杂化学反应工艺过程控制，建立参数报警、联锁、自动停车系统，实现数据采集处理和生产过程监视。控制室与生产现场分离，减少员工在危险区域停留时间。

采用先进技术，是提高化工生产本质安全水平的主要手段。克胜新聘了5名安全工程师，强化安全管理队伍，完善了安全作业指导书及各类事故应急预案。企业在加强安全基础工作的同时，结合生产实际，采取了全年综合检查、专项检查、季节检查、节假日检查、日常检查、值班人员2小时一次巡回检查等方式，确保安全措施充分落实。企业经常邀请专业安全机构、江苏省农药工业协会等外部专家组来企业检查指导安全工作。通过安全例会、生产安全调度会、标语横幅，《克胜报》、橱窗、车载播放系统等指导员工学习相关法律法规、上级文件及有关会议精神，对外部企业发生的事故进行剖析，吸取国内外化工安全事故的教训，营造企业安全文化氛围。2020年编辑了6期《安全》简报、4期《安全生产》特刊，员工参加各类安全培训达995人次，通过内部专刊展示各部门在安全管理中创新成果。通过安全考核，规范员工行为，通过实施隐患举报奖励制度提高员工参与安全管理的主动性。

八、注重职业健康

2020年，克胜在职业健康方面全年花费300万元，用于改善员工劳动条件和操作环境，落实粉尘、噪声等作业场所的防护措施。建立健全职业健康管理体制和自查机制，制定体检管理制度，对职业危害因素进行日常监测和定期检测、评价，确保作业场所合规，对从业人员定期体检，完善职业健康监护档案，并进行含急救演练在内的员工培训。

为进一步适应现代农业规模化、专业化发展和统防统治、绿色植保的要求，企业购买多架植保飞机，开展农业社会化服务，改进传统手动喷雾器的农药喷洒方式，提升农作物病虫草害防控能力。植保飞机作为一项先进农业技术，旋翼产生的巨大气流将农药雾流分散、细化，穿透到农作物各层面，喷洒均匀，全覆盖，不留死角，与传统手动喷雾器比，节水、省药、省工，防效好，降低了员工劳动强度，远距离遥控施药，也提高了农民的健康水平。

九、注重社会责任

克胜热心助学、助孤、扶残、扶贫、赈灾等慈善活动和社区卫生、教育、体育等社会事业。在创造利润的同时，注重回报社会，支持地方建设，推动企地共建。曾参与建湖龙卷风、汶川地震等多项捐赠活动捐款额达200万元。2017年1月，克胜集团总经理吴成伟获"全国农村青年致富带头人"称号。2020年，克胜主办了为敬老院调制幸福味道、向贫困山区献爱心等公益活动，捐款10万元；对建湖县建阳镇转复军人结对帮扶和近湖镇长沟社区贫困人员节日慰问，捐款计15万元；参与盐城市慈善总会发起的"献爱心"活动，捐款20万元；企业紧急动员37名员工义务献血14000毫升，缓解了盐城市中心血站供血紧张的局面，被授予无偿献血先进集体，第八次荣获中国红十字会颁发的"人道、博爱、奉献"奖。

就业是民生之本。2020年受新冠肺炎疫情影响，作为一家有社会责任感的民营企业，克胜通过精细化管理，深挖内潜，提升企业盈利能力，在保持员工队伍稳定的同时，还面向社会招聘员工，为稳就业、保民生贡献力量。近两年，新招聘应届大学毕业生26人。当下，走进厂区，树木葱郁、绿草如茵、鲜花竞放、鱼儿嬉戏、鸟儿飞翔……与传统化工企业给人的灰暗、沉闷的印象大相径庭。克胜坚持"既要金山银山，又要绿水青山"的发展理念，坚持走绿色发展之路，倾力打造绿色名片，仅最近两三年来就投入3000多万元持续改善环境，努力实现人与自然的和谐相处。

绿色循环发展引领高盐废水资源化再利用

——苏州乔发环保股份有限公司

徐永凤，丁治椿

苏州乔发环保股份有限公司（以下简称乔发环保）于2013年成立，2016年在新三板挂牌，现拥有苏州乔发环保、无锡乔发石化装备、重庆乔发环保、山东乔发研究院四大基地，是一家集高效节能蒸发器研发设计、生产制造、安装调试、技术服务四位于一体的新型现代化高新技术企业。主要从事蒸发、结晶炭化及焚烧设备技术研究和工程运用，开发了各式零排放集成系统、杂盐碳资源再利用系统、混盐分盐系统，是环保资源化再利用领域的高科技企业。

一、持续创新，成为行业典范和标杆

多年来，乔发环保不断提升创新能力和技术水平，投入巨资开展技术攻关、研发和改进，持续突破系统工艺方案设计，公司以当今领先的MVR蒸发技术为依托，集聚了国内外在节能环保领域的专家和科技人才，组成了运用MVR高效节能蒸发器设计和制造的精英团队并延伸到废盐资源化再利用领域。

工业盐资源化回收和利用是化工等行业高盐废水零排放处理技术发展的趋势，而分盐结晶工艺则是实现这一目标的技术基础。乔发拥有30多项发明专利及多项实用新型专利，自主研发并实际应用到工程案例中的膜法分盐结晶工艺对原水组分波动的适应性更强，与热法分盐结晶工艺联用后可以有效提升结晶盐产品的品质和回收率。乔发环保目

前单套混盐分离成套处理系统达62万吨/年，分离后的元明粉纯度达98%，白度达85%以上，达到工业副产盐一级标准，成为行业内高盐废水处理技术、装备规模及市场地位领先的企业。2019年乔发环保已成为中国石油和化工"专精特新"企业。

乔发环保在水处理行业有近20年的实战经验，在含盐废水处理零排放结晶分盐领域全国领先。公司不仅拥有业内精英团队，并与业内知名院校和资深专家合作。乔发环保自主研发的MVR高盐废水零排放成套技术及装备于成功出口到泰国、乌兹别克斯坦等地，为国际知名的光伏企业阿特斯阳光电力配套建设了工业废水零排放成套系统装备。

二、可循环式废水智能化，环保处理装备工业自动化

革新设计理念，完全采用工艺包设计模式，对工艺参数的设定、设备选型、建模、工程出图等方面，全部严格按照标准采用相关软件进行设计。在设计过程中充分利用模块化设计思想，应用pdsoft软件进行建模，对设备的排管布线、换热器、分离器、泵、阀门、管道等进行1比1的建模，将问题排除在设计阶段。通过相关软件，经过参数修改，即可快速应用于其他不同处理量高盐废水蒸发浓缩项目。同时在设计过程中采用标准化设备，以便于设备的维护和保养，备件的互换性得到加强，以降低维护成本。

乔发环保本着设备可靠性高、技术先进的原则进行配置。采用当前成熟的技术和设备，系统性价比高，并配有先进的监控软件。开发了智能远程控制系统，基于系统内分布式控制系统（DCS）控制台，配置了多段智能温控模块、液位智能控制、热量自动平衡模块、智能安全预警模块，实现温度、液位、热量智能监控与控制，异常状态预警保护，生成完整的控制工艺流程，提供清晰、人性化的人机界面，直观生动形象的反应工艺流程的实时数据，完成报警、历史数据、历史曲线的存储、显示和查询。实现系统自动化，减少人工操作，保证废水处理系统的高效连续运行。通过"信息化系统建设项目"的实施，公司能够集中管理，远程进行控制。

公司着力推进互联网+数字化系统建设，把信息化应用到生产运营层面，实现产业转型升级、提升综合竞争力。信息化系统的建设有利于公司继续巩固其在行业内的竞争优势，为建设"绿色循环发展、高盐废水资源化"的目标打下坚实基础。

三、致力创造，绿色化工成为企业名片

乔发环保设计制造的多种类型蒸发结晶设备可大大降低应用企业的能耗、投资成本，减少废水的排放，提升企业的生产能力。致力于化工行业、金属冶炼行业、食品行业、制药行业、饲料发酵业、钢厂电厂铵法脱硫、油气田等行业的废水治理和综合利用，将简单的环保治理、达标排放上升为环保治理加资源综合利用；将废水中的氯化铵、氯化钾、硫酸铵、硫酸钾等回收制成复混肥料；将废水中的氯化铝、氯化锌、氯化亚铁、硫酸锰、硫酸镍等贵重金属回收再利用；将废水中主要的无机盐氯化钠、硝酸钠、硫酸钠、碳酸钠精制分离；将固废转化为副产品；将蒸发器应用到传统高耗能化工产品如硫化碱、硫氢化钠、氯化钡、氢氧化钡、氯化钙等生产中，极大降低了蒸汽能耗，为企业节省成本、提高竞争力。

在“加快构建以环保行业资源化、减量化、无害化为主体，国内国际双循环相互促进的新发展格局”的新时代，如何在危机中捕新机、育新机，于变局中开新局，乔发环保认为，面对挑战和机遇，创新是持续进步的钥匙，绿色是可持续发展的根本要求，绿色化工是实现化工行业可持续发展的必然趋势。

借势“一带一路”，开启“走出去”新征程，是乔发环保坚定不移的战略目标之一。在国内外已取得的成功经验的基础上，乔发环保将通过强强联合，构建富有特色的海外发展新格局，提升企业全球资源配置能力和战略落地能力，始终站在创造企业产业发展新的制高点，不断提升国际影响力。

四、未来可期，让乔发走向全球

谋划未来，乔发人慎终如始，为适应全球一体化的大趋势，继续加大力度用“碳中和、零排放”这个特殊的语言向全球传播乔发技术，做大做强乔发事业。

一是持续确保节能减排，为实现企业环保管理的再升级，持续延伸、开辟下游产业链，为全社会环保事业作出更大贡献。

二是坚定不移地秉持“绿色循环发展、高盐废水资源化”经营宗旨，结合人文管理将“以人为本”的理念和行动贯穿于企业管理的方方面面。

三是在全球化合作经营上传播乔发文化。在与国内外客户的合作过程中，公司一直传播乔发文化的“诚信守义”特质，进一步增强合作互信，扩大业务合作范围。

乔发环保将紧跟时代发展的脉搏和步伐，持续秉承产业报国的精神，在清洁生产、智能制造、节能减排上“大做文章”，实现产业结构、技术创新、转型再升级，不断提升员工绿色发展的意识和理念，实现高质量发展。